弁護士・社労士・税理士・
施設長・経営者 等による

実践的労務管理

労務管理
よもやま辞典

岡﨑隆彦 編著

経営書院

はじめに

1　この本は選ばれる企業になるための「労務管理」の本ですが、できるだけわかりやすく読みやすいように、「よもやま」形式で多くの方に自由に書いてもらっています。そして、どこからでも読めるように「辞典」形式でテーマの五十音順に並べています。

　　手に取って自分に関心のあるテーマから読んでいただければと思います。

2　内容的には、原稿の締切りを2020年3月末にした関係で、ほとんどの方が「新型コロナウイルス」の影響について述べていないものになっています。出版時に書けば内容は変わったものになったかもしれません。

　　よく「コロナ」で世界は大きく変わる、経営も大きく変わると言われますが、正確には変わるところと変わらないところがあり、基本的に本書で述べられているところの本質的な部分の多くは「コロナ時代」でも変わらないと考えます。

　　その意味で味わう価値があると感じるものです。

3　本書は私が編集長となり、知人、友人、関与先等無理を言える方々にお願いして執筆していただいたものです。

　　また、この本の印税については全額「公益財団法人交通遺児育英会」(本書で石橋健一理事長の執筆文あり)へ寄附することにし、執筆者全員の快諾、賛同を得ていることは、社会的に大変意義のあることと考えます。

4　最後に、コロナ流行による影響で出版が当初見込みより遅くなったことを執筆者の皆様にお詫びすると共に、本書を企画して出版することに理解をいただき、大変な助力をいただいた経営書院の皆様に心から感謝申し上げます。

弁護士　岡﨑隆彦

〈目　　次〉

あ行

か行

明智光秀
戦国武将の経営と労務管理（人間関係論）
―「麒麟がくる」の主役

駒 村 和 久

1　人材登用哲学

　光秀は信長配下の稲葉一鉄のもとから、斎藤利三（春日局の父）を高禄でもって引き抜きました。稲葉一鉄が光秀に「斎藤を返してくれ」とせまったのですが、光秀は返さなかったのです。そこで稲葉は主人信長に訴えました。信長は光秀を呼んで、「斎藤を返してやれ」と命じました。光秀は、「斎藤の意志にまかせます。」と答えました。斎藤に尋ねると、「帰りたくありません」という。信長は怒って光秀に「稲葉に斎藤を返してやれ。おまえには高給を払い重く用いているのだ。その主人のいうことを聞け」と迫りました。光秀は次のように答えたといいます。「私は確かに高給を頂戴しておりますが、斎藤利三のような名のある武士を、いい人材を求めるための費用でございます。」信長は答える言葉がなかったといいます。この話は光秀の人材登用にかける思い入れの深さと姿勢が見られ、光秀の「経営と人材登用」の真骨頂と評価されています。

2　丹波攻略と平定時の人心掌握術の高さ

　天正7年（1579年）9月、光秀の丹波攻略が完了しました。光秀の活躍は、信長にとって目をみはるものだったようです。本願寺攻略の責任者で大した功績をあげることができなかった佐久間信盛・信栄親子をなじりながら、この丹波攻略での光秀の活躍をたたえる文章が残されています。信長の家臣団の中で、丹波攻略に際しては明智光秀と羽柴秀吉、池田恒興の三人を働き頭として、信長が評価していることがわかります。

　さらにいえばこの三人の中で、第一に光秀が挙げられているのは特筆すべき点

1

です。だからこそ、光秀はすでに有していた近江国滋賀郡5万石に加えて、丹波一国29万石を恩賞として与えられたのです。この丹波攻略で、地元の丹波衆の中心人物であった小畠永明氏は、波多野氏が籠城する八上城攻めで戦死しています。過酷な戦いの中で戦死した永明の嫡男・伊勢千代丸の家督を認め、また永明とともに、「明智」の姓を与えました。

　光秀は、なるべく戦うことなく地元武将らに和議を持ち掛け懐柔して味方につけました。

　時には危険を顧みず、自ら敵城の前まで出向いて説得することもありました。

　このことからも、光秀の人心掌握術の高さがわかると同時に、それが形式的なものでない人情味あふれる様が読み取れます。単に力づくで服従させるような武将でないところに光秀の人間性を感じることができます。

3　本能寺の変の原因

⑴　光秀の動機として今日までに、①怨恨説、②野心説、③不安説、④黒幕説等の説に分類されていますが、近年土佐長曾我部説がクローズアップされています。光秀自身の長年にわたる心身の疲労蓄積も影響してこれらが複雑にからみあって実行したものと思います。

⑵　丹波攻略の過程で、波多野氏の抵抗に苦労し、自分の母（叔母の説あり）を差し出して和睦を結びましたが、信長は助命を求めて安土に来た波多野氏を磔の刑で殺したのです。そのせいで、母親は殺されてしまいました。このことで光秀は信長を恨むようになったといわれています。

　徳川家康饗応役を命じられ、贅を尽くすほどの万全の準備をしたにも関わらず、家康一行が安土城に到着したその日に饗応の場でののしられ、その任を解かれました。

　武田勝頼を滅ぼした際に、光秀が「我らの積年の苦労の甲斐があったものだ」と語った言葉を耳にした信長が、「誰が積年の苦労をした！苦労したのはこの信長ぞ！」と叫び光秀の体を欄干に打ちつけ衆人環視の中で光秀を鉄扇で打擲したといわれています。

　これら諸説ありますが、丹波平定の過程で最大限の賛辞をもって光秀をねぎらった信長との関係からは想像できない変化に対して、将来への不安と恨みをもったことはおおかた事実であろうと考えます。

⑶　信長が勢力を伸ばしていく中で多くの大名同様、光秀も信長の専横ぶりに

疑問に思うことが多々あったものと思われます。比叡山延暦寺の焼き討ちや甲斐恵林寺の焼き打ちなど、宗教施設に対して容赦ない信長の態度は、光秀にとっては耐え難いものであったことも想像に難くないことです。それらが積もりに積もって、恨みと同時にこれから先の自分の将来への不安を募らせていったものと思います。光秀は博識です。「猟犬は狩りが終われば用済みとなり捨てられるという。」天下統一がなった後自分も佐久間信盛親子のように放逐される。そのように不安感を増していったのではないでしょうか。

(4) また、自分自身だけでなく、治世制度全体への危機感も含めて不安を感じていたようです。特に天皇制の廃止もしくは、現天皇の除去を信長が考えていたことはどうやら事実のようです。元号の改元権の剥奪や、天皇を安土に、安土城天守から見下ろせるところに移し奉る計画もあったようです。そのようなことは光秀にとって耐えられないことです。公家や朝廷勢力の黒幕説はこういった信長の考えを阻止したい面々から生まれてきたものと考えられますが、はたして光秀との談合があったかどうかは定かではありません。信長が警備の手薄い状況にあるとの情報を得て、「よし、今だ！」というまたとないチャンスと突発的に本能寺の変を実行したと思わずにはおれません。

(5) 逆にいえば、信長の側からいうと「本能寺の変」を、光秀をして起こさせたのは「油断」以外の何物でもありません。信長の方針、経営と労務管理指針がいかなるものであっても、信長が嫡男信忠に対して、岐阜城から織田家直属軍兵1万をもって上洛せよと命じていたならば、光秀は本能寺の奇襲を実行しなかった、できなかったものと考えます。兵5千でもよかったのかもしれません。光秀軍1万3千対織田軍5千でも十分戦うことができたしょう。すべては天の配剤？のなせるところと思っています。

4 もし、光秀が謀反を思いとどまっていたならば、、。

信忠旗下、兵数千をもって上洛していたならば、光秀は謀反を思いとどまり、信長の指示とおり、毛利討伐助勢のため備中に赴いたものと考えます。秀吉の先発軍に合流し毛利を降伏させた光秀は秀吉と競争で引き続き九州を一気呵成に平定したでしょう。信長の構想では北九州を秀吉、南九州を光秀に統治させることはほぼ確定していたようです。羽柴筑前守秀吉、惟任日向守光秀の命名から伺うことができます。島津家がどの時点で降伏するかによりますが、少なくとも日向一国40万石の司令官として着任することになったと考えます。

3

その後信長は秀吉、光秀を先方として大陸出兵を実行したでしょう。さらにその後？全盛期の信長軍団の軍事力からみてアジア大陸の歴史に大きく作用していた可能性が高かったのではないでしょうか？

こまむらかずひさ（兵庫・社会保険労務士）

参考文献　童門冬二著　戦国名将一日一言　PHP文庫

　　　　　楠戸義昭著　戦国武将名言録　PHP文庫

　　　　　細川珠生著　私の先祖明智光秀　宝島社

　　　　　津本陽　江坂彰著　信長秀吉家康　勝者の条件　敗者の条件　講談社

浅井長政
戦国武将の経営と労務管理（人間関係論）
～父親を見捨てなかった信長の妹婿

駒　村　和　久

1　人物像

　戦国時代から安土桃山時代にかけての武将、近江の戦国大名（1545年～1573年）。

　1560年、家臣に持ち上げられる形で浅井家の家督を継いだ長政は奇襲や騙し討ちなどの当たり前の戦国時代において、正々堂々とした武将であったといわれています。

　1563年、信長の妹お市を娶り、織田浅井軍事同盟締結。その後越前朝倉氏と結んで信長に抵抗。姉川の戦い（1570年）に敗れ、1573年小谷城にて自刃（浅井家滅亡）。夫人のお市との間に三女あり。長女茶々（後の淀君。秀頼の母。1569年生）次女初（京極氏室・常高院。1570年生）三女江（崇源院。徳川秀忠室。千姫の母。1573年生）。

2　長政の祖父亮政

　平安時代末期から知られた近江佐々木源氏の末裔が、江北の京極氏と江南の六角氏に分かれて同族間で覇権を争っていました。浅井家はもともと、北近江の守護大名京極氏の執権上坂信光の家来筋であったのですが長政の祖父亮政の時代に信光を押さえて小谷城を築き、権謀術数の限りを尽くして主家を乗っ取り北近江39万石の戦国大名となりました。亮政の出世は、織田信長に通ずるものを感じます。織田家ももとは尾張守護斯波氏の守護代で、信長の父信秀は守護代の家老でしたが、信長の代に守護代、守護を除き尾張を統一しています。いずれの場合も才覚のある者は智謀を尽くして世に抜きんでてくるものだといえます。

5

3 亮政の労務管理（人心収攬術）

　亮政は家柄にとらわれず武勇に優れるものなら身分を問わず士分に取り立てました。

　一方、臆病者は武士の家柄の者でも知行を取り上げ蔵米方式（俸禄）の足軽としました。亮政は人使いのうまさは絶妙といってよく、身分を問わず16歳になると一人づつ拝謁を許しました。直接言葉をかけてやるのです。その内容は「そなたは、何になりたい？」「何が好きか？」問われた若者が「武芸をやりとうございます。」と答える者がありますと、「来年そなたの武芸を見てやろう」と約束します。つまり、1年間励んでみた結果士分として使えるかどうか試してやろうという意味なのです。亮政の目にかなう者は浅井家中に組みいれてやりました。そのため浅井家では、常に階級身分が固定せず、努力して能力が認められると誰でも士分に取り立てられました。

　他方、「田仕事、畑仕事が好きです」と答えた者に対しては「秋には田、畑を見にいこう」と声かけするのです。それはいい百姓になりなさいという意味です。「商いが好きです」と答える者には、「今は値が高い品物は何か？反対に安い品物は？」と聞いてやります。商人の子は殿様に声を掛けられることが嬉しくて、奮起するものです。

4 長政の指針・施政

　規模の拡大とともに本拠、つまり居城を転々と移動していった信長に対して、長政は北近江の領土、小谷城から移転せずに領民とともに土地に根付こうと努力しました。拡大する織田家と比較し規模が小さいとはいえ、「一所懸命」領土領民を慈しみ、ともに生きようとする姿勢をうかがうことができます。

　一方、信長は名古屋、清州、岐阜、安土と勢力の拡大とともに本拠地を積極的に移し天下統一という目標達成のためにより効果的な土地に移ることにためらいがありません。信長の土地に対する考え方が「革新的」としますと、長政のそれは武士が従来から拠り所とした土地そのものが最大のものとする価値観―「保守的」といえるのでしょう。長政が信長との軍事同盟を破棄して敵対化した原因は、朝倉に対する仕置きルールを信長による反故が有力な原因と言われていますが、領地領土に対する価値観の乖離―施政方針の違い、政治哲学の相違も遠因なのかもしれません。

5　もし長政が信長との同盟を維持し続けていたら？

　史実では、織田家との軍事同盟を破棄し朝倉家とともに姉川の戦いに臨み、奮戦するも結果として敗れ、その3年後に小谷城にて滅亡しました。

　ここで、if—別のオプションを考えてみますと—

　織田家が朝倉家と事を構えるときは、必ず事前に浅井家に通報すること。この約束事を守らない信長は、浅井家をないがしろにしていると父久政や重臣から織田家との同盟を破棄せよと圧迫された長政でありましたが、あえてことわりをいれない信長の真意はことわりをいれれば長政の立場が苦しくなるであろうと慮った結果と判断しました。天下布武のスローガンのもとに、全国統一を目指す信長の実行力、革新性に圧倒されるも義理の兄として尊敬していた長政は、父親を説得して万一従わない場合は、武田信玄が父信虎を駿河今川家に追放したように、父久政を朝倉家に追放して浅井家を親織田家で統一、信長の天下統一の両輪つまり西の浅井、東の徳川、この立場を盤石のものとするのです。

　長政は信長の妹婿、家康は信長の娘の舅、この両者が信長同盟軍であり続けていたら天下統一が数年早まっていたものと思います。特に長政は北近江のみならず、将来的に近江全域及び越前越中の領有権を信長に認められたでしょう。そうしますと坂本は明智光秀の居城とはならなかった可能性が高いです。仮に浅井家の領土の最南部が草津あたりにとどまり、大津坂本と丹波が明智領となっていたとして、史実どおり本能寺の変を起こす決断ができたか？答えは否と考えます。なぜならば、越前越中及び近江の7割の領土を支配する浅井家は100万石近い大大名となっていたでしょう。最低でも2万5千ないし3万の兵力を有します。京都本能寺に近い近江を押さえる長政がいる限り、地政学的に断念したものと考えます。それでも—光秀が発作的に本能寺を奇襲して信長を亡き者とした場合は謀反人光秀を討伐するのは秀吉でなく、長政になった可能性が高いのではないでしょうか。長政夫人お市の方は信長の妹であり、織田家の重臣たちとの距離感も遠くなく、浅井長政が天下に号令をかける可能性が高まります。では徳川家康はどうでるのか？小牧・長久手の戦いは長政対家康となるのか？秀吉の天下にならなかったものと考えますが、中国戦線から戻った秀吉はどうでるか？その先は？想像のついえることはありません。親孝行な長政が武田信玄のように非情に徹して父親を追放するような道をとれなかった—ここが運命の分かれ道ですが、戦国

武将浅井長政の一般的な評価はもう少し高くてもいいのではないかと思っています。

こまむらかずひさ（兵庫・社会保険労務士）

参考文献　徳永真一郎著　浅井長政　光文社

アーリーアダプター

岡　﨑　隆　彦

1　アーリーアダプター

　「労務事情」の2019年12月1日号（No.1396）で、社会保険労務士の堀下和紀氏が「『働き方改革』で長時間労働は是正されたか？」と題する興味深い論考（ロジャース「イノベーター理論」よる層分けに基づく分析）がありますので、図表にまとめておきます。①のイノベーターにはなれなくても、②のアーリーアダプターとして頑張りたいものです。

2　働き方改革への対応

　図表の①のイノベーター（2.5％）と②のアーリーアダプター（13.5％）の2つの層が改革による是正の鍵を握っていると堀下氏は述べていますが、③と④の層は、勉強会に誘っても来ないレベルの人も多く、⑤の層は、そもそも働きかけ自体が無駄だと思われます。この点は、働き方改革への取り組み方に対する姿勢そのものが将来への生存確率を推測するものさし（リトマス試験紙）です。関係する企業には1つでも上の層へ上がって欲しいし、そうなっていただけるように導けるお手伝いをしたいと思っています。

おかざきたかひこ（大阪・弁護士）

（図表）働き方改革動向一覧表

率%	層	働き方改革への対応（堀下意見）
① 2.5	イノベーター（革新者）	長時間労働が是正されつつある。業界のリーディングカンパニーなどは、法改正以前から経営者自ら積極的にセミナーに参加し、さまざまな施策を講じている。結果として長時間労働の是正を達成した企業も多い。この層は、数十年の歴史を持ち、コンプライアンスを重視することが企業経営に寄与することを知っている。 また、近年の人手不足により採用が困難であることの対策として「働き方改革」を実行している場合も多い。「働き方改革」を実行しなければ、人材が採用できないことを知っている。それゆえ、痛い目に合った企業も、「働き方改革」への取組みで結果を出していることが多い。労働基準監督署の調査、是正勧告を受けた企業、労働トラブルを経験した企業などである。
② 13.5	アーリーアダプター（初期採用者）	「働き方改革」のセミナーにトップは参加しないものの、担当者を参加させている企業である。「働き方改革」を行わなければならないと号令をかけているものの、なかなか結果は出ていない。「○時までに帰りましょう」「ノー残業デー」といった施策を実施するものの、形式的で、例外が多く、本質的な解決が図られないため、結果があまり出ていない。
③ 34	アーリーマジョリティ（前期採用層）	「働き方改革」という言葉は知っているものの、それが何を意味するかを十分に理解していない。現状ではほとんど施策を実行していない。また、人が足りないということを言い訳にしている。
④ 34	レイトマジョリティ（後期追随層）	「働き方改革」をまだ他人事ととらえている。「うちの業界でできるはずがない」と考えている。
⑤ 16	ラガード（伝統主義者）	「働き方改革」そのものに批判的である。数十年たっても「働き方改革」をやらないだろう。

安全衛生対策

高　橋　和　子

　安全衛生に関しては、企業が最も力を入れなければいけない課題であるにもかかわらず、安全衛生に関する対策は、あまり進んでいるとは言えません。

　これまでは、生産第一・品質第二・安全第三と言われてきましたが、今では「安全第一」と言われています。

　製造現場・建設現場に行くと「安全第一」の看板が掲げられているのをよく見かけますが、死亡事故は減ったものの、転倒災害や無理な動作による災害は増え続けています。

　何故なら、「人」はミスをおかすものだからです。これをヒューマンエラーと言います。

　ヒューマンエラーを防止することと、３Ｓ活動（最近では７Ｓ活動まであります）を行うことで、かなり高い確率で労働災害を防止することができます。

1　主なヒューマンエラー

	分　類	態　様
1	無知・未経験不慣れ	①作業に不慣れな作業員は、作業の危険がどこに潜んでいるのかわからない。 ②熟練作業員でも、初めて行う作業や赴任間もない現場では、適切な危険予測ができない。
2	不注意	①作業に集中していたために、その他のことに不注意になる ②作業内容が日々変わるため、注意力が散漫になる
3	近道・省略動・本能	面倒な手順を省略して効率的に行動することを優先した結果、不安全な行動をとってしまう
4	パニック	非常に驚いたときや慌てたとき脳は正常な働きをせず、冷静に適切な安全行動をとれなくなる
5	錯　覚	合図や指示の見間違い、聞き違い、思い込み
6	単調作業等による意識低下	人間は単調な反復作業を続けると意識が低下し、エラーをおこしやすくなる

2　KY（危険予知）活動

(1)　目的　KY活動の主な目的は、ヒューマンエラーとなる危険に対する労働者の意識を高め、起こりうる災害を未然に防ぐことです。

　　あらかじめ何が危険であるかを想定しておけば、適切な対策を立て労働災害を防ぐことができます

　　また、労働者同士で危険について話し合うことによりチームワークが生まれ、より良い職場環境をつくることもできます。

(2)　KY活動の方法（4ラウンド法）

1、現状把握	現場や職場にどんな危険が潜んでいるのか従業員全員で話し合う。どんな状況だと事故が起きやすいのか、考えられる危険を全員で出し合う。話し合うことで、危険に対する意識が共有できる。
2、本質研究	話し合いで出てきた危険要素の中から重要なものを絞り出し、用紙に危険要素を複数ピックアップする。その中から重要だと思われるポイントに◎をつけ、従業員全員が重要ポイントをしっかり押さえる。
3、対策樹立	◎印をつけた危険ポイントをどのように解決するのか話し合う。ベストな対策案を立てるために全員で案を出し合う。複数の対策案の中から最も適切な案を見つけ出すことによって、「こういう考え方もあるんだ」とそれぞれが気づくことができる。
4、目標設定	出し合った対策案の中から重点実施事項を決める。重点実施項目をチームの行動目標にして具体化する。「私たちはこのようにして危険予知活動を行います」という目標ができたら、活動表などを作成して見える化し全員で取り組む。

3　安全衛生対策の基本３Ｓ活動

　３Ｓ活動は働き方改革にもつなげられます。

　安全の基本は３Ｓ（きれいな職場は安全で、生産性も上がります）

(1)　整理　「要るもの」、と「いらないもの」を分け、「いらないもの」は捨てる。

(2)　整頓　「必要なもの」を「必要なとき」に「必要なだけ」取り出せるようにする。

　　　「きれいにそろえて並べる」それは「整列」に過ぎない

(3)　清掃　キレイに掃除する。日常的に使うものを汚れないようにする。

　　　以上が３Ｓですが、これが安全の基本です。他に

(4)　清潔　整理・整頓・清掃の状態を維持する。

(5)　習慣　整理・整頓・清掃についてのルールを守り、習慣にする。

　　　などがあります。

　ヒューマンエラーの防止であっても３Ｓ活動であっても、一番大事なのは「人」を大切にすることです。コミュニケーションを大事にし、法律を遵守している企業であれば、労働災害は起きにくくなるでしょう。

たかはしかずこ（兵庫・社会保険労務士）

石田三成
戦国武将の経営と労務管理（人間関係論）
〜豊臣家存続のため立ち上がった忠臣

駒 村 和 久

1 石田三成人物像

　戦国時代から安土桃山時代にかけての武将、近江の戦国大名（1560年〜1600年）。長浜に生まれ秀吉に仕える豊臣家5大老5奉行制度の5奉行の一人で、治部少輔。内政に練達し、検地と刀狩で豊臣家の政権基盤確立に寄与しました。関ケ原の戦いにおける西軍の事実上の首謀者。当初善戦するも、小早川秀秋の裏切りにより敗れて斬首されました。

2 三成の採用方針

　優秀な社員が会社の成長発展に不可欠ですが、戦国の世においては御家の存亡にかかわります。明智光秀が斎藤利三を家臣にしたように、石田三成は島左近を高禄で家臣にしました。あるとき三成が秀吉に近江水口で4万石の大名に取り立てられました。しばらくして、「良き家来をいかほど召し抱えた？」と秀吉からたずねられました。三成は「一人良き家臣を得ました」と答えると秀吉は「なに一人だけとな」と驚きました。「それは誰か」と重ねてたずねると、「島左近にございます」と三成は答えました。秀吉は、「左近ほどの者がおまえの家来にはなるまい」と話すと「殿から頂戴した4万石の内、2万石にて島左近を召し抱えました。」と三成は答えました。秀吉は驚いて、「世に聞こえた左近ほどの者がそなたに仕えたのは、そなたの志の深さからであろう」と感心し、秀吉は左近を呼び出して羽織を与えたといいます。島左近は、元大和筒井家の侍大将でしたが、浪人したと聞いて諸大名が声をかけましたが左近は首を縦にふりませんでした。そのような頃、三成が左近を訪ねてきました。三成が大名になった嬉しさから自分

14

を雇ってやろうとやってきたに違いないと思った左近は「誰にも仕える気はありません」と答えると、三成は「秀吉様から４万石頂戴している。そのうちの２万石でどうか」と粘ります。左近は驚き、「主君と家臣の禄が同じなど聞いたことがない」というと、「家臣がだめならば、師として傍にいてほしい」といって左近を口説き落としたといいます。その後佐和山19万石を賜った時、左近に加増しようとすると、「禄は十分です。他の家臣に」と左近は辞退しました。内務官僚としての実力は自他ともに認められていた三成ですが、軍事的才能は十分とはいえないことを自覚していたからか、勇将島左近を得ることで将来の家康との決戦を想定したのかもしれません。

3　三成の金銭哲学

「三成に過ぎたるものが二つある。島の左近に佐和山の城」と近江の人々に謡われました。また「大手のかかりを眺むれば　金の御門に八重の堀　まずは見事なかかりよな」と、佐和山城を詠み込んだ踊り歌もありました。秀吉の威光を笠に着てと三成を悪くいう者は、佐和山城に莫大な金銀を隠し持っているに違いないと噂していました。関ケ原合戦後、佐和山落城を東軍が調べたところ、金銀はおろか、居所はみな粗壁のままで、屋内も多くは板張りで、庭の植木も貧弱だったと伝えられています。とても、五奉行筆頭の屋敷とは思えないものだったようです。三成は日頃、「家臣たる者、主人より賜ったものを使って、決して残してはならない。残すは盗人である。また使い過ぎて、借金するのは愚人である」と語っていました。三成は財産を私有することなく、すべてを豊臣家のために使い、生活はすこぶる質素で有事に備えていた、誠の忠臣であったと思います。

4　三成の人生哲学

関ケ原合戦にて敗れた三成が大坂城めざして落ちのびる途中、伊吹山山中にて東軍の田中吉政に捕らえられました。その後大津城で三成の身柄を預かった家康の腹心の本多正純が「軽々しく戦を起こし、敗れても自害せず、からめ捕られるとは、五奉行筆頭といわれた、貴公にも似合わぬ」と言うと、三成は「汝は、武略というものを露ほども知らぬ。捕らえられてすぐに死ぬのは葉武者のすることだ。将たるものは、生ある限り敵将を殺そうと考える。源頼朝がなぜ恥をしのんで洞窟の中に潜んでいたのか。頼朝は再起して平家を滅ぼしたではないか。大将の道は汝の耳には入るまい」と答え再び口を開くことはなかったといいます。

慶長5（1600）年10月1日、三成は京都六条河原で処刑されます。その刑場に引かれて行く途中で、のどが渇いたために湯を所望しました。残念ながらその場には湯がありません。警護の者が干し柿ならあるというと、「痰の毒であるからいらぬ」と断りました。「今から首をはねられる者が、おかしなことをいう」とあざ笑われた三成は、「大義を思う者は、首をはねられる瞬間まで、命を大事にするものだ」と毅然として述べました。家康が将来、豊臣秀頼の敵になることを見抜いていた三成は、自分の首が落とされる瞬間まで、秀吉に恩を感じ、秀頼を守ろうとした忠義の家臣であったといえるでしょう。

5　三成が関ケ原の戦いに負けない可能性

　あらゆる局面で裏目に転び敗れた三成ですが、わずか19万石の分限で255万石の家康を相手に、ほぼ互角の軍勢動員までこぎつけた三成は決して文弱の徒などではなく、描いた戦略も見事といえるでしょう。ではどの時点で決断を誤ったか、「if」を考えます。第一には、野戦を得意とする家康を相手に関ケ原盆地で野外決戦に持ち込まれたことにあります。秀吉と違い家康は城攻めが得意ではありませんでした。ならば、三成の西軍は大垣城に籠城するべきでした。家康はこの戦が長引けば長引くほど不利になることを理解していました。そのため、忍びを使い「大垣城を捨て置き、佐和山を落とし、大坂へ向かう」との流言をばらまきました。三成はまんまとその作戦に引っ掛かり大垣城から誘いだされました。ここが最大のターニングポイントだと思います。大垣城に籠城していれば、大津城攻めに参加した名将立花宗茂以下1万5千の兵がまもなく到着することになります。城攻めは相当程度の日数を要します。時間がかかればかかるほど、家康にあせりが生じるでしょう。西軍側では大坂城にいる毛利輝元本軍がいずれ出馬してきます。関東東北方面においても、上杉、佐竹連合軍の関東乱入もありえます。東軍側も中山道を進む秀忠率いる徳川主力部隊3万8千が到着するでしょう。いずれにしても、史実のように戦いが半日で決着がつくことはなかったでしょう。日数がかかることが三成西軍には有利に働きます。いよいよとなれば、秀頼を戦場に導く秘策実現も可能となったのでないでしょうか。その結果西軍の勝利となったでしょう。では、西軍の勝利の結果、ここがまた問題です。三成で豊臣政権が安定し得るかどうか否と言わざるをえません。その後西国九州から、加藤清正を先方に黒田官兵衛が攻め上ってきます。東西いずれか勝利した方に戦いを挑み、天下をとってやろうと虎視眈々です。三成西軍との戦いはどうなるか？あら

ゆる可能性が考えられます。史実では関ケ原の戦いが、官兵衛嫡男長政の尽力もあり半日で決しました。戦後、官兵衛は東軍のために戦ったと方便しました。家康と官兵衛以外に天下を押さえる器量を有する武将がいるのかと考えますと、答えはやはり史実どおりになるのでしょう。

　　　　　　　　　こまむらかずひさ（兵庫・社会保険労務士）

参考文献　童門冬二著　戦国名将一日一言　PHP文庫
　　　　　楠田義昭著　戦国武将名言録　PHP文庫
　　　　　海音寺潮五郎著　武将列伝石田三成　文藝春秋

今、農村集落の現場で取り組んでいること

西 村 紳一郎

　私の住む滋賀県東近江市横山町は、琵琶湖の東に位置しています。集落全体で40戸、人口165名、水田が約50ヘクタールの稲作中心の典型的な農村集落です。

　今から32年前の昭和の終わり、農地の区画を整備し農作業の効率化を図るため土地改良事業が行われました。それに呼応して、農業のソフト部分つまり経営形態をどういう方向に変えていくかという課題が持ち上がってきました。1つの区画が100m四方の1ヘクタールという大きな圃場の中で、依然として個別経営を続けるのかという疑問でした。そのころの個別農業の問題点は、米価の下落により1俵2万円から1万円時代に向かうこと。農業機械の大型化による、いわゆる機械化貧乏、農業従事者の高齢化と若い人の農業離れによる後継者不足でした。この3点がわが地域だけでなく、日本中の農村集落の抱える課題でした。

　私は会計事務所に勤務しており、本業は会計や税務、経営です。地域の農業の経営のこれからを考えた時、今までの延長の個別経営を継続すべきでないと考え、新しい集落営農形態を唱えました。完全な協業経営に移行し、効率的な農業投資や経営を意識した栽培、販売を確立して、今後個別農家が廃業する時の受け皿として生産組合を設立するようにしました。

　平成元年の組合設立時には15戸20haの参加者が集まり、徐々に増加し、それから20年経った平成21年には30戸38haの規模になりました。20周年を節目に法人化をして「農事組合法人ぐっど・はーべすと」と名乗り、ようやく当初の目的である地域の受け皿となることができました。この法人の名称は、20周年記念事業の実行委員の若い人たちが考えてくれました。経営を継続する中で大切にしていくことのひとつに世代継承があります。設立当初30代であった私たちがいつまでもできるわけではありませんので、いつもこのことは頭にありました。仕掛け

のひとつにこの法人名があります。「20周年を機会に法人にするから、実行委員で考えてほしい。役員の承諾は得なくていいので自分たちの案を当日会場で発表してほしい」それがこの「ぐっど・はーべすと」です。その名付けた若い人たちは、10年経って今40代となりました。自分たちが名付け親だから、組織を大事に思ってくれるだろうとの思いです。

　ある研修を受講したきっかけで"わが集落の人材の棚卸"をしてみました。現状の農業を頑張っていてくれる世代は、実はシニア世代なのです。65歳から75歳を私たちはそう呼んでいます。その世代が5年後には8人になり10年後には5人になってしまいます。それは大変、このままでは集落営農は今の体制では継続できなくなります。折角作った横山の農業が維持できなくなります。ちょうど理事をしていたので、役員会で専従化への舵切を検討しました。オペレータの確保でなく、経営者の募集をすべき。それも地域の若い世代から募集しようということになりました。平成30年2月の通常総会で、提案説明をしました。プランは①収入補償は年400万～500万円、社保加入②2名募集③ポジションは理事長・副理事長④他の組合員は今まで通り協力するというものです。総会では、「そんなん誰が手を挙げてくれるのか、難しい」「そんな給与払ってやっていけるのか」など、心配する意見が出ました。結果、その2か月後に49歳と51歳の二人が応募してくれました。予定通りです。8月の臨時総会で、発表すると同時に給与の額を500万に決定し、組合員にはその原資として、今までの分配から一部を減額することを了承してもらいました。舵が切れた瞬間でした。二人で1,000万円の給与の確保には、方策がありそのことを実行する腹くくりを組合員にしてもらったのです。

　実は組合長候補者の山田氏は、平成29・30年の理事長でした。過去にも30代で理事を経験していた、有能な地域の逸材でした。他にも何人かの同世代の人達には、専従にならないかと声をかけていました。私には、農業で起業できる目算がありました。よく言われる「他産業並みの所得」には自信がありました。仕事を通じて培った農業の経営手法をもって集落農業を維持発展させるには、専従化は欠かせません。よく「自分たちの集落の農地は集落で守る」と、お題目のように言われます。私は、このままでは「農地残って、若い人おらず」の農村集落になってしまうと思っています。そのために、しっかりした利益構造を作り、安心して専従する人が働ける、それでいて経営者として自己責任で経営に立ち向かう枠組みを作ることが長い間のテーマでした。農政は猫の目と言われるように、補助金で振り回されていました。日本の農業が補助金なしではやっていけません。しか

し、その補助金を活用して、安定した水田農業経営は可能です。私は仕事の中で、農業経営アドバイザーとして各地に出向いてこのことの啓蒙をしています。しかしなかなか聞き入れてもらえません。「それなら、横山で実践するしかない」との思いで、地域の若い人たちの協力をいただいています。

横山集落の財産は、次世代の若い人たちの地域に対する理解です。またそのことを"良し"とする年配世代の理解です。このことに30年かかった、この若い世代が子供のころから含めれば40年ぐらいの成果かと思います。どの農村集落に行っても、若い人が集落から出て行っていない、とか農業や集落に興味がないと言われます。はたしてこれは若い世代の人達の問題でしょうか。確かに今は個人主義的な時代ではありますが、農村集落の風習や農業のやり方が今の若い世代の人達に受け入れられないのではないでしょうか。それなら、年配世代が思い切って、それを受け入れ、農村の風習や農業のとらえ方を斬新に変えて、これからの若い世代の人達に託せばいいのではと思っています。

長い間米価を国の管理下で、ただ増産のことだけに傾注してきた稲作は終わりました。消費者や社会のことを考えて農業に向かい、しっかりした経営をする農業者を育てることが大切です。集落での議論は、ついつい内向きに走りがちです。しかし、若い世代の人達はもっと長いスパンで物事を考えて行く志向を持ち合わせています。それを信じてついていけばよいと思っています。

なによりも、故郷横山の地を後にした、多くの人達のためにも、元気な横山を守っていくことが、私たちの務めだと思っています。

にしむらしんちいろう（滋賀・税理士法人吉永会計事務所）

医療と福祉の連携
～医療と福祉の連携は必要不可欠なもの

山　下　美由紀

法人の成り立ち

　2004年まで、２年訪問介護・障がい者支援に従事。新人ヘルパーに幅広い仕事をさせてくれたその事業所のお陰で、なんだかすっかり介護ができるつもりになり、勘違いし新規事業所（輝ケアーセンター39）の立上げをし、この奥の深い介護の世界に引き込まれる。

当時24時間体制でヘルパー派遣をする事業所も少なく、障がい者支援を提供している事業所も社会福祉法人が多く、営利事業所の参入は少なかった。（初月の件当円が6600円程あった。今では考えられない夢のような数字である。）

　また、夜間を支援する新規事業所は自ずから介護保険の利用者でも障がい福祉サービスを利用されている方でも重度者の支援をすることが多くなる。重度者は状態が進んでくるとどうしても嚥下が悪くなり誤嚥を繰り返し熱発し肺炎になる。肺炎になるリスクを避けるために色々な工夫をするが、経口摂取が困難になり胃ろう等が造設される。

　また排泄が難しくなり、トイレに行けなくなりバルーンが入りオムツが必要になる。水分摂取が上手くいかなければ尿路感染などのリスクが増す。簡単に説明しても障がいの状態や病気の進行、加齢に伴い医療との係わりは増していく。

　医療との連携・・そう簡単にはできない

　医療機関は自宅復帰に関して自己完結ができていた。他機関の調整をすることもないので連携をとる必要がなかった。ただ昨今病院側は退院日数が極端に短くなり、他機関も巻き込まないとベットコントロールができなくなっている。

　医療・福祉の連携をしなければその目標は現実的ではない・なので当法人が活

用されるのである。当法人は医療的ケアが必要な方を中心にヘルパー派遣・相談業務などを展開している

2015年住宅型有料老人ホームの設立。

　法人設立当時からグループホームを設立したいというのが一つの大きな目標でしたが、法人全体の運営を考えまずは比較的制限の緩やかな住宅型有料老人ホームを開設。介護・障がい程度の重度な方のための支援の場、訪問看護・訪問介護を派遣し夜間帯も含めて看護師が常駐する仕組みを作る。低価格で安心して医療や介護を受けることができる暮らしの場ができました。

　医療連携は信頼関係のもとに成り立ちます。必要な情報を適切に交換することにより有効となり命を守ることができます。ルート・ルールが決まっているので順序に従って進んでください。事情の分からない福祉職が感情で進むと話がややこしくなり解決する時間がかかってしまいます。福祉職の注意しなければならない点です。

　2016年訪問看護を立上げすることができ医療との連携がゆるぎないものとなる。

　この開所は法人にとって「鬼に金棒」私自身の負担がとても軽くなりたすけられた瞬間です。また周囲からも介護・福祉事業所が医療と組めたことには大きな反響があり称賛していただきました。医療と福祉は全く考え方や視点・成り立ちが違うわけですから当然なことです。危機管理の範囲が全く違うわけです。それぞれの立場から本人・家族を取り巻く環境・居住スペースでの細やかな気配りを職員一丸となって務めていくことが重要です。

2019年一般社団法人　輝39を立上げ非営利事業を展開する。
～基本的な考え方と展望

　医療的ケア（児）者を対象としたグループホーム（共同生活援助事業）とショートステイ（短期入所事業）を運営し、24時間看護師が滞在する住まいの場を提供しています。医療機関や行政機関や相談機関等からの問い合わせも多く、注目を浴びることになる。報酬算定の低い事業なので運営を危ぶむ声も聞かれ心配してくださる支援者もいるなか事業所一団また関係所轄機関とも協議していく課題と考えている。医療機関との連携や信頼関係を築くことにより医療者と共に日々の安全・命を守る努力を、一刻の気の緩みもなく継続していくことがその方々を支えるものと考えています。

　利用者の多くは、主たる介護者である父母の高齢化や病気、死亡などにより当

グループホームに入居されています。「地域で暮らす」と言うのは容易いですが、福祉の現場で命を守り、生活を守りこれを実践していくことは、これまでの視点を変え、力を合わせないと到達することは至難の業であると考えています。

当法人ではこれを実践し、利用者視点でのサービスがより充実していくよう、常に努力していくことを基本的な考えとし、サービスや社会資源が不足していると感じるときには、自らが社会資源を創出するべく活動し、ときには制度や解釈を変えることができないかと利用者やさまざまな関係主体とともに検討していきたいと考えています。

利用者の健康管理につきましては、在宅を担当してくださる各利用者の主治医に対応いただくこととし、そのためグループホームと各主治医とは強力な連携を気づいています。また必要に応じて主治医の指示の下救急搬送を行っていただくこともあります。なお、グループホームとしては、緊急時の入院治療等の対応を行うことができる協力医療機関として耳原総合病院等を中心に地域の医療機関との連携を進めています。

地域等との交流・地域福祉の推進について

一般社団法人の前身である有限会社輝ケアーセンター39は訪問介護や居宅介護を実施しており、その支援の中において自宅における医療的ケアを含めた支援の困難性についていつも検討していました。自宅か病院かという2つの選択肢の中では、必ずしも最良の結果を見出すことができなかったことから、自身でグループホームを立ち上げ、（2018年11月1日）ようやく1年が経過しました。「自宅では支援の限界があったが、輝さんのグループホームができて、病院でなく地域で暮すことができた」など、3つ目の選択肢を設けることができたことは想像以上に大きな声をいただくことができた。

これまで当法人は、病院でなく地域で暮していただきたいことを念頭に事業を進めてきました。今後はボランティアの積極的な受け入れなどグループホームと地域の方がともに活動できる機会を確保するなど、グループホームが地域福祉の拠点として社会資源として位置付けていただけるよう、また、利用者が地域で暮らせることに喜びを感じていただけるよう努めていきたいと考えています。

これから・・・

これまで述べたとおり、当法人は医療的ケアを必要としている方が、病院でな

く地域で暮らすことができるようになるため、最大限の努力をしてまいりました。これからもこれまで同様、「地域で暮らそう」を目標に掲げて、よりよいグループホームを展開してまいりたいと考えています。

　さらには、グループホームで培った経験や知識を基盤にして、医療的ケアが必要な方が求める「社会資源」を探求し開発していくことを目標として、これを実現していくことで、医療的ケアが必要な方や地域に寄与・貢献していきたいと考えています。

　社会資源を創設し運用していくことも社会的な意味が重大であり責任のあることです。

　また経営者としての手腕が問われることです。経営者は常に孤独であり決断を迫られる立場にあります。何も恐れることはありません。

　動く体とすばらしい仲間がいれば実現することです。また実現していくものです。

　志を高く掲げ真摯に受け止め黙って働く。黙々と働く。不平不満はいわない。ただ働く多くの経営者はそう感じているでしょう。それが夢の実現につながることを。

　それ以上に怖いのはコロナなどの病気です。皆さんが倒れては実現できないことです。

　継承できる人間が若者が見つかるまで踏ん張っていきましょう!!

やましたみゆき（大阪・有限会社輝ケアーセンター39・

一般社団法人輝39各代表）

うそを見破る方法

岡　﨑　隆　彦

1　面接で質問を行う際に、質問に対する回答が真実のものであるかを確認する
　簡単な方法として法律実務家が反対尋問によって敵性証人のうそを見破る方法
　を応用すればよいでしょう。

(1)　①詳細事実の確認・追及、②経験則、③自己矛盾、④客観的事実等との照
　　合等という裁判所における「事実認定」の方法を用いるのですが、面接の場
　　合は、事前に収集されている応募者に関する情報が少ないことや面接時間が
　　少ないことから、難しいものがあります。

(2)　詳細事実の確認、追及がポイントです。

　　①　自らの主張事実がどこまでも具体的に詳細に矛盾なく主張できるという
　　　ことは事実であることを示すものです。

　　②　これに対して、事実でないことを主張していると以下のとおりとなりま
　　　す。

　　　ア　うそをつき続けることは難しい。うそを重ねていくと、前についたう
　　　　そと矛盾してしまうことが多くなる。

　　　イ　うそをつくということは1つの話（ストーリー）を作るということで
　　　　あり、最初についたうそをフォローするために次々と新しいうそをつき
　　　　続けなければならないので大変である。どこかでうそは破綻するので、
　　　　通常はどこかでうその発覚を懸念してそれ以上の論述をしなくなってし
　　　　まう[1]。

---

[1]　小説家は立派なフィクションとしての話（ストーリー）を書くが、それは頭の良い文
　章作成の達人が長い時間をかけて矛盾がないように構築するもので、常人が短時間で
　同じことを真似することは実際には不可能である。

ウ わかりやすい方法としては、「うそ」と考えられる事実について、

　　a　その事実自体について詳しく追及する。出来事であれば態様や状況をできるだけ具体的なところを答えさせるようにする。

　　b　それから、その事実（出来事）に至る経緯や動機という時系列的に前の事実関係についても追及する。（刑事事件では「動機のない犯罪はない」といわれるほど「動機」の認定が重視される。そして、行動の動機・目的のような主観的要素については、例えば動機のいわば前提となる外部的客観的状況（動機形成原因事実）を的確に認定することが必要とされている。ここを同様に詳細に詰めていく。）

　　c　同様に、その後の経緯についても具体的に不自然なことがないか詳しく追及する。

(3) 採用への応用

　以上の方法は採用面接の質問の時に応募者に対して面接担当者がどんどん具体的な話を聞いていくという手法としても活用できます。但し、言葉遣いはできるだけ丁寧にすべきです。また、応募者について全人的に正確に見極めるためにはアルバイト使用やインターンシップが有用ですので、これらをおすすめします。

2　経歴詐称について

　経歴詐称が問題となることもありますが、労働者には、使用者から求められなくとも経歴を自らすすんで述べる義務（告知義務）があるかについて、「労働者の選択は本来使用者の危険においてなすべきことであり、求められもしないのに労働者が進んで自己に不利な事実を告知すべき義務はない」とされていますから、使用者から「求めること」が必要です。すなわち、具体的に聞きたいことは必ず聞いておくべきです。

おかざきたかひこ（大阪・弁護士）

うつの問題事例

岡 﨑 隆 彦

1 新型うつ

(1) 「新型うつ」とは、「未熟型うつ」「現代型うつ」などとも呼ばれますが、「新型うつ」の症状を有する者が入社しまたは入社後発症した場合は人事管理が難しくなります。その特徴を従来型である真面目な人がかかるタイプと比較した表を（図表）にまとめておきます。

(2) 対応法について

① 「新型うつ」の場合、元々仕事熱心ではなく、ルール等社会の規範への否定的感情を持つ、自己中心で他罰的（他人のせいにする）、職場では抑制症状が強くなる（働かない）、初期からうつ病の診断に協力的であって簡単に休んでしまう等困った状況が生まれます。しかし、これらの問題は企業に入社後再教育によって改善することは難しく、企業に再教育の責任を負わせることも不当です。しかし、後述する「解雇権濫用法理」が存在するため、その解雇は手順を踏んで慎重に進める必要があり、結果として長い時間がかかり、大変な苦労をすることになります。そこで、このようなタイプの人間であるかどうかを採用面接の段階で見抜き、不採用とすべきです。

② 以上の対応についての留意点はコミュニケーション能力欠如・協調性欠如が同じように問題となる「発達障害者」への対応についてでも同様です。

③ 以上を含めて健康状態の確認は業務遂行能力の確認として必要です。

（図表）新旧うつ対比表〜〝新型うつ〟と〝従来型うつ〟の主な特徴

	〝新型うつ〟	〝従来型うつ〟
年齢層	・青年層	・中高年層
性格面	・元々仕事熱心ではない	・仕事熱心である
	・会社などの社会的規範への否定的感情を持っている	・会社などの社会的規範への愛着がある ・真面目、几帳面、責任感が強い
	・自分自身への強い愛着、万能感（自己中心）、 ・他罰的	・他者への配慮がある
行動（症状）面	・職場では抑制症状が強くなるが趣味など好きなことに対しては積極的	・よいことがあっても気分は改善しないし、好きなことでも楽しめない
治療面	・どこからが病気でどこからが人格かわかりにくい	・疾病による行動変化が明らかである
	・初期からうつ病の診断に協力的である	・初期にはうつ病の診断に抵抗する
	・薬物を投与しても多くは部分的効果にとどまる。服薬と休養のみでしばしば慢性化する	・薬物投与の効果は良好（効果的である） ・服用と休養で軽快しやすい

（『職場を襲う「新型うつ」』（NHK取材班編著・文芸春秋）81頁の表を基に作成）

2 「うつ」の診断書の信用性

(1) 「うつ」の診断書の信用性の問題事例

① 「うつ」の診断書について世上、医師が本人の言いなりになって簡単に書いてしまっているとか、難しい判断になるはずであるのに、初診で短い時間で直ちに診断し書いている等の問題が論じられています。疑問をはさまずに患者に寄り添う形でその精神的負担の訴えをそのまま受け容れるという精神科の診断の本質の他に、営業上の問題（厳格に且つ慎重に判断すると患者の集客が悪くなる）があるのではないかとの疑いがあるところです。いずれにしても使用者としては不可解な不満のある診断結果となる場合には、それを争う準備はしておかなければなりません。

② 「うつ」の診断書の信用性を否定した裁判例も多いです[2]。佐川急便ほ

か事件の高裁判決（仙台高判平22.12.8労経速2096号3頁）は、診断（このケースは事後的診断の場合）の信用性について、精神科医が関係者から聴取した内容が事実であることと、その判断の根拠となった資料が正確であることが前提となっていると述べています。使用者が診断書の信用性を争う場合はこの事実の真否と正確性を吟味検討する必要があります。

3　他の病気との関係

(1)　うつが長期間直らない事例の中には、双極性障害（昔の「躁うつ病」）の「躁」の部分を見落としたものも多いといわれています（本人は躁状態を通常の姿と思い、「うつ」の申告しかしない）。

(2)　また、発達障害者の中には、表面的な「うつ」の面だけを見て、「うつ」の治療しかしていないことも多いと言われています。

(3)　いずれにしても、「うつ」以上に容易に直る病気ではありません。現代型（新型）うつと呼ばれる不可解な「うつ」の正体は、未発達な心療内科の現状では、よく分かっていないという他ない状態です。

　　　　　　　　　　　　　　　　　おかざきたかひこ（大阪・弁護士）

2　アクティス事件・東京地判平22.11.26労経速2096号25頁は、本人が薬を飲まず、医師から「治療していない」「もう元気になっている」「本人が休んでしまっているので「休職」の診断書を書いた」等の回答がなされた事案で「詐病」すら疑われるケースです。裁判所は「診断書の記載を額面通り受け取ることについては重大な疑問があるといわざるを得ず」と判示しています。原告の提出したうつ状態である旨の診断書の記載（「うつ状態で通院加療中、1か月間の自宅静養を必要とする」との記載）を額面通り受け取ることについては重大な疑問があり、「うつ状態」であったという原告の主張は、本件派遣命令の拒否を正当化するに足りるものではないとしました。

SDGs

岡﨑　隆彦

1　SDGsの意義

⑴　「SDGs」とは、持続可能な開発目標（英語：Sustainable Development Goals、SDGs（エスディージーズ））のことで、持続可能な開発のための17のグローバル目標と169のターゲット（達成基準）からなる国連の開発目標です。

⑵　SDGsの導入は2016年に世界的に始まりました。地球上のすべてにおいて、あらゆる種類の人々、大学、政府、機関、組織は、ともにいくつかの目標に取り組み、各国政府は、目標を国の法律に落とし込み、行動計画を立て、予算を設定すると同時に、パートナーを積極的に募らなければならず、貧しい国は豊かな国の支援を必要とし、国際的な調整が重要です[3]。

2　SDGsについての概要を個別目標（17個）一覧表（「ターゲット」は省略）と５つのPの形式で（図表）にまとめておきます。

---

[3]　前文では、「このアジェンダは人間、地球と繁栄のための行動計画である。また、これは、より多くの自由のために世界の平和を統合することを目指している。私たちは、極度の貧困を含むあらゆる形態と側面の貧困を解消することが地球規模の最大の課題であり、持続的な発展のために不可欠な要件であると認識している。」と述べています。

（図表）SDGsのグローバル目標一覧表

			5つのP
1	あらゆる場所のあらゆる形態の貧困を終わらせる	①貧困をなくそう	People（人間）貧しさを解決し、健康でお互いを大切にしよう。
2	飢餓を終わらせ、食料安全保障及び栄養改善を実現し、持続可能な農業を促進する	②飢餓をゼロに	
3	あらゆる年齢のすべての人々の健康的な生活を確保し、福祉を促進する	③全ての人に健康と福祉を	
4	すべての人に包摂的かつ公正な質の高い教育を確保し、生涯学習の機会を促進する	④質の高い教育をみんなに	
5	ジェンダー平等を達成し、すべての女性及び女児の能力強化を行う	⑤ジェンダー平等を実現しよう	
6	すべての人々の水と衛生の利用可能性と持続可能な管理を確保する	⑥安全な水とトイレを世界中に	
7	すべての人々の、安価かつ信頼できる持続可能な近代的エネルギーへのアクセスを確保する	⑦エネルギーをみんなに、そしてクリーンに	Prosperity（繁栄）経済的に豊かで安心して暮らせる世界にしよう
8	包摂的かつ持続可能な経済成長及びすべての人々の完全かつ生産的な雇用と働きがいのある人間らしい雇用（ディーセント・ワーク）を促進する	⑧働きがいも経済成長も	
9	強靭なインフラを整備し、包摂的で持続可能な産業化を推進するとともに、技術革新の拡大を図る	⑨産業と技術革新の基盤をつくろう	
10	国内および国家間の格差を是正する	⑩人や国の不平等をなくそう	
11	都市と人間の居住地を包摂的、安全、強靭かつ持続可能にする	⑪住み続けられるまちづくりを	
12	持続可能な消費と生産のパターンを確保する	⑫つくる責任つかう責任	Planet（地球）自然と共存して地球の環境を守る
13	気候変動とその影響に立ち向かうため、緊急対策を取る	⑬気候変動に具体的な対策を	
14	海洋と海洋資源を持続可能な開発に向けて保全し、持続可能な形で利用する	⑭海の豊かさを守ろう	

15	陸上生態系の保護、回復および持続可能な利用の推進、森林の持続可能な管理、砂漠化への対処、土地劣化の阻止および逆転、ならびに生物多様性損失の阻止を図る	⑮陸の豊かさも守ろう	
16	持続可能な開発に向けて平和で包摂的な社会を推進し、すべての人に司法へのアクセスを提供するとともに、あらゆるレベルにおいて効果的で責任ある包摂的な制度を構築する	⑯平和と公正をすべての人に	Peace（平和）争いのない平和を知ることから実現しよう
17	持続可能な開発に向けて実施手段を強化し、グローバル・パートナーシップを活性化する	⑰パートナーシップで目標を達成しよう	Partnership（パートナーシップ）いろいろな形で、みんなが協力し合う大切さ

3　日本では、企業が積極的に経営に導入するなど、多様な主体による取り組みがおこなわれています。日本政府は、持続可能な開発目標（SDGs）に係る施策の実施について、全国務大臣を構成員とする「持続可能な開発目標（SDGs）実施指針」を決定しました。そこでは優先課題として、2030アジェンダに掲げられている5つのP、すなわちPeople（人間）、Planet（地球）、Prosperity（豊かさ）、Peace（平和）、Partnership（パートナーシップ）に対応した8項目が示されています。

4　本書では事例として、ショコラボの例を挙げていますが、その他意識されていない社会貢献活動でも分類すればSDGsのどれかの目標のところに含まれることになると思います。ビジネスチャンスとしての側面も強くなっていますので、中小企業も是非積極的に取り組んでいただきたいと思います。

5　ブランディング戦略としてのSDGs

近時人事労務の面においても「戦略的思考」が必要とされてきています[4]。例えば「戦術」面で初任給を少し上げても、求人票の記載を少し工夫しても人材確

4　分かりやすい実務的文献として、人事実務シリーズ「魅力ある企業へ～福祉厚生とブランディング」（全10回。2015号1月号から2016年3月号）（西久保浩二）。

保の効果はわずかなものでしょう。法人の全体的な経営改善とそれに伴う信用と魅力の増大、そしてそれを継続的に行っていくという明確な企業姿勢を見せない限り、本書で提起する確実に生き残れる「選ばれる企業」とはいえないと考えます。

　　　　　　　　　　　　　　おかざきたかひこ（大阪・弁護士）

織田信長
戦国武将の経営と労務管理（人間関係論）
～天下統一目前にして倒れた悲劇の武将

駒 村 和 久

1　型破りな人材登用

　信長の人材登用の根幹は、「精鋭による徹底した能力主義」につきます。

　天下布武つまり天下を武略統一するという目標をたて、その目標を達成するための方法を徹底的に追及する武将でした。信長が配下の部将の抜擢や降格、あるいは追放等人事政策において、家中を驚かすような施策をとっても天下統一のための道筋をいかに効率的に実現するかという観点からみれば、合理的といえます。徹底した能力主義をとって、強力な家臣団を作るのですが、従来の大名が重んじた家柄や血統は一切問いません。あるのは「能力主義の大抜擢」なのです。信長が大抜擢した司令官として有名なのは、明智光秀、羽柴秀吉、滝川一益がいます。いずれも、出自、家柄不問で取り立てられ信長の期待に応えました。滝川一益は甲賀忍者上がりでならず者といってよい身分でしたが信長に見いだされます。秀吉は農民と足軽の子供に生まれた、いわば最下層からの成り上がりです。光秀は土岐源氏の出と言われていますが、当時は放浪者といってよい身分から出世してきました。このような抜擢の裏では、才覚の無い者、能力の衰えた者は情け容赦なく追放するという冷酷な仕打ちを行いました。その代表は信長の父信秀の時代からの家老、佐久間信盛、林通勝がいます。本願寺攻めで成果をあげなかったことや、昔弟信行（近年の研究では信勝説が有力）に味方したなどの理由で追放されました。

2　信長の人事評価基準

　信長は精鋭による能力主義で人事を行いました。いわゆる人事考課は一人で行

い、重臣の意見を聞くようなことはありませんでした。またその着眼点も従来の価値観とは異なり独自性が高いものです。その一例として今川義元を討ちとった桶狭間の戦いの論功行賞があります。

　1560年の桶狭間の戦い当時信長は26歳。駿河、遠江、三河三国150万石の大大名今川義元が２万５千の大軍を率いて上洛途上、「田楽狭間にて休憩中」との情報が簗田政綱から持たされた信長は、兵２千をもって義元を急襲しました。記録によりますと服部小平太が一番槍にて組み伏せ、毛利新助が御首をあげました。当時の常識では、一番槍、首をあげた者が最も高い評価を得ます。ところが信長は、「一番の手柄は簗田政綱である。」としたのです。信長は「義元、田楽狭間にて休憩中」の重要な「情報」をもたらした政綱を一番手柄として遇しました。もちろん小平太及び新助も評価されてはいますが、「情報」の価値に着目する信長の合理性、評価基準には目を見張るものがあります。この独自性こそ信長の個性を象徴しています。

3　信長労務管理の欠点

　残念なことですが信長は天才ゆえに補佐役、ブレーンの類を持ちませんでした。
　孤独すぎる信長にとって、一人でも信頼できるブレーンがいたら、弱者や敗者のうらみの強さを信長に教えることにより、危機管理ができたものと思います。しかしながら現実には一人もいませんでした。もし、ブレーンがいていたならば佐久間信盛親子、林通勝を高野山追放処分ではなく、積年の労苦を慰め、故郷尾張にてのどかな隠居生活を提案したであろうと思うのです。そうすることで、優秀な人材も疑心暗鬼とならず懸命に働けば報われると信長を信じ、天下統一をもっと早く成し遂げられたのではないでしょうか？現代の企業が本体で定年まで勤め上げた上級管理職を、定年後は子会社で面倒をみるという例のように、そういった労務管理をしていればと思います。

4　信長のコミュニケーション力

　信長は自らが切れすぎる頭をもっていたこともあり、家臣、同盟者にたいしても丁寧な説明をしない傾向がありました。いわゆるコミュニケーション力の不足です。朝倉攻めのとき、なぜ浅井長政に一言ことわりをいれなかったのでしょうか？長政は信長の言葉が少ないために本心が見えず、必要以上に恐怖感を覚え、信頼感を損なったといえます。「長政殿、今回の朝倉攻めには公方様の上洛要請

を無視する義景を討つ大儀名分がある。しかし浅井朝倉の長年のよしみもあろう。したがって浅井家は傍観していてほしい。与力は無用である。」こういった説明、根回しをしっかりと行っていれば、浅井家は安心し、信長を裏切ることはなかったかもしれません。

　将来近江全土の掌握、信長の妹婿として盤石の地位を得たと思います。仮に、本能寺の変がおこり信長が倒れたとするならば、京都に近い長政が光秀を倒し、天下人になりえた可能性も考えられます。信長の天下になるであろうとわかっていながら、何度も反旗を翻す部将がでてくるのも信長のコミュニケーション力の欠如が原因です。信長は部下、同盟者の心をとらえていません。浅井長政、松永久秀、荒木村重そして明智光秀が反乱をおこした原因でしょう。

　他方、浅井家の信長への反乱については、足利義昭の信長包囲網の御教書が原因とする説も考えられます。浅井家が滅亡したため、そのことを証拠だてる文書は確認されていませんが、甲斐の武田家、越前朝倉家、中国毛利家そして本願寺門徒、比叡山延暦寺等の一大反織田包囲網の確立をにおわせ、いわゆる離間の策に浅井家と長政自身がはまった可能性も考えられます。結果として姉川の戦いは織田徳川連合軍の勝利に終わりましたが、当時、信長の四面楚歌の状態を見た浅井家が信長打倒の可能性にかけた戦国大名としての矜持であったのかもしれません。

　いずれにせよ、信長はコミュニケーション能力に欠けている一方で、それをカバーするに余りある革新的イノベーションの力量をもっていました。成功に学ばない、同じ戦方を二度とせず、負け戦さでは徹底して逃げる。長篠合戦で示した誰もが思いつかない戦術の考案など信長だけがもつ独創性は、ほかの武将の追随を許すものではありません。もし、本能寺の変が起こらず信長の手で天下統一がなっていたら、重商主義者信長は海外に拠点を求めてアジア地域との交易を進めるべく大陸進出を行ったものと思います。

こまむらかずひさ（兵庫・社会保険労務士）

参考文献　津本陽　江坂彰著　信長秀吉家康　勝者の条件　敗者の条件　講談社
　　　　　海音寺潮五郎著　武将列伝織田信長　文藝春秋

解雇権濫用

岡　﨑　隆　彦

1　解雇権濫用論

(1)　「解雇」に関するトラブルの多くは使用者側が法律知識、特に解雇を制限する判例法理に無知で、無理な解雇通告をして、不利な状況に追い込まれている事例です。現在では、相談窓口の充実、権利意識の高揚、労使関係のドライ化等の諸事情により、不当な判断であると反発して争われるケースが増加しており、通告前に法的に問題がないかどうかについて十分慎重に検討する必要があります。

　　最高裁は、「使用者の解雇権の行使も、それが客観的に合理的な理由を欠き社会通念上相当として是認することができない場合には、権利の濫用として無効になる」と判決してこの法理の内容を定式化し、この法理は現在では条文化されています（労働契約法16条）。

(2)　解雇の社会的相当性の判断要素

　　解雇が有効かどうかについて検討すべき要素としては多種多様なものがあり（実態面と手続面に分けて整理すると（図表）のようになる）、これらの総合判断になります。

2　成績不良者（不良社員）の解雇

　勤務成績不良者の解雇事由について、裁判所は当該事案が解雇事由に該当するか否かという観点から判断を行い、一般的に以下の3要素について検討しており、簡単ではないので手順を考えて慎重に判断すべきです。

(1)　使用者は、成績不良があってもまず指揮命令権を行使して、これが是正さ

（図表）解雇の社会的相当性の判断要素

解雇権濫用（実体面）	労働者の行為態様・意図	行為態様
		意図（不当な動機・目的）
	使用者に与えた損害	
	労働者本人の情状	反省の程度
		過去の勤務態度・処分歴
		年齢・家族構成
		その他
	他の労働者の処分・過去の処分例との均衡	同種の行為を犯した他の労働者との均衡
		過去の処分例との均衡
	使用側の対応（使用者の落度）	非違行為に走らせた原因が使用者にある
解雇手続（手続面）	労働組合との協議	誠意をもって十分に協議すること
	弁明の機会の付与等	要件とすることには争いあり。
	解雇理由の証明（労基法22条）（請求された場合）	明示しなかった場合マイナス要素となる。
		明示した場合はその理由に拘束される（有力説）。

　　れるように指導しなければならない（事前の警告ないしは教育・指導）

(2)　改善が期待できない状態でなければ解雇できない（改善の見込みなし）

(3)　成績不良が当該労働者を企業から排除しなければ秩序維持ができなくなる
　　程度でなければ解雇できない（成績不良の程度）

おかざきたかひこ（大阪・弁護士）

外国人雇用

岡　﨑　隆　彦

1　近時は、人手不足状態が急速に進行しているため、外国人雇用の必要性が大きな問題となり、法令改正により、各産業の実情に応じて、在留資格と働ける業務の拡大が図られています。各特定産業分野における外国人材の確保とその能力水準の評価試験制度や、業務従事の前提となる在留資格の種類について、法令で厳格に規制されているので、外国人雇用についての遵法精神は不可欠であり、制度の詳細まで理解した上で臨むべきです。

2　**外国人雇用に関するトラブル回避**

⑴　外国人雇用におけるトラブルの主な原因と対応法について簡単に（図表1）に整理しておきます。

⑵　また、トラブル実例を類型別に整理したものも（図表2）に示しておきます。

⑶　トラブル予防のポイントについては、様々な問題があり、この点についての専門書を理解すること、運用についてアドバイザーから良い指導を受けることは当然。ここでは経営者の基本的な考え方のみ指摘しておきます。

①　まず、前述したとおり、「コンプライアンス」（遵法）重視で望むべきであり、安い労働力を確保するため、脱法的な方法を考えたり、労働者の人権を侵害する法人（典型例として、賃金未払、不当な低額賃金）は、日本国の信用を毀損する「ブラック企業」であり、厳しく国（行政、司法）が処断すべきです。

②　適法・適正に対処するために、社内の就業規則等の規定例を専門家（外国人雇用に詳しい社会保険労務士等）の指導を受けて整備すべきです。

39

（図表１）外国人雇用におけるトラブルの主な原因と対応法

	原　因	対応法
①	法令遵守への配慮の不足（例：企業が在留資格外の業務を行わせる）	法律の内容の理解を十分に行い、適宜、就業規則等の手当を行う。
②	日本語でのコミュニケーションの困難（例：外国人が理解不足により就業規則に違反する行為を行う）	誤解が生じないようなルール作りを行ったうえで、外国人にも理解できるように伝える。
	外国人は企業への帰属意識が薄く、他社から好条件を提示されると躊躇なくあっさり転職する	職場環境の整備等。
③	権利意識の違い（例：外国人が契約に含まれない業務は一切行わない）	権利主張されても問題ないように文書やルールを整備する。
④	文化的背景の違い（例：外国人が就業時間中に礼拝しようとする）	文化的背景を理解したうえで、日本人・外国人双方が納得できるルール作りを行う。
⑤	私生活面（例：住居、家族など）への配慮不足	定着してほしいのであれば手厚く配慮する

（図表２）トラブル実例（類型的整理）

	トラブル事例（類型）	トラブルの概要
①	コミュニケーショントラブル	日本語の習得度が低い外国人を採用して現場（売場）に配置する場合、一定のコミュニケーションはとれるが、日本語独特の言い回しなどがわからず、対応しきれずにクレームに発展する。
		業務指示を出しても、日本語がわからない（言葉の意味を理解していない）ので動かないので業務が滞る。
②	長期欠勤のトラブル	「母国に帰ってから、全く連絡がとれない」
③	外国人同士のトラブル	国が違えば文化、習慣、価値観も異なるので、業務中に些細なことで言い合いになる。お互いに自己主張が強く、相手を理解しようとしないため、大声での言い合いになってしまう。顧客や同僚の心証を害するケースもある。
④	在留資格のトラブル	入社当時は「留学生」であり「未婚」であったが、いつのまにか日本人と結婚していた場合、在留資格が「日本人の配偶者」に変わるので、手続が必要となる。
⑤	文化・習慣の違いによるトラブル	日本の販売接客業において「愛想」は不可欠であるが、接客業は、お客様にとって気持ちのよい接客をするものであるという文化を知らない外国人がいる。商品を丁寧に扱わない（「配慮」に欠ける）ので、客に不快な思いをさせてしまうことがある。

③　外国人の労働者の定着と活躍のためには、単に労働条件だけではなく、経営者の「温かい心」が必要です。そのような処遇の覚悟のない者が安易に雇用すべきではありません。モデルとなるべき良い事例（温かい会社）として下田本の60頁（大阪の建設会社）の例が紹介されています[5]。

3　「損害論」

　外国人の労災支給額のうち「損害額」の認定問題については、短期在留予定の外国人労働者や、在留資格として認められていない就労に従事する不法就労外国人に関して、経済的逸失利益が問題となります。この点、判例は日本における就労・生活の蓋然性が認められる期間については日本における収入等を基礎に、その後は本国における収入等を基礎に算定しています（どちらによるかで金額に大きな違いが生じます）。

おかざきたかひこ（大阪・弁護士）

---

[5]　社長が従業員の家族との面談を実施している。ベトナム人の実習生なども社内にいるが、ベトナムの実家にも社長は訪ねている。（外国人技能実習制度の本当の意図は、日本で高度な技術を身につけてもらい、その技術を国に帰って活かすことにある。しかし、受け入れる日本側の企業では、安い労働力とみなして受け入れている会社のほうが多い。その結果、必要な技術を身につけさせず、単純労働ばかりさせている例も多い。社長が実習生に接し、ベトナムの実家を訪問し、両親に会うことで、彼らに何としてでも高い技術力を身につけさせ、それを帰国後も活かせるようにしてあげたいという社長の決意が固まった。）

外国人リスク？

川 原 康 司

1 製造業の多い滋賀県では、各地に外国人労働者が生活しています。生活習慣
や個人意識の違いにより、企業経営者を悩ますケースも出てきます。

　以下に私の経験した問題事例を紹介します。

(1)　某製造業構内下請けの会社で就労の日系外国人のケースです。

　　ある日、不幸にも就労中に濡れた床面で転倒し、肘を強打したと上司に報
告がありました。会社はすぐに労災手続きを取り、治療、休業を行いました。
ところが，何時になっても治癒しません。本人が痛みを訴える以上、医者は
休業指示の証明を書きます。会社は労基署にも相談しましたが、医者の証明
がある限り簡単には止められないとのことでした。

　　病院ではほぼ「クレーマー」状態で、医者としても証明しないと収まらな
い状態でした。

(2)　労災事故（本人主張）の現場は、他の労働者も居ない状態で目撃者は居ま
せんでした。外傷もなく、後から考えれば本当に事故があったのかも疑いが
生じました。

(3)　しばらくこの状態が続き、ついに労災保険の支給終了となりました。そこ
で彼は、ユニオンに加入し、健康保険の遡及加入と傷病手当金の支給申請を
訴えてきました。ユニオンはなぜか労基への審査請求はしませんでした。障
害認定も却下されたようです。労災がダメなら健康保険で、という身勝手な
要求を受け入れることはできません。本人は保険料の負担をする気もなく、
ユニオンとの団交が続きました。

(4)　社会保険加入の問題については、リーマンショック以降、雇用保険は加入
が当たり前となりましたが、以前は雇用保険さえ加入を拒む外国人は、多数

いました。収入の一部を母国への仕送りに充てていた方もいて、少しでも手取り収入を上げたいと思われていたのでしょう。まして、高額となる社会保険に加入する方は少数でした。これを許していた会社も悪いのですが、加入するなら退職すると言われるとどうしようもなかったようです。行政も今ほど厳しくなかったようです。

(5) ユニオンは、発注会社への交渉も要求してきました。

　　請負会社は発注企業に対し弱い立場にあり、トラブルが上（発注企業）へ波及することを危惧し、なんとか自社で解決しようと努力します。このことが会社の立場を弱くし、思い切った交渉ができません。

(6) 本人とユニオンは種々の理由のない請求を続けたので、会社はついに訴訟（債務不存在確認の訴訟等）を決意し、弁護士を交えて準備を進めましたが、途中でユニオンとの和解に応じてしまいました。（結果として多額の和解金の支払いを余儀なくされました。具体的にはユニオンが発注会社の不誠実交渉（団交拒否）を理由として両社を不当労働行為で訴えると発注会社を脅し（本当は誠実交渉をしているので不当労働行為ではないとの弁護士の意見はあったのですが）、発注会社が解決金を払ってでもユニオンと和解して自社を争いに巻き込むな、そうしないと契約を打ち切るぞと突き放した姿勢を示したのです。

　　弁護士とも訴訟になれば絶対に勝訴できたのに、請負会社の弱い立場を痛感し、断腸の思いで引き下がらざるを得ませんでした。

2　もちろん、ほとんどの外国人労働者はまじめに就労し、日本のルールや制度を理解し、強力な労働力として働き、家庭を持ち子供もできて地域に根差した生活を送られる方も多数います。少子高齢化で日本の労働力は、外国人労働者に頼らざるをえません。社会保険料の担い手としても期待がかかります。日系外国人をはじめ留学生、技能実習生、特定技能等益々外国人労働者と接する機会が増えてきます。お互いを理解し、トラブルのない良好な関係が築ければと思います。

　　　　　　　　　　　　　かわはらやすし（滋賀・社会保険労務士）

解雇のハードルの高さ

岡﨑　隆彦

1　不良社員採用回避の必要性

(1)　一般的に「解雇」が難しいことについては近時では常識になっています
が、採用の時にこの点を十分認識して面接に当たっているでしょうか。陸上
のハードルや走り高跳びや棒高跳びのバーをクリアすることの難しさをイ
メージしていただくとよいでしょう（図表参照）。

(2)　以下に時間順に説明します。

　①　採用時は「採用の自由」がありますから、特に合理的な理由がなくても
不採用にできます。

　②　内定取消しは「解約権留保の趣旨、目的に照らして客観的に合理的と認
められ社会通念上相当として是認することができる」場合に限り認められ

(図表) 解雇のハードルの各段階でのバーの高さについて

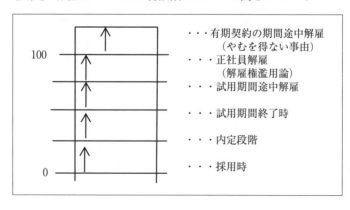

ると解されています。ここで採用時にゼロであったのにいきなりハードル
が高くなります。

③　試用期間中の留保解約権行使について、判例[6]は「解約権留保の趣旨・
目的に照らして、客観的に合理的な理由があり、社会通念上相当として是
認されうる場合」にのみ許されるとしています。これは内定取消と同様の
表現ですが、正式契約後のことですから、内容取消しよりハードルが高い
と考えられます。

④　期間満了まで残期間がある場合の期間途中の解雇については厳密にいう
と期間満了まで待って判断した場合より裁判所が厳しい判断をします[7]の
で、ハードルは少し高いとみることができます。

⑤　正社員を解雇する場合は解雇権濫用法理（労働契約法16条）の適用があ
り、解雇は「客観的に合理的な理由を欠き、社会通念上相当であると認め
られない場合」は解雇権濫用として無効になります。

⑥　以上を整理すると「客観的合理的理由」の存在と「社会通念上相当」で
あることが必要であるという点が共通していますが、時が経過する程ハー
ドルが高くなるので、できるだけ早期に不良社員対策を行うことが必要で
す。

(3)　有期労働契約を期間途中で解約する場合は民法628条の「やむを得ない事
由」（期間の満了まで雇用を継続することが不当、不公平と認められるほど
に重大な理由が生じたこと）が必要とされます。この規制は期間の定めのな
い労働契約に関する解雇権濫用規制（労契法16条）の解雇要件より厳格なも
のと解釈されています。すなわち、正社員の解雇よりさらにハードルが高い
ということです。これは社会常識（パートや期間社員はクビにしやすい）と
全く逆ですので注意が必要です（期間満了まで待てばハードルは下がります
が、その場合も反復更新している場合は雇止め法理の問題があります）。

2　有期雇用前置

(1)　試用期間の問題点

6　三菱樹脂事件・最大判昭48.12.12労判189号16頁
7　例えば医療法人財団健和会事件・東京地判平21.10.15労判999号54頁やニュース証券事
件・東京高判平21.9.15労判991号153頁。残期間中の改善は可能であったという判断をさ
れるおそれがあります。

45

① 多くの企業では、長期雇用を前提とした正規従業員の採用について、入社後一定期間を「試用」期間とし、この間に人物・能力を評価して本採用（正社員）とするか否かを決定する制度をとっています。期間は3か月が一番多く、特別の解雇（解約）権を明記するのが通常です。

② 「有期雇用」の「雇用期間」（当該期間が満了すれば労働契約は当然に終了し、再雇用するかどうかは使用者の採用の自由の問題である）と「試用期間」（労働契約自体は期間の定めがない契約として成立しているので、本採用拒否が適法に行われない限り、試用期間終了後は留保解約権が消滅し、本採用の意思表示などを要することなく通常の労働契約へ移行する形で労働契約は存続することになる）は、本来別のものですが、使用者が「雇用期間」と考えていた事例で「試用期間」と判断する裁判例も増えています[8]。

(2) 研修期間を設定して本契約拒否した成功例

① この点、研修期間を2か月と設定した有期契約を前提とし、社内検定不合格を理由とした本採用拒否が有効とされた成功例として奈良観光バス事件・大阪地判平23.2.18労判1030号90号があります。この事例は、試用を目的とする有期労働契約（試行雇用契約）の活用例です。正社員としての労働契約締結に先立ち、まずは正社員としての適格性を判断するための観察期間を設ける趣旨で有期労働契約を締結するというやり方です。

② この方法のデメリットは当然ただちに正社員を希望する応募者には不評であることですから、短い期間にできるだけ厚い（正社員に準ずる）処遇を用意して不満をなくす必要はあるでしょう。

おかざきたかひこ（大阪・弁護士）

---

[8] そのため以下のとおり注意する必要があります。
①裁判例は、試用制度の「解約権留保付労働関係」という判例法理の雇用保障的側面を典型的試用制度ではない期間雇用的な過渡的労働関係にも及ぼしている。
②最高裁は期間の定めの趣旨・目的が適性を評価・判断するためのものであるときでも、「期間満了により雇用契約が当然に終了する旨の明確な合意が当事者間に成立しているなどの特段の事情のある場合」は、契約の存続期間として原則通り期間満了により終了する旨述べているから、法的リスク対策として、使用者はこの「特段の事情」を明確に証明し確実に認定してもらえるための努力と工夫をしておくべきである。

カスハラ
～カスタマーハラスメント～お客様（神様？）から従業員を守る

岡　﨑　隆　彦

1　カスタマーハラスメント

(1)　最近「カスハラ」という言葉が使われています。カスタマー（顧客）からのハラスメント（嫌がらせ）という意味の略語で、「消費者による自己中心的で理不尽な要求」「客という立場を利用した従業員に対するハラスメント」等と定義されています[9]。

　　従前の「悪質クレーム」は顧客対応が主に問題となっていましたが、その対応によってメンタルヘルス面で不調となった労働者への配慮・保護とその予防が問題となるのです。

(2)　「カスハラ」の内容（行為類型）は、①土下座をさせる、②無理な値切り（値下げ）を要求する、③長時間拘束する、④脅迫や恐喝（理由のない金銭の要求）、⑤しつこい電話（繰り返し）、⑥性的な嫌がらせ等です。

(3)　カスハラの結果、従業員が大きなストレスを受けることは周知のとおりであり、自分に自信が無くなる、会社を辞めたいと思うようになる、人間不信になる、電話に出たくなくなる、家から出たくなくなる、人とうまく話せなくなる等、大変な事態を発生させることもあります。本書では、従業員を守ることが企業の安全配慮義務等の責任であるとの考え方から、カスハラの予防を検討します。

9　問題になることが増えたため、国（厚生労働省）も企業向けのガイドラインの作成準備中とのことです。
　発生する原因については、①サービスの向上、②SNSの普及、③客（国民）のストレスの増大、④人手不足、⑤老人の増加等が指摘されています。

① まず、一般的対策としては、①監視カメラなどを配置して映像に残しておくこと、②注意書きを書いておくこと、③不当な客は従業員の中でも上位の役職が対応すること、④店員が毅然とした態度で立ち向かうこと、⑤余りに不当要求の度が過ぎる場合は、法的手段で闘うこと、が指摘されています。これらはいずれも当然のことで、私の場合古くからクレーム対応の相談を受けたり、研修を行う等対応してきているので、何を今さらという感のある対策ですが、それだけ現場や経営者の意識が遅れているということを意味しています。従業員の立場を考えれば、酷いことです。

② 「顧客は神様です」等という古い考えを前面に出すことを考え直すべきです。特に「カスハラ」のように「従業員に害をもたらす客は、客ではない」との信念の下に厳しく対応すべきです。そのために多少の売上が減っても諦めるべきです。考え方として目先の利益より従業員を重視することが必要です[10]。

2 クレームに対する法的対応の基礎知識

ここで参考までに一般的なクレーム対応の基礎知識を簡単にまとめておきます。

(1) まず、①クレームの内容に理由があるかどうか、クレームの基礎となっている事実関係（品質、数量、納期等とその遵守）の確認、②当方に過失があるのかどうかの確認、③クレーム請求期間等に請求の要件があればそれを充足しているかどうか等の事実関係の調査・確認、以上の3点が必要です。そして、①の理由の有無により対応も当然区別して考える必要があります。

(2) クレームに理由のある場合、誠意を持って相手（申出者）の意向を聞き、交換等ですますことができないか交渉をする必要があります。但し、相手方が損害賠償や契約解除を主張する場合、重大事態になるので、法務部又は弁護士に早めに相談する必要があります。

(3) クレームに理由のない場合、以下の点に留意すべきです。

① クレームの真意（狙い）を分析して早めに法務部又は弁護士に相談する。

② いいがかり的なクレームについては、クレーマーとの交渉経過を詳細に記録し、後日証拠として提出できるようにしておく。クレーマーとの交渉の経緯を詳細に記録し（クレーマーの主張の変遷があればこれを残すこ

---

10 下田本より

と）、後日これを立証することにより、クレーマーの主張の変更を防止しつつ、論点を絞ることができる。

(4) これらは早期に法的な対応が必要ですから、早期に弁護士に相談して適切な指導を受けるべきです。私の場合、高級自動車販売、高級外食業、全国フランチャイズ展開しているサービス会社、介護事業所等で多く相談を受け、悪質クレーマー撃退に協力しています。またクレーム対応のための従業員の研修もしています。いずれも理論的に難しいものはありません。

(5) 民暴対応の基礎知識[11]の応用をすればよいと考えますので、以下に紹介しておきます。

① 民暴の輩（やから）は「強い者には弱く」「弱い者には強い」という卑劣な者がほとんどであるので、**丁寧で且つ毅然とした（筋を通す）対応**をすべきで、**早期に弁護士と警察に相談すべき**です。その場しのぎの対応やあいまいな約束を絶対にせず、**「法的手段を辞さず」**という強い態度を示すことです。

② 会社に居座る場合には要求を受けても退去しなければ、刑法の**不退去罪**になる場合もありますし、言動によっては**脅迫罪・恐喝（未遂）罪**に該当することもあるので、必要なら**刑事告訴**をします。民事的には**「債務不存在確認」**の方法で逆に攻める姿勢をとることも可能です。

③ 相手の動きを封じ込め等として以下のものがあります。

　ア　内容証明郵便による通知書の発送。これは違法行為が将来も継続するとみられるとき、刑法の構成要件（脅迫・恐喝・強要等）や民法の不法行為に該当するときに断固法的手続を取る旨通知します。

　イ　不作為の仮処分申請（面談禁止・架電禁止・立入禁止・業務妨害禁止等）

　ウ　訴訟提起（債務不存在確認の訴え・不法行為に基づく損害賠償の訴え）

　　　　　　　　　　　　　おかざきたかひこ（大阪・弁護士）

11　クレームに名を借りた暴力団等による不法攻撃に対して、暴対法では「商品欠陥をことさら誇張して金品を要求する行為」を禁止していますし（9条20号）、警察の対応も以前より厳しくなっています。

蒲生氏郷
戦国武将の経営と労務管理（人間関係論）〜
麒麟児といわれた信長の娘婿

駒 村 和 久

人物像	戦国時代から安土桃山時代にかけての武将、大名。 天才・織田信長をして、その俊敏にして豪胆な器量に舌をまかせ、ひそかに「我が後継者」とまで思い定めた麒麟児・蒲生氏郷。信長の娘を娶る幸運にも恵まれ、文武両道の名将として、遂には会津若松92万石の大大名に成長しながら天下への野望は早世によって潰えた悲劇の名将です。氏郷がもう10年、いや5年生を得ていたならば、関ケ原の戦いの結果に大きく作用したのは間違いなかったといわれています。

1 目は心の窓

わが国には「目は心の窓」ということわざがあります。

安土城へ父とともに挨拶にきた当時13歳の氏郷の眼光が普通でない鋭さをもっているのを気にいった信長は氏郷を手元にととどめ、娘冬姫の婿とすることを決めました。当時織田家では、歴戦の侍大将がいくさ物語をしていました。氏郷はいつも語る口元を見つめて一心に聞き入り、真夜中になっても少しも気を緩めることはありませんでした。それを見ていた侍大将の稲葉貞通は、「蒲生の子はただものではない。必ず優れた部将になるであろう。」と周りに語ったといわれています。

2 率先躬行の人氏郷

氏郷の持ち味は率先躬行です。氏郷は浪人者が仕官を求めてくると「当家の軍勢には合戦になると必ず先陣を切る鯰尾の兜武者がいる。その者に遅れぬようにして、早く手柄を立てるがよい。」と語ったといいます。いざ合戦になりますと

先頭を行く鯰尾の武者がいます。新参者が必死で追っていくとそれは、氏郷自身でありました。

3　氏郷の人使い

　氏郷は大名になりたてのころから、手柄をたてた部下を自宅によんで、自分で薪をくべ風呂にいれてやったといいます。皆涙を流して「この主君のためには！」と感激したという有名なエピソードがあります。人情家氏郷の心温まる話ですが、この気配りは氏郷に卓越した度量と包容力つまり器量があることの証明ではないでしょうか。また、ある時庄林理助という者が、氏郷の家臣・西村佐助を斬って徳川家の家臣のもとに逃げ込みました。年を経て理助は家康に使えました。家康に氏郷が招かれて広間を通りかかると、理助は丸腰で名乗り出ました。氏郷は「さても感心な御仁、昔のことは気にしておらぬ」といい、家康に断って、理助をその座に呼んで盃を与えました。将たる器として、氏郷の度量の広さを物語っています。

4　できる男に正直にほれ込む

　戦場での働き方を万事に優先し、できる男には正直に惚れ込みやる気にした氏郷の人使い法の例として次のような話があります。九州征伐の陣にて軍紀違反により蒲生家を追放された西村左馬之介が帰参を願って来た時、庭で氏郷の相撲の相手をさせました。重臣や旗本の前なので、西村は本気で勝ってよいものか負けてご機嫌をとるか迷ったが心ある家臣にへつらいものとの陰口をたたかれないように、二度立ち会って二度とも勝ちました。氏郷は、「その方、わしよりも二倍強いな。武芸の道を怠らずに精進した」とほめて旧禄に加増して召し抱えました。

5　適材適所の処遇とは

　大和の筒井順慶の家臣に松倉権助という者がいました。順慶から臆病者と呼ばれ、筒井家におられず、蒲生家を訪ねてきました。蒲生家では松倉の噂を聞き及んでいたので、家臣たちは「やめたほうがいいです。」と言いました。「臆病者と呼ばれていますが、もし蒲生家にて用いられるならば頑張ります。ぜひ雇ってください」と松倉は訴えました。氏郷は、「どんな人材にも必ず使い道があるものだ」と見どころを感じて召し抱えました。ほどなく合戦があり、松倉は勇敢に働き首級を上げました。氏郷は次のように言いました。「どんな人でも責任を持た

せれば、必ず職責を果たす。噂や評判だけでその人をきめつけてはいけない」。氏郷は松倉に２千石を与えて物頭に取り立てました。その後の合戦で、松倉は抜きんでた働きを続けましたが、ある時深入りして討ち死にしました。氏郷はその時近習の者らに「松倉は剛の者であった。人の風下に立つ男ではなかった。ゆえに早く取り立てたが、今少し出世を遅らせていれば無理に深入りせず討ち死にしなかったであろう。わが過ちにてあたら良き家臣を失った」と語り落涙して悔やんだといいます。

6　もし氏郷があと５年生きていたなら？

　早逝した氏郷の器量を考えるとき、彼がもしあと５年生きていたら天下の動向はどうなっていたでしょうか？史実的には1595年に40歳で亡くなった氏郷ですが、1600年末まで生きているとなりますと、天下分け目の関ケ原の戦いにどのように関わるか、歴史の転換点に大きく影響を与えたであろうと考えることに疑いはありません。秀吉に会津100万石に封じられた氏郷ですが、自他ともに関東に封じ込んだ家康の牽制の役割を期待されていました。そうしますと氏郷は、豊臣政権の末期に制定されました５大老５奉行制度の一翼、おそらく５大老の一人に任じられた可能性が高いです。江戸内大臣徳川家康、加賀大納言前田利家、安芸中納言毛利輝元、筑前中納言小早川隆景、そして会津中納言蒲生氏郷となっていたものと考えられます。史実どおり、隆景亡き後は備前中納言宇喜多秀家が就任したでしょう。さらに越後の上杉景勝も５大老に準ずる立場で豊臣家与党としての存在感を示すであろうと考えますと、秀吉亡き後の政局において、家康の政治的工作も史実とは大いに異なる戦略を余儀なくされます。会津に氏郷が頑張っている限り、家康は江戸を開けて上洛することは困難なものとなったでしょう。奥州の伊達政宗に会津を牽制させる作戦も、越後の上杉がそうはさせじと直江兼続を中心に伊達を封じ込めることに成功すると考えられます。上杉軍と蒲生軍が連合することで、約150万石総勢５万近い大軍が関東の家康を封じ込めることを可能にします。それでも氏郷の寿命がつきたとき、そこから政治力を駆使し豊臣家の与力大名を篭絡して最終的に天下人なるのはやはり、徳川家康なんだろうと思います。

こまむらかずひさ（兵庫・社会保険労務士）

参考文献　佐竹申伍著　蒲生氏郷　PHP文庫

童門冬二著　戦国名将一日一言　PHP文庫

楠田義昭著　戦国武将名言録　PHP文庫

海音寺潮五郎著　武将列伝蒲生氏郷　文藝春秋

カルナ羊プロジェクト

「カルナ羊プロジェクトめぇー」
～ひつじがやって来ました!!

後 藤　　清

　私は、社会福法人慈照会（滋賀県東近江市）が運営する特別養護老人ホーム「カルナハウス」の施設長です。平成28年4月の社会福祉法改正によって、私たち社会福祉法人はこれまで以上に地域に貢献することが求められることになりました。

　当法人では、2018年から羊を飼い始めました。これは東近江市が主催する『社会福祉法人が、それぞれの個性を活かして地域貢献活動を進めるためのノウハウを学び、その成果としてプロジェクトを1つ実践する』という研修会がきっかけです。その研修会で、環境や人材など施設のお宝（資源）を活用し、多くの人を巻き込んでプロジェクトを広げていくことが成功のカギであることを知りました。カルナハウスには広い遊休地があるので、実践するプロジェクトを考えたとき、そこを資源として活用し『羊を飼うこと』に結び付きました。実は羊を飼うというのは私の希望でした。懇意にしている近江八幡の介護事業所ですでに羊を飼っていて、当法人でも飼えたらと前から思っていたのですが、正式にプロジェクトとして取り組むことで、羊飼育の目的が、①地域貢献（地域交流と地域の明るい話題の提供）②利用者様への癒し効果③除草であると明確になりました。

　羊は県畜産技術振興センターから借りていますが、羊小屋は借りる上での必須条件でした。YouTubeを見れば小屋づくりの動画が5分くらいでいくつもあって、これなら自分たちで建てられる!!と思いました。2×4材とコンパネでパネルをつくりそれを組み立てる工法に決め、管理栄養士がエクセルで設計図を描きました。費用が掛かることなので、計画をまとめて理事長に相談しましたが、「現場でそこまで議論して、練った計画ならやってみたらいい」と背中を押していただきました。お世話になっている地元の建寿会（老人会）に相談したところ、快

くお手伝いを申し出てくださいました。もっと簡単なものと思っておられたようでしたが、「こんなにワクワクするのは久しぶりやわ」と楽しみながらご協力いただけました。素人の設計ですから、不都合もいろいろ出ましたが、建寿会の皆さんの経験と知恵と技術でカバーしてもらいました。暑い中のボランティアでホントに感謝しています。柵作りに関わった職員も計画から資材の調達下準備作業と自分自身の仕事をこなしながら進めてくれました。プロジェクトに参加した全員が楽しんでいました。県畜産技術振興センターから春に毛刈りを済ませた羊をお借りして、５月末に羊３頭を迎えました。羊には、草以外にもコップ１杯程度の有機飼料が必要ですし飲み水も毎日入れ替えます。トイレトレーニングが出来ないので小屋掃除も欠かせません。これらは部署ごとに曜日を決めて行ない飼育日誌も記入します。花好きの職員が色とりどりのプランターで柵周りを飾ってくれたりと自発的な関わりもうれしいできごとでした。好奇心旺盛な１頭が柵の下から脱走したことがありました。羊は群れる習性があるので遠くには行かず柵周りをうろつくだけなのですが、その際足を怪我してしまいました。借り受け要件に獣医契約もあり、獣医さんに手当してもらいました。また、定期的な予防接種も必要です。注射のために羊を捕まえるのはいつもひと苦労でした。羊たち（３頭）には「ねね」「さくら」「めい」とそれぞれかわいい名前がつきました。お世話になった建寿会の皆さんから「ねね」、交流のある幼稚園の園児さんから「さ

くら」と名前を頂き、もう1頭は職員アンケートで「めい」と決めました。繁殖のため10月に畜産センターにお返ししましたが、羊がいる風景が当たり前になると、帰ってしまった後は寂しかったです。

　2019年は、繁殖頭数と借り受け希望者数の都合で2頭になりました。一回り小柄な1歳の羊たちですが、名前は「さくら」と「めい」を引き継ぎました。「めい」も「さくら」も元気に草を食べて可愛いです。天気の良い日に利用者様を柵近くまで案内したり、羊たちを居室に面した芝生広場で放牧したり…皆さんたいへん喜ばれています。地域の方々も散歩途中に寄って下さったり、小さなお子様とドライブで来られたり、幼稚園の園児さんが遊びに来られたり。今年は、簡易な太陽光発電機器を設置し、暑さ対策の扇風機、捕虫器を設置しました。建寿会の方も会うと羊や小屋の心配をしてくださいます。職員お手製のベンチも用意していますので、ゆっくりしていってほしいと思っています。

　普段、私が地域の方と接する中で、施設は地域の方からは少し足を踏み入れにくい場所になっていると感じていました。このプロジェクトを通じて、実際に、羊、地域の皆様、職員の自然な接点（憩いの場）を創ることができたかなと考えています。今後は、開かれた施設となり、地域の皆さんがより集まる場所にしていきたいと思っています。

　　ごとうきよし（滋賀・社会福祉法人慈照会カルナハウス　施設長）

管理監督者

岡　﨑　隆　彦

1　例外の意義

(1)　労基法41条2号では「監督若しくは管理の地位にある者」は労働時間の規制の例外とされています[12]。これは労働時間の規制を超えて労働することが要請されるという「経営上の必要」があり、職務の性質上通常の労働者と同様の労働時間になじまず、出退社についてある程度の自由裁量があり、労働時間の規制を外しても保護に欠けるところはないとして適用除外とされたものです。

(2)　最近ではコンプライアンスの意識が高まっているのに、この問題については大企業でも放置されているので、以下に特に詳しく論じます。

(3)　裁判例を分析するとほとんどが使用者の負け（管理監督者性否定）であり、勝ちの例は極めて少数です。

2　判断基準と実情

(1)　判断基準総論

①　この「監督若しくは管理の地位にある者」とは「労働条件の決定その他労務管理について経営者と一体的な立場にある者」の意味であり、名称にとらわれず、実態に即して判断しなければならないとされています。そして、管理職の肩書があれば適用除外者に当たるわけではないし、管理職全

---

[12]　但し、「深夜」についての規制の例外ではないので、深夜残業の時間外労働に対する請求は可能です。

てがここにいう管理監督者となるわけでもない。労基法41条２号の管理監督者に該当するか否かについては，行政解釈も裁判例も、①職務権限、②勤務態様、③賃金等の待遇の３つに着目して相当に厳格な判断を行っています。

② 但し、①～③の具体的判断要素について、荒木(2)177頁は行政解釈と裁判例とでは、相違があることを指摘しています。これを表にまとめたのが（図表）です。

(2) 実情～「赤信号みんなで渡ればこわくない」状態

① 実際上は勤務時間についてある程度の自由裁量のある（いわゆる「重役出勤」のような自由な出勤が可能な）管理職はほとんどいないでしょう。この点からだけでも該当は困難です。

中には管理職になったばかりに長時間労働を強いられ残業代が出ないし、管理職手当も少なく、管理職の手取り額が一般従業員の手取り額より少ないといういわゆる逆転現象が生まれているケースもあります。このような場合は、例外的制度であることについての正しい理解がなく、種々の否定的要素が見られるのが通常であり、もし裁判になっても勝てる見込みはまずありません。大規模企業や上場企業でも、この法や判例ルールをほ

（図表）管理監督者判断要素一覧表

判断要素	行政解釈	裁判例
①職務権限	労働時間規制の枠を超えて活動せざるを得ない重要な職務と責任を有しているか	経営方針の決定への参加あるいは労働条件の決定その他労務管理について経営者との一体性を持っているか（「経営者との一体性」を重視している）
②勤務態様	現実の勤務態様も労働時間等の規制になじまないような立場にあるか（労働時間に関する裁量性は後退している）	専ら労働時間に関する裁量性に注目している。
③賃金等の待遇	その地位にふさわしい待遇がなされているか（共通）	
まとめ	「(労働時間) 規定の規制を越えて活動しなければならない経営上の必要」を重視する立場	経営者との一体性、出退勤の自由裁量を重視し、これに処遇の観点をも付加した判断を行っている

とんど守っていないという「違法状態」が現在も蔓延しているのは信じ難いことです。

② 「課長」以上は管理職として残業代等を支給せず、その代わり管理職手当を支給するという単純な考え方をしていましたが、これは41条2号の趣旨を全く理解していないことになるので、根本的に考え方を改める必要があります。

3 改善の方向

(1) 前述した判断基準を基に厳格に残業代の支払が不要な「管理監督者」を限定し（かなり人数は少なくなるはずです）、その他の者には勤務実態に応じて残業代を支払うべきです。

(2) 「名ばかり管理職」と批判される問題のある人事制度（有力企業でも裁判所の判断基準を無視して旧来の制度を維持している問題事例が多い）は思い切って廃止し、残業代の不要な特殊な管理職（上位管理職を含む）とそうではなく一般労働者に準ずる地位にある一般管理職を明確に区別し、特殊な管理職を核として各企業の実情に応じた無理のない組織を作る努力をすべきです。

(3) モチベーション論

① 近時は昇格を望まない、若いものはやる気がない等と不満をもらす経営者もいますが、昇格してバリバリがんばりたいとやる気を出すだけの待遇をしているか非常に疑問です。ある会社で従業員が昇格を望まないというので、思い切った手当（待遇）を出してもらえは昇格に応じるかどうか従業員に岡﨑が聞いたら、それならもちろんやりたいと答えた例がありました。

② また、管理職になれば残業代がなくなり、仕事は多くきつくなるのに年収が下がるという典型的なブラック企業もあり、そのような会社では「昇格を望む人」や「やる気のある人」など出るはずがありません。

③ 部下にやる気がないというのは経営者の責任（採用ミス）か、経営・指導が下手であるのが原因ですからそのような愚痴は言うべきではありません。

④ 思い切った処遇や人事制度の改善を図るべきです。

⑤ 管理監督者であるとしても忘れてはならない問題

ア　管理監督者であるとしても深夜の残業代は支払の必要があります（定説。確定判例）。この点裁判官でも判断を忘れることがあります[13]。世上この点考慮していない事例が多いので必ず支払をすべきです。

イ　残業時間のチェックは必要です。労働時間の自主的管理（裁量）が認められているとはいえ、真面目な人ほど自らの職責を果たすために過重労働になりがちです。実際に過労死、過労自殺の多くが管理職の事例です。会社の柱となるべき有能な人材を喪失しないように経営者は「温かい心」を持って上級管理職の働き過ぎと健康状態について常に配慮（チェック）をすべきです。

おかざきたかひこ（大阪・弁護士）

---

[13]　ことぶき事件高裁判決・東京高判平20.11.11労判1000号10頁。深夜割増賃金額について判断しない点を違法として最2小判平21.12.18労判1000号5頁で破棄差戻をされました。

給与締め業務
～施設長一人で行う場合の工夫について

野 田 千 賀

1 当法人の事情

　当法人は、平成9年からデイサービス事業のみから始めた法人です。その頃は正職員4人程と、パート7人程であったので、事務員を雇うほどでも無いと思い、労務管理ソフトを使用しながら、私一人で給与締めを行っていました。

　その後、訪問介護事業や居宅介護支援事業、グループホーム事業を立ち上げ徐々に職員人数が増えていき、毎月60人程度の職員になりましたが、事務員を雇うこともなく今も一人で行っています。

　愚痴になりますが、パートさんを昔なら1日6時間働ける人と7時間働ける人を募集して、どちらかで採用するとこちらが言えば、その2パターンのどちらかできっちりパートさんが採用出来たものでした。

　昨今は、個人個人の事情に合わせないとパートさんが集まらないので、介護職員でも1日の労働時間が人ごとにまちまちで、さらに同じ人でも日ごとにまちまちになってきて、集中力と労力を要するようになってきました。また、デイサービスの送迎で遅くなったパートさんには出来るだけ延長分を支払うように心掛けているので、タイムカードとの格闘とも言える状況でやっています。

　私が、職員の顔と名前とだいたいの家庭事情を把握できている人数なので、やっていますが、これ以上事業が増えたりしたら無理だと宣言しています。

　こんな状況なので、1回確認したつもりでも、間違いを発見したり、明細を配布した後に手当のモレを指摘されたりというのが時々あります。

　目指すところは、間違わないこと、職員が損をしたと思わないことです。一生懸命やっているのにいい加減と思われることは避けたいのです。

2　給与締め業務の工夫

　ある時期までは、金融機関へのデータ送信日の締め切り時間ぎりぎりまで必死で見直しをしていました。しかしそれでも職員から間違いの報告があったので、考えを改めました。

　それは、各職員で自分のタイムカードと給与明細を見て確認するということです。

　手順を解説します。

⑴　ソフトに入力した後の見直しは、支給控除一覧表等を見て、手当ごとに（夜勤とか、時間外とか）横に見ていき、間違いがあれば、訂正する。

⑵　だいたい訂正できたくらいで、送信の締め切りまで丸一日以上あるようにして明細を配布するが、〆後のタイムカード用状差し（又は所定の場所）を用意し、わかりやすく〆後のタイムカードを置く。

⑶　「明細を配布したのでタイムカードと見比べて、手当のつけ忘れや間違いを言いにきてください。有給休暇も（後で解説します）。至急で」と声をかける。

⑷　待ってる間に他の事務仕事を片付ける。

⑸　間違いの報告が来たら訂正して明細を渡し直す。

⑹　データ送信締め切り時間まで待って送信する。完了

以上が、私なりにうまくいっているなというやり方です。

3　有給休暇の付与

　有給休暇の付与についても、職員が、もらえないとかわからないとか言うことの無いように、工夫している方法があります。事務所のタイムカードの近くに月ごとに付与される職員名を表にして掲示しているので、自分は何月に新たに付与されるかわかるようにしています。給与明細の端っこに有給の前年分と当年分の残日数が表示されるところがあるので確認が出来ます。その表は私が使用するのはもちろんですが、付与を忘れていても職員に教えてもらえるようにすることで気が楽になります。

　以上が、気を楽に持ちながら、間違いなく給与の業務を行う秘策です。

　　　　　　　　　　　のだちか（滋賀・社会福祉法人オアシス倶楽部　施設長）

京指物
～200年企業を目指す老舗企業の取り組み

宮　﨑　真里子

1　当社の歴史

　当社の初代は御所出入りの指物師のもとで長年修業を積んだのち独立を許され、京都御所の南で小さな木箱を作る店から始めました。創業（安政3年、1856年）以来、京指物の技術をいかして最高級の家具を作り続け、幕末の動乱、戦争など幾多の困難を乗り越え、昭和13年に豪華客船の内装を手がけたのを機に建築内装業に進出しました。昭和の新宮殿豊明殿の内装と家具、調度品の納入が飛躍的な技術革新をもたらし、その後も木の質感を残したまま防火性能に優れた不燃化粧材、難燃化粧材、木質防火ドアをはじめ最新の建築内装材の開発に積極的に取り組んでまいりました。これからも人、技術、組織、製品、施設など全てが一流になることを目指し、京都の伝統的な指物の技術を継承しながら、最先端の技術も取り入れ、木材の持つ美しさ、あたたかさが満ちた空間をお届けしてまいります。

2　いろいろな取り組み例の紹介

(1)　京指物資料館

　　創業の地にある本社の2階に京指物資料館を10年前から開館し、無料で公開しています。全国各地に指物の技術は伝わっていますが、京指物は宮廷文化と茶道文化の影響を受け、極限まで線を細くし優雅で優美で、漆や蒔絵で最高級の仕上げをしたものが多いのが特徴となります。当社は大正時代より家具や木製品のデザインを京都画壇（竹内栖鳳、今尾景年、上村松園、神坂雪佳）に依頼しており当時の手描きの図案が数多く残っています。

特に神坂雪佳はエルメスのカタログの表紙に採用されたのを機に日本でも大変な人気となり、2冊所有している図案集は本来なら表に出ない図案でありながら大変高い評価をいただき、美術館からの貸出依頼も多くいただいています。その他　京指物の技術で作った家具、木製品を展示し、指物がどのようなものか実際に見ていただいています。

(2)　桐たんす・桐箱

　創業以来、作り続けている桐たんすは調湿効果に優れ、日本の高温多湿な気候の中で大変重宝されてきました。火事にあっても表面が炭化するだけで中まで火を通さない、水害にあっても水を含みふくらんで水を中に通さない、防虫効果があるなどまさに日本人の知恵の宝庫となっています。

　また長く使ううちに黒く変色しても「更生」という昔ながらの技術で新品同様に蘇らせることが出来ます。

　最近、家具をはじめ様々な生活用品が使い捨ての時代となっていますが、何代にもわたり良いものを長く大切に使い続ける文化を伝えていければと考えています。

(3)　技能継承

　宮崎木材工業には2名の京指物伝統工芸士がいます。2人共40代初めですが、技術の研鑽を重ね、工芸士の中でたった7％しか取得していない経済産業大臣指定の資格を取得しました。昔は技術は見て盗めと言われていましたが、最近は若手に丁寧に教え技術を伝承しています。

(4)　MOKK＝the wood upcycling

　「内装木工事」が当社の仕事ですが、建物の中で人がふれる場所、木の壁や家具などの内装を作ることは、人の暮らしを作ることでもあります。木材から内装へ、その過程でどうしても生まれる端材、そのまま捨てられてしまう一級品の端材を人の暮らしに永く寄り添う木製品にしたい、そのようなコンセプトで暮らしを彩るのがMOKKです。アルファベット、数字、猫や犬の木のステッカーやお皿としてもまな板としても使えるボードを端材から作っています。

(5)　SDGsに取り組む

　世界では気候変動、自然災害など多くの課題に直面しています。実際、日本でもここ数年の夏は猛暑が続き、秋になっても海水温が下がらず季節外れの大型の台風が直撃するなど温暖化の影響が危惧されています。

今や企業として存続するためには、自社だけでなく広く地球環境も視野に入れたSDGsへの取り組みが不可欠とも言われています。

　創業以来160年以上にわたり日本国土の70％をしめる天然資材である木材に向き合ってきました。昨今は内装材にガラスやプラスティック、一目では見分けられないほど本物の木材に見えるビニールクロスなど無機質な材料が多用されてきましたが、最近、木材がCO_2を吸収し地球温暖化防止に役立つ環境材料として見直され、国を挙げて本物の木材を使っていこうという機運が高まってきています。平成22年には公共建築物等木材利用促進法が施工され、東京オリンピックの新国立競技場をはじめ大型の公共建築物に木材が多用されるようになってきました。4年後には森林環境税が創設され、森林保全と木材利用促進に国税が投入されます。

　17ある目標のうち「陸の豊かさを守ろう」が、まさに当社の事業にぴったりと当てはまります。

　木材は切って終わりではなくまた植えることで持続可能なエネルギーとなります。

　本物の木材を使い、また植えることが林業や森を守ることとなり、広く地球を守ることに繋がっていきます。

　これからも持続可能な企業と世界を目指してSDGs活動に関わり1つでも多くの目標の達成を目指していきます。

　　　　みやざきまりこ（京都・宮崎木材工業株式会社　代表取締役）

グループならではの医療と介護の連携

生田　雄

1　医療と介護の連携の意義

　超高齢社会における医療と介護においては、複数疾患への罹患や治療後の要介護状態、要介護状態のなかでの急性病変発症などといった高齢者特有の病態を有する患者・利用者への対応が重要になっています。そうした患者・利用者が複合的で変化しやすい病態に応じて必要な医療と介護を受けられるように、医療と介護の連続性、医療と介護の同時対応が強く求められるようになっています。

2　グループによる医療と介護の連携

　当グループは、滋賀県湖南市・甲賀市と三重県伊賀市において、2つの医療法人と2つの社会福祉法人から構成されています。病院、診療所、介護老人保健施設、特別養護老人ホーム、サービス付き高齢者住宅、訪問看護や訪問介護、デイサービスなど様々な施設・事業所を運営して医療、介護サービスを提供しています。地域全体で急性期医療から療養、福祉の介護施設、ステーションなどの在宅サービスを切れ目なく、いざ医療や介護が必要となった時にきめ細やかに対応できるように、「地域包括ケア」の形を自分たちのグループ内で実践し、住み慣れた環境で住民をサポートすることに尽力しています。

3　介護施設からの視点

　私はグループの甲賀市にある特別養護老人ホームで勤務しています。特別養護老人ホームは、どうしても在宅での介護が難しくなったときの最後の砦です。入院加療を要する病態でない人が対象となる介護施設ですが、年々医療ニーズを併

せ持つ要介護者が増加し、介護施設は今まで以上に医療機関との緊密な連携が必要になっていると感じています。実際に現場では、この人をどこで看（診）るべきなのか、介護なのか医療なのか区別することが難しく感じることが多くなっています。グループの病院による全面的な医療体制のバックアップがあることは、利用者にとっても家族にとっても心強いことです。また、利用中に体調の急変があっても、病院が連携して迅速に対応してくれるので、職員も安心して働くことができています。

4　地域の声にグループで応える

　地域の方から、"在宅介護はもう限界だ"という声をよく聞きます。国は膨れ上がる医療費を抑制するためにも、"在宅へ"と言いますが、地域の現状を見ていると在宅介護を積極的に進めていくことはそう簡単なことではないように見えます。在宅介護が困難な理由に、核家族化による家族の絆の希薄化と共働き世帯の増加が挙げられます。共働きでは在宅介護をする余裕がありません。家族が出す結論は、在宅介護ではなく施設入所という形が多くなりました。多くの方が、最期を誰がどう面倒を看てくれるかという不安を持っています。このような現状の中で、利用者だけでなく、家族の方への負担を軽減し、家族全員が安心して生活していける環境を提供できるよう取り組んでいくことが必要です。

　グループには医療も介護もあり、そこにはグループならではの切れ目のない強固な連携があります。"この人にどのサービスを提供すべきか"考えながら、グループ一丸となって地域の困りごとの声に応えられるように取り組んでいます。

いくたゆう（滋賀・社会福祉法人近江和順会　施設長）

経営者の姿勢

山 羽 剛 平

　当社は、創業15年の倉庫業、運送業を営む会社です。創業当時は、リーマンショックの影響を受け、運輸業界において過去最低の収受運賃だったのではないかと個人的に感じています。

　当時28歳と私も若く、経営者諸先輩方から手厳しい契約を強いられ、この業界での将来性を感じることができませんでした。

　当時の運賃は、同業社との取引において、大阪府内の２ｔ車チャーター便での配送運賃が10,000円でした。当時の乗務員研修期間中の平均日給は8,000円です。悩みを通り越して笑うしかありませんでした。

　そんな経済環境の中、創業12年目に売上高３億５千万円に対し、経常利益６千５百万円の利益を達成することができました。
“当然そのまま税務申告はしません”。

　税引き前利益で３千５百万円の申告を行っています。

　経常利益と税引き前利益の金額差は後述しますが、メーカー並みの利益率を何故？達成できたのでしょうか？

それは「経営者の姿勢」です。

　私の場合、売上高に対し15％以上の経常利益を必ず稼ぐと決め、そのために必要な経営者の姿勢をつくることができたからです。

　ビジネスに限らず、子供が勉強しない、夫婦円満ではないなど、生きていれば思い描いていたことが達成できないことが起こります。

　それはすべて何かを成し遂げるための「姿勢」が出来ていないからです。

　勉強しない子供にいくら親が勉強しろと叱っても子供は勉強しません。

何故でしょうか？

答えは簡単です。子供は勉強する姿勢が分からないからです。

躾けにおいて大切なことは、姿勢を作ることです。

姿勢は、子供も大人も社員も経営者も何かを成し遂げるためには必要不可欠だと私は思っています。

私はその姿勢を身に付けるまで担雪埋井の努力で10年以上の時間が必要でした。

いきなり姿勢を作れ、正せと言われてできるようなことではありません。

私も経営者としてまだまだ努力が必要ですが、私がこの15年間で分かった重要な姿勢が２つあります。「お客様に対する姿勢」「社員に対する姿勢」です。

自分なりにどのように２つの姿勢を作っていったのかをお伝えし、2020年であれば『コロナショックに立ち向かう姿勢』、優秀な人材を増やしたいのであれば『優秀な人材を増やすための姿勢』など目標を設定するだけではなく、目標達成するために必要な姿勢とは何か？自分にとって今どの姿勢が必要なのか？あらゆるシチュエーションで参考になればと思っています。

【姿勢が身に着くまでの流れ】

私の場合は、とにかく会社利益が必要でした。そのために必死で日々営業活動に励みましたが一向に成果が上がりませんでした。

下手な鉄砲は数打っても当たりません。

やみくもに営業しても意味がないことに気づき、自分の仕事の範囲を明確にするために

　１、事業領域、営業範囲

　２、選択した事業領域でお客様は何を求めているのか？

この２点を徹底して追求しました。

私が決めた事業領域は、当然運送業となりますが、更に的を絞り、「チャーター便の手配」で集中して集客することを決めました。営業の範囲も大阪府内のみと決めました。

活動の範囲を狭くすることで自然に営業するべきお客様の姿が見えてきます。

さらにお客様が何を求めているのかを調べ追求しました。

何を求めているか？　：１位　安い運賃

　　　　　　　　　　　２位　できるかできないかのレスポンス

　　　　　　　　　　　３位　乗務員が丁寧に積先、納品先で対応すること

次は求めていることに対し、回答を考えます。

私の回答は、

「すべてやります、運賃は２ｔ車１運行大阪府内に限り9,000円」です。

ただし当社のサービスを提供できるお客様は

「トラックが到着したらすぐに荷物の積み降ろしができるお客様に限定します」です。

これで私の「お客様に対する姿勢」が決まりました。

そうなるとターゲットがさらにはっきり見えてきます。

お客様に対する姿勢が正しければお客様も変わってくれます。どのように変わったのでしょうか？

「御社のサービスを利用したい」です。

お客様の３大要望を満たしたのですから当然のことです。

言わずとも当社の「強み」も決まりました。

何を強さとするかで道は決まります。

【絶対に忘れてはいけない】

しかし、ここで重要になってくることは何か？

「社員（乗務員）に対する経営者の姿勢」です。

安い運賃で仕事をすることで当然社員は自分たちの給料も安くなるのではないかと心配します。

給料だけではなく重い荷物ばかり運ばされて、長時間労働ばかりさせられるのではないかと心配します。

私が乗務員に説明した内容は以下の通りです。

運賃は同業他社の収受運賃より安いです。

しかし、

「荷物は、どこのお客様もすぐに積み降ろしできます」

「労働時間は短くなります」

「給料は上がります」と伝えました。

言わずとも経営者は口約束ではダメです。口約束は守られないからです。

私は、従業員に約束した内容を書面で配布します。

言わずとも「社員（乗務員）に対する経営者の姿勢」が決まりました。

しかし当然伝えるだけではダメです。

根拠ある説明が乗務員には必要です。

「私が乗務員の皆さんと約束できる理由」

お客様に対し運賃を安くしますが交換条件として、荷物の積み降ろし時間が短いことを約束してもらいました。プラスして大阪府内であれば高速は必要なだけ使用することを許可します。

荷物の積み降ろし時間が短くなることで同業他社は1日2回運行ですが、我々は3～4回運行ができるようになります。

また、運行回数を増やせることで、お客様に対し「すぐに対応します」と回答できる回数が増えて当然お客様にとって当社の利用価値が上がり仕事量も増えます。

その結果、同業他社では2t車の月間売上が50万円あれば御の字だと言われている中で、当社は70万円収受できるようになり、皆さんの給料は上がりますと伝えました。

給料の支給額は、運行回数によって差がつきますが、条件は全乗務員統一です。

高い給料を持って帰りたいのであれば、配達に関わるすべての技術を向上させてくださいと伝えました。現在では、2t車の月間売上平均は80万円でスキルの高い乗務員は100万円売り上げるようになり2t乗務員の給与は平均30万円＋賞与となっています。

創業当時の同業他社の平均給与は20～23万円＋賞与なしです。

【経営者の思いを浸透させる】

どれだけ乗務員にとって都合のいい話をしても1回の説明で理解し、経営者が指し示す方向に向かってくれる乗務員はいません。

経営者は自分の思いを浸透させる姿勢が必要不可欠となります。

いつも私がイメージするのは、ボーリングです。

経営者の方針や指示、思いも同じですが、その内容と伝え方で何本のピンが倒れるかが重要です。

当然ヘッドピンを倒さなければ、すべてのピンを倒すことはできません。

皆さんは、社員に自分の思いや方針、ルールを浸透させるときどうしますか？

私の知り合いの会社経営者の方に聞くと90％以上の方が「全体ミーティング」「全体会議」と回答します。ミーティングの回数は？と聞くと月に1～2回という回答がほとんどです。

社員の理解度は低く、理解した内容の実行と継続性も低いと言います。

私の場合は、理解してもらうまで、浸透するまで毎日社員に伝え続けます。

当社の場合、一番早く出勤する社員はAM３：３０です。

私は、それでも毎日一番早い出勤者に合わせて出勤します。

会社にとっても社員にとっても大切なことだからです。

会社の方針やルールを浸透させるために重要なのは、「時間」ではなく「回数」です。

月１回２時間のミーティングより、毎日３分間のコミュニケーションが重要です。

当社では、人手が足りない時でも乗務員に「人手が足りないから知り合いに声を掛けてくれない？」と相談すればすぐに友達に声を掛けてくれます。

ドライバー不足の世の中ですが、当社では人手不足で苦戦したことはありません。

特に重要事項になればなるほど社長が先頭に立って汗を掻かなければ中小零細企業の経営者は社員統制ができません。

労働集約型の産業では特に「社員に対する経営者の姿勢」が必要不可欠です。

社員に経営者の姿勢を見せることで、社員との信頼関係が自然に構築されます。

「労使間の溝は埋められない」とよく言われますが、経営者の姿勢によって溝の深さは変えられます。

経営者の姿勢ひとつで良くも悪くもすべて変わっていくのです。

【利益の使い方について】

2020年１月で15期を終え、売上高６億円を達成することができました。

12期から特に意識してきたことは、利益の使い方です。

当社の場合は、

１、お客様の数を増やす

２、お客様が喜ぶことに

３、作業効率が上がることに

４、社員への還元

５、経常利益

です。

１〜３は会社の未来へ資金を先送りします。

冒頭で述べていた12期の「経常利益と税引き前利益の金額差」は1～3です。

　当社と同等規模の運送会社と比較しても突き抜けた顧客第一主義であることが明確です。

　数字は人格と言われます。

　ここでも経営者の姿勢が見えてきます。

　経営者の姿勢を理解し、実行できば他社の決算書や会社を見るだけでその会社の経営者の姿勢が見えてきます。

　経営者に限らず、本書を読んでいただいた皆様に少しでも何かを成し遂げるためには、「姿勢」づくりがいかに大切かが伝わればと思います。

　　　　　　やまはこうへい（大阪・やまびこ有限会社　代表取締役社長）

契約書

岡　﨑　隆　彦

1　リスク対策文書としての契約書の意味

(1)　欧米の考え方（これからのあるべき考え方）では、法的リスク対策文書としての機能が目的（本質）です。徹底的に自らのリスクを検討し、そのリスクの解決等や回避策を予め文書の中に書き込み、法的リスクを限定化する（将来発生するおそれのある損害を限定する）ことにより、予測可能性を持って（自信を持って安心して）将来に向かうことができます。この場合、必然的に、契約書は詳細な内容になり、条文数や頁数は多くなります。

(2)　これに対して、日本的考え方（旧来）では「お守り」としての機能だけで「リスク対策」とまでは厳格に考えていません。なあなあの中途半端な内容で、詰めて考えずにあいまいにしておくことでリスク対策（トラブル防止や損害防止）として役には立たないものです。

　　このように日本人が契約上のリスクに対して、きちんとした契約書を作らなかったりして対応していないのは、「リスク感覚」が乏しいからです。

(3)　マイナス情報の開示・了承（覚悟）がポイント

　　前述したとおり、契約の目的はリスクの管理・抑制にあり、契約書は将来生ずるかもしれない、自らにマイナスとなるかもしれない事情（事実）について、できるだけ不利な結果にならないようにするためのものです（リスク対策文書）。

　　リスクがあるのであれば、それは受け入れることができるものか、十分に検討した上で判断します。もし受け入れられないような大きな損害が発生する場合、その損害を補填する方法（保険、担保、保証等）があるかどうかを

検討し、もし損害を防ぎようがないなら、契約をしなければよいのです。契約するかどうかは自由です。

(4) 「雇用契約」も「契約書」ですから、以上のことは当然あてはまるので、十分留意が必要です。

2 雇用条件通知書でなく「契約書」を!!

(1) 雇用（労働）契約も「契約」であるので、当然「雇用（労働）契約書」を作成する必要がありますが、世上、「雇用条件通知書」という形式で使用者が一方的に雇用条件を労働者に知らせて労働者の同意を得ようとしないという事例が多くみられます。

　これは就業規則があるので契約の効力があるからよいだろうといういい加減な考え方です。労使対策の当事者意識であることが求められている時代（労働契約法が制定され、契約意識を明確にすることが求められている）に古い考え方の残滓です。

(2) 特に求人募集時の条件と異なった契約内容となってしまう場合、契約書を作って労働者の同意があれば異なる内容が契約内容となりますが、一方的な通知にすぎない雇用条件通知書の場合には契約内容にならないというリスクがあります（裁判例があります）。

(3) 将来生き残れる選ばれる企業を目指すためには「契約書」の形式を必ず採るべきです。

おかざきたかひこ（大阪・弁護士）

研修の心得

西　川　伸　男

　この心得は、社労士や士業の皆さんが企業研修を行うに当り、知っておいてほしい事項を体験からまとめたものです。企業研修を行うに当たっては主催者の方々の要望を可能な限り引き出すことが肝要です。

| 第1条
企業研修の心得 | 1　企業側の要望を可能な限りしっかり引き出してください。
2　企業側の発言には、まだ決まっていないことは行ったり来たりの繰り返しがあるものです。そんな時こそ、研修実施の背景や企業側の意図を理解すべくしっかりと話を聴いてください。
3　予め要望のあった内容に準じた資料（テキスト案とカリキュラム案のたたき台）で打合せをしてください。なにも資料がないとこちらの考えも伝えることはできませんし、先方の意図も理解できません。
4　企業の要望に沿った研修目的（コンセプト）を明確に立案してカリキュラムを組む必要があるため、ザックバランな雰囲気で（雑談を交えながら）時間をかけて打合せをしましょう。（決して結論を急がせたり、話を誘導してはなりません。）
5　打合せ内容によって、第1次のテキスト案・カリキュラム案を送付してください。これもたたき台ですから、修正要望を聞き取るようにしてください。
6　その際、研修を実施することによって「どのような効果があるか？」を明確にした研修趣意書を付けることも効果的です。
7　第1次案は研修実施の1か月前までに送付してください。
8　第1次案を元に講師用テキストを作成してください。→話の主旨に沿って、話をする内容をテキストに書き込みながら研修内容をブラッシュアップすることが大切です。（頭の整理になりますし、思わぬ気づきがあります。） |

	9　修正受付可能期限を明示してください。（概ね2週間）→最終案（印刷用データとPCに入れる講師用データ）は10日前から1週間前までに送付してください。
	10　研修当日の主催者側出席者や受講者数を確認してください。→カリキュラムに示した研修の流れと時刻を確認してください。
	11　研修当日は最低20分前には会場に到着し、主催者側と機材等（PCデータ、スクリーン、配布テキスト、ホワイトボード、マーカーペンetc）を確認し、そのあとは自分の気持ちを落ち着け、研修に気持ちを集中させてください。
	12　研修では、落ち着いて、ゆっくり、わかりやすく、受講者に語りかけるように話をしてください。（研修開始時のアイスブレイクは講師の自己紹介と共に必ず行うこと。）
	13　講師の体験は入れてもよいが、後で後悔するような（品位のない）話はしないこと。
	14　社労士には守秘義務があることを常に念頭においてください。軽はずみなリップサービス（根拠のないSNS情報や噂話、悪口に類すること）は厳禁です。
	15　研修中は、受講者の反応に注意して話を進めてください。（離見の見→世阿弥の能楽論で、演者が、自分をはなれ観客の立場で自分の姿を見ること。自分の演技について客観的な視点をもつことをいいます。）
	16　研修の流れは起承転結です。最後の「盛り上げ」を行うようカリキュラムを組んでください（全体演習やペアワークは効果的です。）。
	17　研修後の拍手はすべてを語ります。感謝を込めて拍手に応えましょう。
	18　研修実施後アンケートが開示された場合、貴重な資料となります。
第2条 事前準備が90％	1　研修業務は事前準備が90％です。研修当日は研修実施業務10％位です。 2　事前準備の90％は、テキスト作成50％、テキストの読み込み（話の内容整理と事例などのテキストへの書き込み）が40％です。
第3条 時間厳守	1　それから、それから、それからは厳禁！ 2　研修終了時刻は当初の予定時刻を1分たりともオーバーしてはいけません。 3　終了時刻を過ぎたら、受講者は何も聞いてはくれません。 4　当然そのような「それから講師」へはリピートはきません。 5　何のためのカリキュラムなのか、途中時刻を確認しながら研修を進めましょう。 6　研修講師にとって大切なスキルはご自身の「タイムマネジメント」です。 　　これは絶対に守ってください。

第4条 文字の大きさを 守る	1 PPT（パワーポイント）シートのフォントは一番小さい文字で18 フォントを守ってください。 2 これ以上小さいと、何が書いてあるか受講者がわかりません。 3 PPTシートを作るときは「Zの法則」を意識してわかりやすく 作ってください。
第5条 視覚に訴える	1 PPTシート作りでは「図解」を覚えてください。 2 文字の羅列はインパクトがないだけでなく、講師自身が説明しづ らいものです。 3 グラフ、図、画像も織り交ぜてください。
第6条 いつも喉の調子 を整えておく	1 私は研修前に龍角散ののど飴をなめておきます。声がスムーズに 出ます。 2 研修では、はっきりした声で、滑らかに発音しましょう。言葉は 簡単なものでも流してはいけません。 3 受講者は聞き取れない言葉があるとそこで思考（緊張）が途切れ ます。 4 エー、アーは禁物（聞き苦しい！）です。いくつエーやアーを発 したかで講師のマイナス評価は決まります。ご自身のクセがあった 場合は直しましょう。 5 声の届く距離というものがあります。 6 声が届く距離だと思っても、マイクは使いましょう。 7 静かに話ができ、長時間話すことができます。ご自身の言葉のく せは張り切るほどでるものです。オーバーヒートしないよう気をつ けてください。 8 不用意な咳き込みは本当に聞き苦しいものです。 9 ご自身が受講者の立場だったら、という観点で喉の調子を整えま しょう。 10 因みに、あくびは伝染します。受講者のあくびは「こんな程度か」 のサインです。

にしかわのぶお（大阪・社会保険労務士）

交通安全

岡　﨑　隆　彦

1　育英会への支援

(1)　「労務管理よもやま辞典」（本書）の出版は印税を育英会（公益財団法人交通遺児育英会［以下、単に「育英会」（交通遺児育英会参照）といいます］）に全額寄付する取り組みです[14]。以下に育英会支援の特別の取組み例を紹介します。

(2)　「募金型自動販売機」設置運動

　　売上の一部で交通遺児を支援する「募金型自動販売機」（コカ・コーラ）（システムは（図表）のとおり）があります[15]。

　　少しのアイデアと温かい心で社会に良いことをしているという良い気持ちが味わえます。企業の方は検討されたらいかがですか。

2　こどもミュージアムトラック

(1)　「こどもミュージアムトラック」は、自分の子供が描いた絵をトラックの後ろ全面に大きく描いたラッピングをして車を走らせ、安全運転、優しい運転（交通事故防止安全運転）を目指す運動です。

(2)　「こどもミュージアム」の提唱者は、宮田運輸（高槻市）の宮田社長で、

---

[14]　育英会への寄付の先例として、「金融パーソン」はどう生きるか（PHP研究所・窪田泰彦）（ほけんの窓口グループのトップの本）があります。

[15]　寄付先団体は、公益財団法人交通遺児育英会であり、問い合わせ先は、公益財団法人交通遺児育英会・募金課（フリーダイヤル：0120-521285）（http://www.kotsuiji.com）です。

（図表）募金型自動販売機【設置のステップとシステム】

①『交通遺児育英会』の活動に賛同する企業・団体・個人（設置者）に、募金型自動
　販売機（自販機）を飲料販売会社（業者）が無料で設置する。
②売上に対する寄付金額（※）の割合は、設置者が決めることができる。

③自販機の管理、飲料の補充、売上金の回収及び『交通遺児育英会』への寄付金の送
　金は、全て業者が行う。
④『交通遺児育英会』は「寄付受領証明書」を発行し、直接設置者様へ郵送する（寄付
　は、税制上の優遇措置を受けられる）。
⑤自販機で販売する商品はコカ・コーラ社製品となる。

　その取り組みはテレビでも取り上げられ評判となり、社内外に評価され、信
用を高めてトラック運転手が是非働きたいという企業になった（ドライバー
３名の募集に100名が応募した例もある。中には奥さんからあそこに勤めた
らとすすめられて面接に来る人もいる）例です。

⑶　深刻な人手不足の世の中ですが、目先の採用のことばかり、労働条件を他
社と比べてどうするか（例として、「固定残業代」というゲタをはかせて良
く見せようとする）という目先のことばかり考えて、働く人、会社を選ぶ人
の目線を考えない企業に警告と教訓を与えるものです。まずは選ばれる企業
づくり、自社の信用、信頼性、価値を高める努力をするという、当たり前の
経営努力、世の中のために何かをしたいという真摯な経営者の考えかた、姿
勢が人の心をつかむということを知らしめるものです。

⑷　このトラックは、周囲も優しい気持ちにさせます。見た人は心が安らぎ、
ほのぼのとしてしまいます。この「こどもミュージアムトラック」は、いま
では多くの同業者が賛同し、この取り組みが全国に広がっています。大阪で
は万博公園に各社のトラックが終結したイベントを行い、人気投票でナン
バーワントラックを表彰することもしています。

⑸　園児の絵でトラックを飾る発展型
　①　「ヒガシ21」（大阪市中央区）は、「絵を見たドライバーがやさしい気持

ちになり、交通事故をひとつでも減らせるよう、世の中に訴えかけていきたい」と考え、絵を描いた大阪市の保育所「ぴっころきっず谷町園」の園児らに感謝状を贈っています。ラッピング車両は、園児らの「ご安全に」のかけ声とともに発車し、大きな拍手に包まれるというイベントも行われました。ヒガシ21では、2019年から6台が走行していますが、今後、すべての車両をラッピングする予定とのことです。安全運転を促すだけでなく、自分の描いた絵が街中を走る子どもたちの喜びや、未来も応援していくことになる良い取り組みです。

② これは、子どものいない運転手にも適用でき、また、園児たちの交通安全教育にもなるという意味も持っています。

おかざきたかひこ（大阪・弁護士）

交通遺児育英会

石　橋　健　一

1　交通遺児育英会の取組み

公益財団法人　交通遺児育英会は1969年設立で昨年設立50周年を迎えました。

路上における交通事故で亡くなられた方や、重度の障がいを負われた方の子女等のうち、経済的な理由で修学が困難な方々（高校以上大学院まですべての学校をカバー）を学資の無利子貸与で支援してきました。これまでこの奨学金利用者は約57,000人になります。

設立9年目の1978年には東京の日野市旭が丘に敷地を得て学生寮を設立、朝夕食事付きで月1万円の格安寮費で遺児の皆さんの修学を支えてきました。常に50人前後の奨学生が利用しています。

さらに高校奨学生と保護者のつどいでの保護者の方々の「東京に次いで学生の多い関西圏にも学生寮を」という強い要望に応え、2005年には関西にも学生寮を開設しました。関西は寮運営会社の部屋を借り上げる方式ですが、現在では京都から神戸まで25か所の寮を、常に約50人前後の奨学生が利用しています。

近年、学校を卒業し社会に出るには出たが奨学金の返還に苦労する若い人の多いことがよく新聞の話題になります。このところ、私たちが一番力を入れていますのは、奨学生の皆さんの返還負荷をいかに軽減するかということです。具体的には返還不要の給付策と返還負荷軽減策の拡大です。

平成27年以降、下宿奨学生に対する家賃補助、上級学校受験費補助、自動車運転免許取得費用補助等の給付型修学支援策に加え、特別支援学校在籍者や生活保護受給者に対する返還免除等の返還負荷軽減策を取り入れてきました。

今年度からさらに一歩進めて、奨学金本体の月2万円の給付を始めます。返還

面では住民税非課税者の返還免除を開始します。

2　コンプライアンスとガバナンス

　現在、このように種々の改革策の導入と堅実な事業運営に邁進していますが、実はかつてなかなか事業に集中できない混乱の時期も経験してきているのです。この混乱の時期を振り返り、コンプライアンスとガバナンスのありようについての気づきを整理してみました。

　組織運営では、合理的かつ効率的に持続性の維持を前提としつつ事業目的を達成することが要請されます。職員の多くはその要請を自覚し、熱意をもってその組織の事業目的達成に向け懸命な努力を傾けます。

　しかし、コンプライアンスとガバナンスに不備があれば、善良な職員らの努力にもかかわらず、結果が本来の事業目的から予期せぬ方向に大きく逸れる可能性があります。

　例えば、コンプライアンスの面でいえば、事業目的で定めた支援すべき人たちへの支援が、一見支援に見えながら実は見返りの負荷を求めることになっていたりすることもあり得ます。

　コンプライアンスとは"法令遵守"ですが、法令を遵守していても、義や倫理に背くことは実に簡単なことであるのが、このような予期せぬ結果招来の要因です。

　ガバナンスの面でいえば、定款とか、職制規程の定め等には何の制約も受けずに、悪意の外圧による組織統治への介入は可能です。その外圧が統治権を把握すれば、新たな統治者が本来の事業目的から逸れる動きをしてもそれを制御することは不可能になります。

　組織運営では、コンプライアンスおよびガバナンスを、軽々に扱えば、場合によりこのような危険を誘発する可能性があることをよく認識しておかねばなりません。そのうえで、そのような逸脱を防ぐに有効な手立ての設定が必要です。

　当会でも、長い歴史の中でコンプライアンスおよびガバナンスそれぞれの不備によって２回の苦い失敗を経験しました。

　当会におけるこの２回の失敗の事例に関して言えば、推進している事業が事業目的から予期せぬ方向にそれる要因は、コンプライアンスについてはその定義の仕方に問題があり、統治が乱れる要因はガバナンスを効かしめる統治機構の設計の仕方に問題があったのではないかと考えています。

　コンプライアンスは、前述したように法令、規則の遵守のみを掲げておくので

は不十分です。法令、規則より一段上位の規範として「義および倫理」を尊ぶべきであるとの認識を組織の末端までが共有することが大事です。これは当会50年の歴史から学んだ一番大事なことです。

　コンプライアンスの設計は、世のだれもが法より義および倫理を重んじる聖人のような人間であることを前提とするのは間違いで、その逆に性悪説を前提とすべきで、公益法人においては特にそのように要請されるものと思います。

　ガバナンスとは"（組織）統治"ですが、この統治は、一般には、定款に理事と理事会および評議員と評議員会の役割および権限を定めることにより乱れなく維持されることが保証されると理解されていると思います。

　だが当会の歴史から、それだけではガバナンスが維持されないことを教えられました。

　ガバナンスを阻害する一番の要因は多数派の形成です。当然、多数派による多数決で事が進んでいきます。その多数決は議決結果のみ見れば、民主的多数決と装うことも可能です。だが、実は多数による独裁であり、その多数派のトップが利を求めれば公益事業の中に例えば天下り促進策とか一部のものを利する活動を潜り込ませることも可能になります。

　ガバナンスは本来、定款に定める目的に沿った事業の順調な推進を支えてこそのガバナンスですが、このように事業が公益から離れて一部の者の利を追い求めることも可能になるようでは、そのガバナンスの不備は明らかです。

　この反省から当会では、多数派を排除したのちの新たな役員選任に際しては、理事会および評議員会の機構設計に多数派形成を抑制する策を組み入れました。

　多数派の形成は、交通遺児育英会設立以来、特に思想もなく退任、就任をあるがままに繰り返した結果でした。そこで多数派を排除したのち、新役員選任に際しては、理事および評議員の出身分野別のあるべき比率を設定しました。そして、理事および評議員は基本は充て職とし、退任に際し、その後の補充はその退任者の出身組織からの補充を原則としました。このようにすれば、最初に設定したあるべき出身分野別比率が変化することはなく、特定分野の多数派が形成されることもありません。

　このような改革の後、当然のことながら多数派の形成はなく、順調な事業運営が続いています。

　このような記憶を、後世に伝え、二度と同じ不始末を繰り返さぬようにせねばなりません。

　　　いしばしけんいち（東京・公益財団法人　交通遺児育英会　理事長）

固定残業制

岡　﨑　隆　彦

　近時特に固定残業制に関するトラブルと裁判例が目立って増加しています。世の中には安易に考えて間違いを放置している企業が多いので、以下に警告しておきます。

1　総論

(1)　割増賃金は、法所定の計算方法に従って支払うことが必要ですが、時間外・深夜労働の時間数の算定が困難な業務について、使用者が法所定の計算方法による割増賃金に代えて一定額の手当を支給したり（定額手当制）、割増賃金を通常賃金に含めて定額払すること（定額給制）が多いようです。これは、一般的に給与計算の効率化と能力の低い人の収入が多くなるという不公平感をなくすことが目的です[16]。

(2)　しかし、割増賃金相当額が法所定の計算方法に基づく割増賃金を満たす必要があり、法定割増賃金に満たない場合は、差額分の支払義務があります。

　また、2018年1月1日施行の改正職業安定法で、求人情報において固定時間等の明示が必要とされましたが、「固定残業」が高額（長時間）であると、若い人たちが残業の多い古い考えの会社であると判断して敬遠するので[17]、求人面で支障が出るおそれがあることも認識しておくべきです。

(3)　留意点として以下の点を強調しておきます。

---

[16]　労基法37条は、法所定の割増賃金の支払義務を命じるだけで、同条所定の計算方法を用いることを義務づける規定ではないので、このような制度を採用すること自体を違法とはいえません。

① まず、この制度は時間管理が難しいとか、面倒だとかの考え方から採用する中小企業が多いようですが、そのような企業は残業実態を厳密に把握しようと努力することもなく、実態の残業時間の確認もせず、固定枠を超過した場合の支払もしていないので、違法な運用となります。そのような企業には安易にこの制度の活用を勧めることはできません。

② また、固定残業制を採用したことに満足（安心）してしまい、長時間労働を改善しようという前向きの考え方が弱くなるおそれがあります。

固定残業制を活用したとしても、それは暫定的なもので、業務改善により固定枠の時間削減を続け、あるいは残業をなくす方向の恒常的な努力が必要です。

2 定額手当制

(1) 定額手当制については、割増賃金として認められず、使用者としては二重払になったと感じる残念な事件が多いので、早急に改善する必要があります。

(2) 制度運用としては、割増賃金は時間外・休日・深夜労働の対価ですから、手当が割増賃金の支払に代えて支払われるものである趣旨を書面（就業規則）で明確に表示しておく必要があります。手当の名称は「割増賃金であることが連想できる手当名称」にしておくべきです。

3 定額給制と明確性の要件

(1) 固定残業制を有効とする要件としては「基本給のうち割増賃金に当たる部分が明確に区分されて合意がされていること」が挙げられています。

定額給制の場合は、通常賃金と割増賃金が一体として支給されるので、定額給のうち割増賃金に相当する部分を明確に区別することが必要です。そうでない限り割増賃金相当部分が法定額を満たすか否かを確認できなくなり、割増賃金によって時間外労働等を抑制しようとする法の趣旨が没却されるので割増賃金支払義務を免れないと解されています。

(2) 具体的な明示内容についての考え方の例は以下のとおりです。

① 固定残業代の額（基本給等とは分けてそれぞれを明示）

---

17 この点、「固定残業」にゲタをはかせて「高収入」と見せかける考え方はレベルが低すぎます。

② 固定残業代に含まれる時間外労働時間数（深夜割増手当や休日割増手当も固定残業代制を採る場合、それぞれの金額、含まれる時間数）

③ 固定残業代が時間外手当の定額払いとしての性格を有すること

④ 固定残業時間を超える時間外労働がある場合は追加の割増賃金を支給する。

4 固定残業制不要（無用）論

(1) 前述したとおり、実際の残業時間を正確に確認した上でないと適法な運用といえないことからすると、時間管理が難しいからという理由から安易に採用すべきではありません。

(2) 実際に実労働時間の把握ができていることを前提（要件）とするのですから、その把握した実労働時間に基づいて完全に計算をして支払えばいいのです。「固定残業制」など無用のはずです。

(3) また、固定残業制の要件を満たす会社は、常に実際に支払うべき金額以上の支払をしている（固定枠に満たない時間しかない月にも固定枠の時間数の賃金を支払う）ということになります。そこまで損をしてもよいという理由はありません。

(4) 特に固定の残業可能な枠を設定して「安心」してしまい、残業問題を継続的に改善して行こうとする意欲がなくなってしまう弊害もあります。

(5) 欧米先進国で固定残業制を採用してまで多くの残業をさせるということがあるのでしょうか。これは「まず残業ありき」という日本の「悪しき慣行」を前提とするものではないでしょうか。

(6) 「生き残る企業」を目指す企業は「固定残業制」を前提として残業を安易に放置してはいけません。そのような改革意欲に乏しい企業は「顧客」「働き手」「世間」から選ばれません。

(7) 以上をまとめると、固定残業制を完全に問題なく運用できる企業には不要であり、反対に運用できない企業は採用すべきではないということで、いずれにしても不要論は妥当と考えます。

おかざきたかひこ（大阪・弁護士）

最低賃金

岡　﨑　隆　彦

1　制度の概要

(1)　賃金額の決定を完全に当事者の自由な交渉に委ねた場合、特に、労働市場に過剰な労働力があふれる不況期には、労働力が買いたたかれて労働者が生活を維持できなくなり、労働市場自体も十全に機能しなくなるといった問題が生じ得るので、賃金の最低基準を設定し、それを下回る賃金設定を禁止しているのが最低賃金法です[18]。

(2)　最低賃金は、2007年改正により、時間額のみを定めることとなりました（最賃3条）。使用者は最低賃金額以上の賃金支払義務があり（最賃4条1項）、労基法13条と同様の強行的・直律的効力（最賃4条2項）により、最低賃金に達しない労働契約の賃金の定めは無効となり、無効となった部分は最低賃金と同様の定めをしたものとみなされます。

(3)　労基法同様、労働基準監督署長による行政監督が行われ（最賃31条～34条）、罰則による担保および両罰規定も設けられています（最賃39条～42条）。罰金額の上限は50万円に引き上げられています［最賃40条］。

2　論点

(1)　裁判例として、最低賃金が問題となったものがありますが、いずれも最低賃金額と実際の支給額との差額の支払を認めたものです[19]。

---

[18]　他方、引上げは求人減を招き、経済悪化の原因となるので、日本国では地域別に詳細にランク付けして配慮したり、例外を設けたり、柔軟に対応し、経済に悪影響を与えないように適切な措置を行っています。

特に障害者や外国人雇用についても安い労働力として使用する問題があり、それぞれの特別の制度の中での適正な運用を心掛ける必要があります。

(2) 歩合給で長時間労働をさせた場合、最低賃金を下廻る数字が出る場合もあるので、絶対に最低賃金を下廻ることがないように制度設計すべきです[20]。

(3) リハビリ出勤

① 「リハビリ出勤」とは、休職期間満了時に復職できるかどうか不明の場合に、使用者が勤務させる形をとって様子をみるという制度ですが、法的リスク管理の面から軽々に運用すべきではありません。通常の会社には、慎重かつ丁寧に合意の上で休職期間の延長をして休職させて様子をみるか、休職期間満了により厳格に処理すべきです。

② リハビリ出勤には、①完全な労務提供がないので、対価として賃金は支払わないこと[21]、②賃金支払がないと労災の適用がないので、怪我をしたり病気が再発したときの対処が問題になること、③事前に損害賠償請求権を放棄するという念書（放棄書）を取ったとしても、事前放棄については民法90条（公序良俗）違反による無効の問題があります。

おかざきたかひこ（大阪・弁護士）

19 関西医科大学［未払賃金］事件・最判平17.6.3労判893号14頁　民集59巻5号938頁（大学病院の研修医）、Ｊ社ほか1社事件・東京地判平25.3.8労判1075号77頁（モデル）、帝産キャブ奈良事件・奈良地判平25.3.26労判1076号54頁（タクシー乗務員）。

20 出来高給が実労働時間に最低賃金額（最賃3条）を乗じた額に満たない場合に、最低賃金額との差額の請求を認容とした裁判例として朝日交通事件・札幌地判平24.9.28労判1073号86頁。

21 最低賃金は支払えとの判決として、日本放送協会事件・名古屋高判平30.6.26労判1189号51頁。

採用時のチェック

岡　﨑　隆　彦

1　結婚のたとえ

(1)　正社員の採用は長期雇用を前提としていて解消（解雇）が難しいことは「結婚」と似ているので、つき合いから結婚に至るプロセスと比較してみて採用のあり方を慎重にすることも必要です（図表1参照）。ここで1番留意すべきことは、結婚生活を前提として（想定して）つき合い、お互いの相性を確認した上で末永い共同生活を営むという点です。採用の場合、何回もデートを重ねるというような慎重で丁寧なことをしているでしょうか。大企業では内定までに様々の試みをして能力・適性を判断していますが、中小企

（図表1）結婚のたとえ

比較	結婚		⇔	採用（雇用）
つき合い	見合い（紹介）恋愛		≒	面接
	デートを重ねる（相性の確認）			インターンシップ・有期雇用等の工夫
	家族への紹介やお互いの家庭事情の相性確認		×	確認不能・個人との相性のみ確認
合意	結納		≒	内定
	入籍		≒	雇用契約
解消	合意	協議離婚・調停離婚	≒	合意解約（退職）
	一方的解消	裁判離婚	×	（労働者から）辞職の自由
			×	（使用者から）解雇権濫用法理

業も同じ発想でできるだけの努力をすべきではないでしょうか。

(2) 一般的には面接の時間は30分位が多いようですが、そのような短時間で能力・適性・相性等を確認出来るでしょうか。極めて疑問です。

2 履歴書のチェック方法

　経歴等を確認することには、それにより面接対象者を選別すること（書類選考による足切）と面接者に対する質問事項を検討するための準備資料となることの2つの意味があります。具体的には履歴書や職務経歴書で確認し、不足する部分については面接時に質問します。

3 面接における質問のあり方

(1) 当社は、どのような社員になってほしいのか、要求水準はどの程度なのか、逆にどこまで希望に応じられる会社であるのか等、基本的なところを固めておくべきです。この点厳しく詰めて実際に面接で確認する会社ではトラブルは少ないです。

(2) 自分の考え方が会社と合わないとか、人間関係に問題があったとしても事態を改善するために自分はどのような努力をしたのか、あるいはしなかったのか、円満退社であるのかなどが問題になるはずですから具体的に質問すべきです。また、退職後、次の就職に向けて自ら何か反省することがあったのか、会社の選び方や面接に臨む考え方が変わったところがあるのか、どのようなところが変わったのか等も具体的に質問すべきです。

(3) 退職理由は、最も重要な点の1つですから、面接でも時間を多く取るべきです。また退職後の求職に至る考え方や具体的な求職活動から適応力や仕事への意欲を見極めます。

(4) 面接における質問の一般的な例は（図表2）をご参照下さい。

（図表２）面接における具体的な質問の例

確認項目	質問の内容・ポイント
説得力 （営業力）	過去に営業等の経験のない学生の「説得力」を見抜く方法として、過去の行動・経験を具体的に聞く。「営業」と同じ性質の行動を過去にどれだけ行ったか、そしてその結果と評価はどうであったのかを確認する。「営業」は他人に情報を提供し、よい影響を与えようと説得する作業であるので、そのような作業を含む活動をどれだけ行ったかを具体的に聞いていく。もし自社に入社して「営業」を担当させればどうなるのかという問題意識をもって聞く。過去によい行動が見られないのであれば、過去にできなかったことが入社後突然できることはまれであるので、判断要素としてマイナスと評価する。プラス評価するためには環境変化によって特別に変化が見られる事情が必要である。
指導力	将来の幹部候補生として「指導力」を求める場合には、過去に「リーダーシップ」を発揮した行動・経験をできるだけ具体的詳細に聞いていく。 例えば学園祭などのイベントの実行委員に選ばれてリーダーとして頑張ったという簡単な話が出たときも具体的詳細に聞く。 ①時系列的に活躍の前段階として選ばれた経緯について具体的に聞く。それまでの活動が評価されたのか、他の委員との良好な人間関係が理由でスカウトされたのか、あるいは誰でもよいから頭数をそろえるためであったのか等詳細事情を確認する。 ②実際の活動についても、核心部分であるので詳しく聞く。どのような役割を与えられ、実際にどのような働きをしたのかを聞く。また、全てが順調にいくことはあり得ず、何かトラブルが発生するのが通常であるので、トラブルが発生したか、それを皆でどのように解決したのか、あなたはどのように協力したのか、苦労したことは何であったのかなど聞く。 ③事後的事情としては、イベントの結果や評価、特に関与した自分に対する評価、その後自分の考え方や行動・人間関係に変化があったかなど聞く。
ストレス 耐性	「ストレス耐性」について確認する。 ①「ストレス耐性」がある人とない人の行動事例（行動パターン）を分析して、それをまとめてチェックする。 ②学生時代に落ち込んだとき、挫折感を味わった時、親や先生から厳しく叱責されたときなどにどのような行動をとったか、改善・対応の方法はどうであったかを具体的に聞く。そのときに「ストレス」を避けるための逃避行動や反発・けんか等の問題行動をとっているのであれば、入社後も同様のことが発生する（繰り返す）可能性が大きいので大きなマイナスポイントになる。
コミュニケーション能力	人づきあいが全くできない者には対人接触の仕事を任せられないので、コミュニケーション能力が欠如した者を見抜く質問が必要である。 ①クラブ活動や友人関係などの行動から通常の言葉のやり取りや社会的活動

	などの最低限のコミュニケーションができる人間であることを確認する。 ②誰でも人間関係でうまくいかないことは必ずあるはずであって、その時にどのように修復する（仲直りする）かがポイントである。その経験を具体的に聞く。協調性がないと問題になるのは、いろいろ小さな行き違いがあっても、それを放置して自ら動かず、他者からの仲直りや改善のシグナル発信も無視したりすることが原因であるので、そのような行動パターンをとる者でないかどうかを確認する。 ③積極的に人間関係を改善する努力をしたか、いい雰囲気づくりをするためにどのような配慮をしたか、具体的に聞く。その努力の結果や他者の評価も聞く。
積極性	①何か問題があっても積極的に前向きにエネルギーを出して頑張れるかどうかは全ての問題に共通の最も大切である。単に「がんばります」「積極的にやります」等の言葉を引き出して満足するようでは面接の目的は達成できない。 ②将来の夢を聞くだけでなく、その夢を実現するためにどのような行動を過去にして来たか、志望校に合格するためにどれほどの努力・工夫をしたか、希望する企業に応募合格しようとするためにどのような求職活動をしたかなどの具体的行動を質問する。

おかざきたかひこ（大阪・弁護士）

採用・面接の手法

木　村　俊　勝

1　はじめに

　「応募があっても連絡がとれない」、「応募があっても当日連絡もなく面接に来ない」、こんな経験をされた人事担当者はたくさんいらっしゃると思います。求職者の質が下がった、など不満を口にされる経営者も多いかと思いますが、競合他社はどうなのでしょうか。「応募があればすぐに連絡をする」「できるだけ早い日時で面接を設定する」「面接日の前に面接日時の確認をする」などできることはたくさんあるはずです。また、「面接のご案内」として日時、場所、当日の流れ、面接・選考の考え方などを事前に書面やメールで案内される会社もあります。このように採用がうまくいっている会社は募集から内定までのプロセスをしっかり行っています。今回は特に面接の方法について解説していきますが、まずは現状のプロセスを見直し、人事担当者にだけ任せるのでななく会社としてしっかり対応していくことが重要です。

2　面接の意義

　ここからは特に面接の場面について解説していきます。

(1)　まず、面接はお互いを理解する場であって、求職者からしてみれば入社したい会社かどうかを選ぶ場になっていることを理解する必要があります。このことから面接官の印象で会社の良し悪しを判断し、入社するか否かを選択することもあります。間違っても相手を不快な気持ちにさせるコミュニケーションをしていては、面接後に辞退されることになります。

(2)　ただ、特に中小企業においては、面接のトレーニングを受けた面接官が会

94

社内部にいないのも実情です。そういった場合は外部専門家に面接への同席を依頼するのもひとつの方法になります。ただし、あくまで外部の人間になりますので、面接においては、全体の進行や事前に準備した面接評価シートなどの質問内容の問いかけをお願いするにとどめ、応募者の発言や質問に対しての対応などについてはしっかり会社の人間が話すことが重要です。また、外部専門家には面接終了後に応募者についての意見や感想を求めるのも良いと思います。

3 面接の回数

次に面接の回数ですが、正社員採用の場合は、新卒採用については、3回以上、中途採用の場合は2回をお勧めします。

(1) よくある例ですが、面接回数1回で、社長が面接をして、長時間、世間話をした後、「感じがいいので採用。いつから来れる？」というパターンです。条件面などの確認がしっかりできておらず、後に言った言わないのトラブルになり、早期の退職につながってしまいます。会社の事情でどうしても面接回数が1回しか取れないのであれば、社長一人ではなく、必ず人事担当者と配属予定先の責任者も同席して行うようにし、少なくとも仕事の内容や給与などの条件面の説明をしっかりすることです。正社員採用については、長く働いてもらうことが前提になります。会社としても適性をしっかり見極める必要がありますし、後から確認したいことやもう一度聞いておきたいことが出てくることがあると思いますので、2回の面接で確認することが重要になるからです。

(2) 面接回数が2回取れるのであれば、一次面接は人事担当者や配属予定先の責任者などが行います。気になったことや確認したいことを二次面接の担当者にしっかり引き継ぐことが重要です。また最終面接については、必ず社長が行うようにします。

4 面接の内容

(1) あまり意識されていない会社が多いと思いますが、面接において気をつけておかないといけないことは、今日の面接の内容や感想は、応募者が必ず他の人間に話しているということです。情報が共有されることを認識することです。少なくとも家族あるいは友人に今日の面接はどうだったという話にな

ります。

　極端な話かもわかりませんが、「あの会社はちょっと・・」なんて評判に
なるとそもそもの応募者が減る可能性が十分にあるということです。逆に
「あの会社に入社したい・・」といったいい評判が共有されれば応募者が増
える可能性もあります。良くも悪くも昨今においてはそういった情報は共有
されるということです。

⑵　実際の面接においては、少しの気づかいが応募者の会社への印象を変える
　ことを理解しておくことが大切です。例えば、初めて会社に訪問する応募者
　にしてみたら、会社の場所が少しわかりにくいのであれば、前述のような
　「面接のご案内」などで事前に詳しく説明をしておく、また、応募者が来社
　の際は一言「本日は面接にお越しいただきありがとうございます。」などと
　声をかける。これだけでも応募者の会社への印象はずいぶん良くなると思い
　ます。

⑶　また、面接が始まっていきなり本題に入らないことです。まず「道に迷い
　ませんでしたか」「ここまで何分ぐらいかかりましたか」など少し雑談を交
　えて応募者の緊張を解きほぐす時間をとることが大切です。面接のスタンス
　としては、応募者に好印象を持ったのであれば、本当に優秀なのか疑って検
　証するように心がけ、反対に、マイナスの印象を持ったのであれば、良いと
　ころを探すつもりで臨むようにします。面接官の自己紹介もしっかりするよ
　うにしましょう。

⑷　次に本日の面接の全体の流れを説明します。所要時間についてもおおまか
　な時間を知らせます。全体の流れは、面接官の自己紹介、会社説明、求人内
　容の説明、応募者の自己紹介、会社からの質問といったものになります。大
　事なことは、いきなり応募者への質問を始めないことです。特に中小企業の
　場合は、自社のホームページがない場合も多く、応募者にとっては圧倒的に
　情報が少ない状態です。相手のことがよくわからない状態で、自分のことを
　開示することに誰しも少なからずストレスを感じるはずです。応募者からの
　情報収集だけでなく、応募者への情報提供をバランスよく両立させる必要が
　あります。会社はまず自社の会社概要説明、会社の魅力や強み、詳しい事業
　内容、今回の求人内容の詳細、仕事の内容や仕事のやりがい、今回の募集の
　経緯などをしっかり説明します。応募者に会社の現状をしっかり知ってもら
　うことが大切です。それともうひとつ、求職活動をされた方であれば経験が

あると思いますが、担当面接官と同じ調子でしか応募者も話ができないということです。面接官のテンポが早口でトーンが低ければ、応募者もそのテンポやトーンでしか話ができないということです。つまり、担当面接官が、今までどんなときにやりがいを感じたか、どんな経験が自分を成長させてくれたか、どんな人との出会いがあったのか、など自分の経験をもとに自分の言葉でやりがいや、仕事の大変さ、魅力、苦労をしっかり話すことで応募者も率直に本音で話ができるということです。そういった意味でも特に中小企業においては社長が自ら面接官として対応することが適任であり、重要になります。

(5)　ここまで終わった段階で応募者に対して、自己紹介をお願いし、担当者が行った自社の会社概要説明、会社の魅力や強み、詳しい事業内容、今回の求人内容の詳細、仕事の内容や仕事のやりがい、今回の募集の経緯などについての内容の理解を確認します。すべての内容についてしっかり理解できたかどうか、理解できていなかったらなにが理解できなかったか、応募者が内容を理解し的確な質問をしているのかをみます。中途採用で経験者や即戦力として期待する場合は、どれだけ仕事の内容について具体的な質問ができているかを確認します。そのうえで、自社に入社した場合、どんな仕事ができそうか、どんな場面で活躍してくれそうかを推測します。

(6)　また、応募者の仕事に対する目標もしっかり把握していきます。過去の仕事の実績や経験、今後の目標を質問していきます。実績をあげるためにどんな工夫をしたのか、その工夫を始めたのはなぜか、その成果はどうだったのか、結果を受けて今後の課題は何か、などできるだけ具体的に確認していきます。

(7)　転職の回数、職歴の空白期間、退職の理由ついても必ずその理由を確認します。特に退職理由と志望動機をセットで聞くことが重要です。なぜ退職しようと思ったのか、転職して実現したいことはなにか、そこでなぜ当社を選んだのか、応募者の返答がこの流れに矛盾していなければ、きちんと自分なりの目標をもって転職活動に臨んでいるととらえることができます。この過程で、「嘘をついている」、「話のつじつまがあわない」などの場合は、採用を見送る判断をされことをお勧めします。

　　弁護士の先生のアドバイスですが、人は、プロの書き手でもなければ、嘘をつき続けて瞬時にストーリーをつなぎ合わせることは難しいので、一つの

返答に対し、さらに具体的な質問し返答を求める。これを繰り返し続ければどこかで話のつじつまが合わなくなるとのことです。あまり質問をしすぎると圧迫面接と捉えられる可能性がありますが、会社としては、ここはできるだけ具体的に聞いておくべきです。

⑻　また、ストレス耐性についても確認をします。仕事での壁を乗り越えてきた経験はあるか、仕事をする上でのモティベーションの源となるものがあるか、ストレスを感じた時の対処法、などを確認しておくと良いと思います。

⑼　いずれにしても、面接での質問事項をあらかじめ面接評定シートとして、まとめて作成しておく必要があります。ある会社では「昼食をみんなと一緒に食べられること」という評定がありました。必ず聞いておく質問に加えて会社独自の文化とでもいうべき質問は必ずすべきです。

5　採用の判断

⑴　面接の結果、採用するかどうか迷ったら採用しないということです。

また、面接という短い時間のやりとりの中で、応募者の本音を引き出す質問をすることを日ごろから意識しておく必要があると思います。

⑵　面接の際に必ずしてほしい質問は、一つ目は「当社に入社した場合、どのような仕事ができそうか、どのような点で貢献できると思うか、またその具体的な理由」です。この質問に対して、中途採用で即戦力を期待する人材であれば、具体的に答えられない場合は採用を見送って問題ないと思います。

⑶　二つ目は「最終、前職の退職を決めた原因はなんだったのか、退職になるまでため込んだ不満はなんだったのか、そこでなぜ当社を選んだのか」です。自己のキャリアアップなどのためといった抽象的なものではなく、具体的に応募者の本音を引き出すことです。これらを確認して会社として受け入れてもいいのかどうか判断してください。

6　最後に、面接担当者が会社の魅力や強みについて短い時間でしっかり話せるようにしておくことも大切です。応募者も本当にこの会社に就職していいのか、本当にこの社長のもとでやっていけるのかを判断しています。

きむらとしかつ（滋賀・社会保険労務士）

サッカーのたとえ

岡　﨑　隆　彦

1　不良社員の改善方法と解雇までの進行手順の概略

(1)　懲戒処分に入る前に書面で丁寧で十分な指導・警告をしておきます。
　　この点特に文書の活用がポイントです。

(2)　懲戒処分により不良部分を矯正して反省改善の上、正常な業務遂行ができ
　　るようにします。その場合でも必要に応じて、まず軽い処分から徐々に重い
　　処分へと順に使います。

　　　注意してもなかなか改善しない場合、解雇をすぐに考えがちですが、解雇
　　を最終手段とする考え方が有力であって、不当解雇として負けることがあま
　　りにも多いので、休職（出勤停止）までの比較的軽い処分（戒告、けん責、
　　減給、降格等も）を有効に活用すべきです。

(3)　退職をさせたいと思うときでも、解雇を避けるためにまずは話し合い解決
　　を求めるべきです。特に問題のない上手な退職勧奨の方法を理解して使用す
　　ることが必要となります。

(4)　そしてようやく懲戒解雇にすることになります。その場合でも円満解決のた
　　めに、普通解雇や諭旨解雇（諭旨退職）を選択するかどうかを検討します[22]。

2　サッカーのたとえ

以上の手法のたとえの例として、サッカーのレフェリー（審判）の試合管理の

---

[22]　最も大きな違いは退職金の支給があるかどうかであって、退職金が支給されるのなら
　　解雇を争わず円満処理ができるケースも多いです。

（図表）サッカーのたとえ

		労使関係	サッカーのゲーム
管理の主体		経営者（使用者）	レフェリー
管理の手段		アメ（賞与・待遇）とムチ（懲戒）の併用	ペナルティを課す
管理の手順（段階）	I 軽・小	口頭注意だけでなく文書指導を行う	口頭注意（警告）をしておく（文書は出せない）
		これを繰り返すことが効果的であり、有効とするために行っておくべき	多数回行われるとは限らない
	II 中	懲戒解雇以外の懲戒手段（戒告、けん責、減給、降格、休職等）選択肢が多い	イエローカードを出すこと ・1試合で1枚だけなら選手は萎縮して大人しくプレーする（後の試合への出場にも支障が出る）・1試合で2枚で退場
	III 重・大	懲戒解雇 ・即時退職扱い ・退職金の全部または一部を支払わない	レッドカードを出すこと ・1枚で即退場（1名プレーヤーの数が減ることはチームとして大打撃である）

やり方がわかりやすいでしょう。（対比については図表参照）。サッカーのレフェリーが警告する方法を誤れば（例えば一発レッドカードの場合〔＝不当解雇に相当〕）猛烈抗議を受けます。これに対して、何も警告せず、カードも出さず放任すれば、何でもありとなりラフプレーが横行して荒れた試合になります。優秀なレフェリーはふさわしいところでふさわしい警告やカードを使います。この口頭注意→イエローカード→レッドカードという警告の手段と同様に、企業における懲戒の手段も同様、相当性・平等性を備えたものであるべきです。

3　懲戒休職

(1)　停職（出勤停止）処分は、労働関係を存続させながら、一定期間、労働者の就労を禁止する懲戒処分であって、停職期間中は賃金が支給されないこと等から、**相当に重い処分**とされています。その停止（休職）期間については、長すぎると懲戒権濫用と判断されるおそれがあるので、長すぎないように**相当性の判断は控え目にしておく必要があります**。

(2) 懲戒休職の活用法

　実際例として、軽い「戒告・けん責」処分の後にいきなり懲戒解雇をするケースが多いようですが、選択肢として中程度となる**「懲戒休職」制度をもっと活用すべきです。**

① 　まず、懲戒休職は懲戒解雇と異なり無効になっても、損害は休職期間中の未払い賃金の支払いが中心となりますから、使用者にとってリスクが小さいですし、労働者にとっても争う利益が小さいので訴訟など正式な争いになることは少ないと考えられます。

② 　また、解雇が難しいときでも、解雇に次ぐ厳しい処分として、使用者の強い意思を示すことができます。戒告等の軽い処分と異なり懲戒休職の後に態度を改めないとさらに厳しい処分が待っているという圧力がかかりますから、通常は改心して懲戒の目的を達することが可能となります。

　また、自らの非を認識でき会社に居づらくなって、休職期間経過後に出勤せず辞表を提出して任意退職してしまうことも多く見られます。これも不良社員の退出が実現できた成功例です。

③ 　特に中小企業では、職場で顔も見たくないという感情が強い経営者が多いのですが、とりあえず一定期間目の前からいなくなることと、ある程度の強い制裁を加えたということから感情を抑えることができ易くなります。この意味で懲戒解雇の代用として利用でき、不当解雇の予防になります。

④ 　短期の出勤停止しか考えず、長期休職に否定的な考え方もありますが、疑問です。解雇を誘発するおそれについては判断を慎重に行うことで対応すべきです。長期休職により程度の重い処分をすることの妨げになるとの考え方も妥当とはいえません。相当性判断は長期の規定を入れるかどうかに関係なく裁判所において厳格に行われる傾向にありますし、重い処分が有効であると当然認められるべき事案であれば有効と判断されるはずです。社会保険労務士の先生方の多くが否定説の考え方に立って短期の規定しか作成されていないのは残念であり、見直しが必要と考えます。但し、不利益変更の問題には留意する必要があります。

⑤ 　実際に過去に長期懲戒休職を活用して勝訴で解決できた裁判例も多いので、研究して下さい。

おかざきたかひこ（大阪・弁護士）

残業禁止命令
～長時間労働撲滅の切り札

岡 﨑 隆 彦

1　上司の指導に従わず、会社に長時間存社し続ける社員への対応として、必要に応じて残業禁止の業務命令を出すことが効果的です[23]

(1)　残業禁止命令違反時の賃金不支給を就業規則に定めておけばよいのです[24]。

(2)　また、症状悪化防止のための安全配慮義務の内容として残業禁止と帰宅命令を挙げている判例[25]があることも注目すべきことです。単に残業代未払の問題の他に安全配慮という重大な問題の防止策となるのです。

(3)　但し、日本では懲戒処分どころか、その前段階の業務命令すらなかなか適切に発令されない実態があることが問題です。業務命令が守られない場合には懲戒処分を当然検討すべきことになります。

2　**具体的に残業を削減する方法**には以下のものがあります。

(1)　部下の残業時間を日々確認し、残業の必要性を確認し、そして防衛策を徹底的に検討することです。原則的に所定労働時間に合わせた業務量を考えて

---

[23] 富士通四国システムズ事件・大阪地判平20.5.26労判973号76頁は、企業側が安全配慮義務を履行するためには、長時間労働をしないよう「指導・助言」するだけでは足らず、場合によっては「業務命令として、一定の時間を経過した以降は帰宅すべき旨を命じる」等の残業禁止命令が必要である旨、判示し、企業側の安全配慮義務違反を認め、多額の損害賠償請求を認容しました。これについてはついに「残業禁止・帰宅命令」義務が出たと話題になりました（安西愈・労判982号2頁「遊筆」）。

[24] 神代学園ミューズ音楽院事件・東京高判平17.3.30労判905号72頁は、使用者の明示の残業禁止の業務命令に反して、労働者が時間外または深夜にわたり業務を行ったとしても、これを賃金算定の対象となる労働時間と解することはできないと判断した一審判決（東京地判平15.12.9労判未掲載・労経速1908号3頁）を維持しました。

[25] 富士通四国システムズ事件・大阪地判平20.5.26労判973号76頁。

（書式例）残業禁止命令を含む業務改善指導

令和○○年○月○日

　　殿

社会福祉法人　○○会
△△△△（施設名）
副施設長　　○○○○

業務改善指導書

　貴殿は、現在当法人△△△△デイケアに所属し、介護業務及び支援相談業務に従事していますが、貴殿の労働時間は、恒常的に著しく長い傾向にあり、当法人の労務管理上の問題のみならず、貴殿の健康上も好ましくない状態が継続していると考えます。

　当法人はこれまで、貴殿の健康状態について、主治医・産業医との連携を行い勤務内容について配慮してきましたが、貴殿の今後の健康状態及び社会通念を超えかねない時間外労働をこのまま黙認することはできません。

　直ちに業務の遂行方法の改善を求めますので、下記の通り指導いたします。

①所定労働時間で勤務を終え、帰宅すること。（本日より）
②時間外労働は上司からの命令があった場合のみとし、原則行わない。
　時間外勤務を命令する場合は、17時までに直接貴殿に伝えます。
③自主的な時間外労働は一切認めません。発見した場合は直ちに帰宅を命じます。
　また、業務を自宅へ持ち帰って行うことと、公休日の出勤も禁じます。
④所定労働時間内で業務を行えるように業務処理方法を見直し、所属長に下記の点について文書（箇条書き）にて報告してください。尚、この文書作成も時間内で行うこと。
　・時間外労働となる業務の抽出と問題点
　・上記の改善のためにできることは何か。できないことは何か。

　これは貴殿が職業生活と私生活を、バランスよく自己実現するためのものです。

　なお、この指導書に対して事実と相違する等、貴殿の言い分があるときは、この文書を受け取った時から令和○年○月○日までに（※このケースでは○日間を指定）文書で総務課長あてに提出してください。

- -

　本書を令和　　年　　月　　日に受領いたしました。
　今後は指導を受けた事項について、改善するように努力いたします。
　　　　　　　　　　　　　　　　　　　　　　氏名＿＿＿＿＿＿　㊞

仕事をさせることですが、上司が残業の実態を考えて、部下の能力と勤務態度を評価することになります。

(2)　残業が発生する場合はその理由と改善策を上司と部下が話し合いをします。

　①　上司の仕事の考え方に問題があったのであれば、通常の勤務時間で終了

できる（定時退社ができる）仕事の与え方をする必要があります。

 ② 他方、上司の仕事の与え方には問題はなく、部下の仕事の仕方の方に問題があれば、具体的に業務遂行を分析し、改善点を指示指導します。

  この点はまず口頭で、出来れば文書で明確な指示を出して指導をすべきです。

  部下の仕事の仕方を見て、具体的な無駄や間違いを指摘し、もっと短い時間で行えるような具体的な方法を指示すべきです。それが上司の役割です。

 ③ また、部下が効率良く仕事を行えば定時退社を認める体制作りを行うべきです。

⑶ 部下の方もダラダラ仕事をするのではなく、賃金を得ている所定労働時間内は頭を使って工夫し、少しでも効率的に仕事をして定時退社が出来るように工夫すべきです。

⑷ 残業禁止を含む上司からの業務改善指導の書式例を示します（岡﨑顧問先の例）。

3 企業全体で取り組む方法として、

⑴ 部下を帰りやすくさせるためには上司を早く退社させる方法も考えます。上司よりも先に帰りづらい雰囲気を会社の上層部がなくすことが必要です。

⑵ 時間を決めて一斉に消灯し、物理的に残業出来ないようにすることも考えられます。

⑶ 一度に改善が難しい場合に、まず試行的に「残業をしない日」を設けてその影響（効果）をみること（「ノー残業デー」の制度）が多く行われています。

4 とにかく経営者の役割が重要です。部下に任せる、命令だけする等では改善するはずがありません。以上の取り組みも経営者が本気で取り組むことが必要です。

5 また労働時間管理セミナーの企画も考えるべきです。

おかざきたかひこ（大阪・弁護士）

サンバ交流活動
〜多文化共生社会の実現に向けて

楠　神　　渉

1　きっかけ

　平成22年の夏、ドキュメンタリー映画監督の栗原奈名子さんが、コレジオ・サンタナ学園（ブラジル人学校）の生徒さんに、生のサンバ音楽を体験させてあげたいとサンバ隊を招いてのサンバ・ワークショップを東近江市のことうヘムスロイド村で企画されました。その際、栗原さんから、地域の団体なども協力して欲しいと連絡があり、当日の運営のお手伝いに当法人からも参加させて頂きました。

　サンバ・ワークショップは１回だけの企画でしたが、東近江市内に36か国もの外国人がお住まいであること、又サンタナ学園の生徒さんの半数が学費を払えずに運営に困っていること、そして日本人の友人を持たないサンタナ学園の生徒さんが社会に出た時に、犯罪に巻き込まれるケースがあることを知りました。

　私自身も通勤途中に、サンタナ学園のスクールバスを待つ生徒さんと、地元の学校に通う生徒さんがすれ違うと、それまでワイワイと会話されていた両生徒さんが静まり返ってしまう現状を見て、「悲しいな、同じ日本に住む同世代の子どもたちが仲良くなれなければ、共生社会の実現なんて夢のまた夢なんだな」と感じていました。

　そこで、当日集まった地元のメンバー４名で相談を行い、サンバ音楽を用いたワークショップを今後も継続開催して、子供たち同士が触れ合え、又サンタナ学園さんの現状を知って頂く機会をつくることにしました。

2　サンバ音楽交流会の開催

　平成23年の夏に、おうみサンバ・パーカッション・ワークショップを有志で結

成、ことうヘムスロイド村にて年3回のサンバ音楽を用いた交流会を開催することにしました。サンバ音楽の指導には大阪のパーカッショングループのヂスペルタドールさんをお招きして、楽器作り、サンバリズム＆ダンスでの音楽交流、そしてお互いの食文化を楽しむ形で行いました。

言葉が通じなくてもサンバ音楽があれば大丈夫！を私たちの合言葉に、毎回60名前後の参加者が集い、ポルトガル語、スペイン語、英語、日本語が混じるなか、言葉や文化が違っても、サンバ音楽があれば、心は一つになれることを実感することができています。

3　広がり

活動を始めて3年目、とっても嬉しい広がりがありました。Jリーグ・京都サンガF.C. の代表の方がワークショップに来られ、サンバdeサンガの特別日を設けるので、公式試合のハーフタイムで君たちのサンバ音楽＆ダンスでチームを応援して頂けないかとのお誘いがあり、子どもたちは大はしゃぎ。当日は大型高級

バスでブラジル学校前までお迎えに来てもらい、京極スタジアムでは、選手との交流後、大舞台でサンバ音楽＆ダンスを披露することができました。子どもたちにとって、努力は報われることを体験することができ、大きな自信に繋がったのではと思います。

同時期から地域の大凧祭り、二五八祭り、第九とのコラボ、特別養護老人ホームカルナハウスでの発表などにお誘いして頂くなど、活動の輪が広がり、外国人学校が置かれている現状なども地域の方々に知って頂くことができました。

4　外国人学校への応援活動

ワークショップを行う中で、学校運営に困っているサンタナ学園さんの現状を

地域の方に知って頂けないか、そして
実際に何らかの支援ができないかと、
平成23年2月より当法人より地域の事
業所などに働きかけて古紙回収・換金
を行い、換金代を学校の運営に役立て
て頂けるようにと応援活動を開始しま
した。

　地域のイベントやSNSで近隣の医療・介護・障がい施設・住民さんへ呼びかけ
を行い、古紙の回収・換金活動を行っています。活動方法は、古紙を各事業所等
に保管して頂き、月に1回、回収に伺ったり、当事業所に随時届けて頂いている
古紙を換金して、換金代をサンタナ学園へお届けしています。

　活動を始めた当初は換金額が1,000円程度でしたが、活動に協力して頂く方々
が30事業所・住民さんにまで増えて、月1回10,000円程度を学校に届けることが
できるようになり、学校のガス代金、水道料金の一部に使って頂いています。

　また、嬉しいことに、古紙回収時に自宅では食べきれないからと、学校に「食
べ助け」で届けて頂きたいと、お米やお野菜を一緒にご準備して頂いているご家
庭もあることです。寄付ではなく、「食べ助け」って言葉、田舎ならではの優し
い言葉だなって感じています。又、活動を行うあたって車両を無償提供して頂い
ている事業所があること、当日の古紙回収作業を近隣の障がい者施設に通う方
が、自主的にお手伝いしてくださっていることも嬉しいことの一つです。

5　外国人と共に働く

　ある日、県庁のエレベータ内で突然に、「楠神君、外国人の雇用について、介
護人材確保の観点から検討する検討部会が近日開催される。落としどころは白
紙、自由に発言・提案して良いから、部会長として関わってみないか？」と提案
を受けました。なぜ、私に？と問うと「外国人との交流会を企画したり、外国人
学校の支援等をされるなど外国人の現状など知っておられるが、介護人材確保に
おけるEPAや今後検討される技能実習制度のことに関わりがないあなたに、既
存の仕組みに捕らわれずに、又営利など考えずに検討して頂きたいから」とのこ
と。

　私自身、外国人雇用に関しては、労働力の調整弁として扱われる現状にこれで
良いのか？又すでに、外国人の高齢者が介護保険サービスを利用される中で、文

化・生活習慣の違いからトラブルに
なる現状などに課題を感じていまし
たので、私で良ければと平成26年度
から始まる外国人介護職員養成部会
に入らせて頂きました。

　部会では、多様化・高度化する福
祉ニーズに対応できる質の高い人材
の確保と、福祉サービスの安定的な
供給体制の確立を目的に協議を重ね、
平成27年度からSHIPSさんと私も所
属するNPO街かどケア滋賀ネットが
受け皿となり、80時間の日本語研修と131時間の介護職員初任者研修、その後の
就労支援を一体化した外国人介護養成研修を、滋賀モデルとして開催させて頂く
ことになりました。

　受講生の方々はとても熱心に介護を学ばれており、毎年修了生の３割以上が介
護の仕事に就かれています。又第１期生のペルー国籍の方には、当法人が運営す
るデイサービスで勤務して頂いています。彼女の元には、東近江圏域のブラジル、
ペルーの方々から、病院での診察のこと、高齢者のことなどの相談の電話も入っ
ています。今後、様々な価値観をお持ちの方々が、介護サービスを利用すること
が見込まれており、介護サービスを提供する側にも多様な価値観を持った、様々
な国籍の方で対応できればと思います。

6　多文化共生社会の実現に向けて

　介護保険など様々な制度が充実するなか、地域・近所・家族の関係が希薄に
なってしまったように感じています。東近江市には36か国の方々がお住まいで
す。子どもも、大人も、障がい者も、外国人も、高齢者もみ〜んなで地域のこと
を相談できる関係が大切。

　時計の針は戻らないが、多文化共生社会の実現に向けて、新たな仕組み、関係
作りを行っていきたいと思います。

くすかみわたる（滋賀・NPO法人加楽　理事長）

三方よし

岡 﨑 隆 彦

1 三方よし

⑴ 「近江商人の歩いたあとにはペンペン草も生えない」「近江泥棒に伊勢乞
食」など揶揄された近江商人について、近年はその商いの理念である「三方
よし」（自社や取引先と社会の三者全てによい行動を心がけること）が見直
されています。日本における企業の社会的責任（CSR）の源流として、言葉
を換えれば「日本生え抜きのCSR」であり、現代に通じる企業理念であると
評価されています[26]。

⑵ 日本全国を市場として広域に活動した近江商人は、もともと何のゆかりも
なかった行商先の人々から信頼を得なければならず、得意先開拓をしなけれ
ばならなかったのです。そのために、①自分の都合より相手の立場を徹底的
に尊重すること（現在でいう「顧客満足」「顧客第一主義」）、②一時に大き
な利益を得ようとしてはいけないこと（利を貪らない）、③私利に対する欲
求（儲けたいという自分本位の欲望）を抑制するために信仰を厚くすること
を中心的な考えとして、世間や社会全体への奉仕の精神が強調されていまし
た。これらは商法自体に由来する強固な経営理念となっていたのです[27]。

「日本生き抜きのCSR」といわれ注目されている近江商人の「三方よし」は大
いに学ぶ必要があります。

---

[26] 「三方よし」の理念の普及を図る「三方よし研究所」のホームページはhttp://www.
sanpo-yoshi.net/index.html

2　四方よし（働き手よし）[28]

(1)　最近は「企業の社会的責任」（CSR）が重視されています。従来の日本では売上・利益につながらない社会的貢献活動は無視又は軽視されていましたが、欧米で重視されていることもあり、特に大企業・公開企業では投資家へのPR・株価（時価総額）重視の面で実益（必要）があることから熱心に取り組まれています。評価対象となるものとしては、環境問題、労働問題、人権問題等の他企業統治に関する先進的取り組み、遵法経営への姿勢等があります。

　　尚、日本では優良企業の認定制度として「くるみん」「プラチナくるみん」「えるぼし」「ユースエール」があります。これらの認定制度を利用して自社のPRをすることが必要です。このことは当然会社のレベルアップになります。

(2)　非公開同族企業・中小企業においては、①金融機関がこれらについて好評価し、有利な融資条件を提示することが考えられます。また、②取引先の大企業が取り組みの遅れた中小企業に対して選別・取引停止の動きをすることがみられ、この動きが拡大しつつあります。この意味では取り組むことが生き残りにもつながります。また、③社会貢献企業に対して社会の評価が高まると、ネットワークづくりや、商取引の準備活動が容易になるメリットがあります。以上のことから、中小企業でも、できることから且つできるだけコストのかからないやり方も工夫しながら、自らのレベルアップにつながると信じ、また広く自社PRの一環として考えて積極的に取り組むべきです。

　　社会のためになることをすればいずれ「ブーメラン」のように自社に返っ

27　近江商人の具体的な社会貢献例として以下のものがあります。
　　「京都に店をもった中井正治右衛門は、文化12年（1815）に瀬田唐橋の一手架け替えを完成させた。さらに京都大津間に花崗岩の車石という石道路を敷設する工事にも献金し、草津宿では常夜燈を建設し、数多くの神社仏閣へ寄付した。正治右衛門一代の慈善寄付の総額は、8000両を超えた。その他の近江商人も、凶作の場合は貧民へ米銭を施したり、あえて飢饉時に建設工事をはじめて人助けのために働き口を提供したり、年貢の肩代わりを申し出たり、出世証文を容認して事実上の借金返済の無期延期を許容するなど、陰徳善事と言われる社会貢献に努めている。」（末永國紀「近江商人学入門」サンライズ出版20頁）
28　企業としての取り組みの例として、「ドウシシャ」があります。

110

てくることもありますし、もし返ってこなくても意味がある（気持ちが良い）と割り切りましょう（企業の理念として）。

(3) 経営理念と経営者の生きがい

① 企業は本来利益追求を目的とする営利組織ですが、営利だけを追求する企業は、現代では経営者は社会的に評価されず、働き手も優秀な人材は集まらず、あるいはすぐに退職し（近時は「ディーセント・ワーク」という言葉がよく使われるようになりましたが、これは「働きがいのある人間らしい仕事」の意味で使われています。）、一時的に利益を挙げても永続できない体質になります。

② もともと何のために人生を生きているのかという生きがい論から考えても、「金儲け」だけに専念してもむなしいはずです。また、世の中では金儲けだけに走り破綻することも多いです。自社の商品が人の役に立ち（社会貢献）、世間の一員として確かな基盤を有しているという労使の確信と実体があれば、本書でとり上げるような労使のトラブルも極めて少なくなります。

③ 以上のように、経営者が何のために生きているのか、何のために企業を経営しているのかということをつきつめて考えることは、より高いレベルの人生や企業経営に向かう契機となります。

3 SDGs

さらに世界共通の最先進の取り組みが「SDGs」です（「SDGs」参照）。地球環境の保護まで含んだ大きな取り組みの中での自社の位置付けを考え、未来志向の姿勢を改めて確認する契機になると信じます。

おかざきたかひこ（大阪・弁護士）

施設風土を活かした多様な人財の採用と育成

尾　﨑　美登里

2025年の少子高齢社会を目前に控え、そして2040年の少子高齢人口減少社会に向けて、業界を問わず社会全体が様々な場面で、改革を求められている。

とはいっても、福祉・介護業界は、ヒトの「心情」や「心配り」が重視されるサービスであり、IOTなどの現代テクノロジーの活用だけでは、発展が成しえない業界である。そんな中で、「人財」は重要なテーマである。

当法人では、人材は経費ではなく「財産・資産」であり「人財」と表現することを方針としている。そしてそれを「人財育成ガイドライン」（当法人の人財育成の指針）においても明記し、階層別研修や職員会議など機会があるたびに職員と確認・共有し、職員間でも、人を育てることの重要性や人を大切にする風土が根付いている。

当法人の人財確保が厳しくなったのは、平成18年ごろからである。平成20年1月にむけての新事業グループホームの開設を控え、既存の職員は、準備室の段階から異動となり、合わせて、中堅職員の退職も最も多くなった。それでも、まだ、大学や短大の新採用が成り立っており、人数としては、確保できていた。しかし、離職者が増え、定着に向けた育成方法の見直しや無資格者の採用を余儀なくされた。

その際に、作成したのが、「人財育成ガイドライン」であり、採用時に行う約1か月の研修（OFF-JT）の内容の整理、その後現場でブラザーシスター制による指導（OJT）の在り方を整理し、OJTで活用するプログラムや現場の仕事の手順を整理し明記した。その後改正し、「キャリアパス」も盛り込んである。

これは、私個人が作成したものではなく、当時の施設長をはじめ管理職者と現場のリーダー層がチームでそれぞれの責任に応じて作成した成果であり、定着す

ることができたと考える。

人財確保は、「採用」「育成」「定着」のすべてのバランスが重要である。『職員みんなで新人を育成する』という風土が根付いている当施設では、「多様な人財」に焦点をあてて、採用している。

介護の世界は全くわからないが仕事があるならとやってこられる高年齢の方、障がいのある方、行政窓口からつながる「生活困窮者」、介護科に通う高校生（アルバイト）、高校を中退した若年者など、それぞれの特性に合わせて介護の仕事を分業し、適材適所を工夫する。各部門のリーダーが業務の分担や指導から、仕事中の態度や言動まで心を配り、メンタル面もフォローする。特に高校生や若年者は、アルバイト＝お給料をもらう手段ということだけではなく、未来の介護人財を目指し、介護の魅力を身をもって感じられるということにもつながるよう、声掛けやフォローを行っている。

従来の採用最年少は、高校卒（18歳）であったが、それまでの職員と比較して思うことは、やはり、高校における学びは大きいということである。若年者の指導やフォローでは、高校での「学び」を、当施設が請け負わなければならない現状がある。若い彼らの（新しい）「発想」や（突飛な）「言動」を前に、私たちは戸惑い、カルチャーショックを受けながら、その都度、ベターを考え、方向性を説く。手間のかかることではあるが、現代社会で前を向き歩んでいける「社会人」を育てているという使命感と達成感になっている。

近年では、若年者に限らず、新卒者もまたメンタル面で不安を抱える者が多い。仕事のストレスだけでなく、プライベートでの過大なストレスが原因となるものもおり、今迄もメンタルダウンに至った職員のフォローとして、産業医への橋渡しや休職中の職員面談、復職に向けた精神科医師への同行受診など対応をしてきた。しかし、どんな原因であれ、職員の様子が普段とは違ってきたとき、職員が心身の不調を感じている時、病気と向き合い療養するとき、家族等身近な方の関りが重要であり、職場は無力さを感じる。

一般的に職員の家族等は、就職先の情報は、ホームページから得る一般的な情報か、職員本人から聞く主観的な情報しか得る方法がない。その中で、家族（職員）の様子がおかしければ、指導の方法が悪いのではないかとかハラスメントやいじめがあるのではないかという不安や不満につなげてしまう。実際にそういう事件を報道等で見聞きし、最悪の事態になることも想像してしまう現代社会であるため、不安が増し、事業所への不信感を生むことは仕方ないことであろう。そ

ういったことから、不安を軽減し、また、体調不良に早く気付けるよう、本人の療養時にはうまく治療が進むために、若年者や新卒者の「家族面談」を採用後早い段階で行うこととしている。

　面談では法人や施設の事業内容や目的・理念とともに、人財育成の方針や方法を説明する。施設長や担当するリーダー職と実際に顔を合わせることで、不安要素が出た時には遠慮なく家族からも相談していただけるようにアピールする。この面談を開始して、また月日が浅いためその具体的な成果は不明であるが、100％家族面談には応じていただけている。

　これからますます人財確保が厳しくなるが、日々前向きに利用者を支援し、仲間を大切にし、仲間を増やすために努力しているせせらぎ苑の職員が、さらに楽しくやりがいを持ち安心して働ける職場であるために、私が成すことは平成9年の開設から諸先輩方が築き上げてこられた「せせらぎ風土」を守りながらも、情報にアンテナをはり、実態に適した工夫をし続けることであると考えている。

おざきみどり（滋賀・社会福祉法人甲南会
特別養護老人ホームせせらぎ苑　苑長）

社員の戦力化
〜社員の「多面的評価」やその「公平さ」が業績を大きく変える！

長谷川　昇　平

　弊社では社員の賞与は年4回実施。その評価方法の特徴は「多面的評価」であり、「公平である」ことを大切にしているところです。

　経営者の方々の中には、単純に、「業績をあげるためにはどうすれば良いのか？」ということだけしか考えていない方が多いのでは、と思っています。私たちも、時には「営業に携わるスタッフの人数を強化（増量）すれば良いのか？」、それとも「営業に携わるスタッフのスキルアップこそが大切なのか？」と考え、悩み、時には人を増やしたり、時には社内研修を強化したりしてきました。

　ただ、このような取り組みを繰り返す中で、私自身の問題として、この「時には…」こそが、弊社の進化（深化）にとっての「大きな問題（課題）である」と気づき、昨年度より新しい取り組みをしています。

　この「時には…」という言葉の中には、その時々の状況下で、誰かが誰かに「させる」という恣意的な意味合いが強いため、あまり安定感がありません。（させる側の上司のレベルや都合が優先されるので…、安定的につづかない）

　逆に、させなくても、「思わずしたくなる！」という制度づくりを構築しないと、いつまでたっても状況は変わらない、

と、今は考えています。

　そして、これまでの経験から、最終的には、「社員のモチベーションやスキル」＝「業績」に繋がる！のでは、という仮説に辿りつき、このことを突き詰めて、改めてではありますが、これこそが最も大切なことである、という考えに思い至りました。その理由として、社員（営業）の人数を増やせば、当然、それなりに売上もあがりますが、ここで忘れてならないのは、それと同時に「コスト」も増えるということです。経営において「売上高」ではなく、「収益力（高）」を上げ

ようと思えば、「如何にビジネス効率をあげるのか！」に尽きます。そして、そのビジネス効率を高める、という観点においては、「量」を増やすことが必要なのではなく、「質」を高めることこそが重要である！という結論に達しました。（「質」とは言い換えれば、社員のモチベーションとスキルなのです）

　弊社では、これまで評価と言えば、多くの皆さんと同様に、年1回の定期昇給と年2回の夏と冬の賞与評価を行い、「社員のモチベーションアップやスキルアップ」をはかってきましたが、あまり上手くいっていたとは思えませんでした。（業績に明確に直結しているように思えなかった）

　また、評価も、上司が部下を評価するという、ありきたりのプロセスが「（付度の衣をまとった）定説」として社内に蔓延し、膠着化していました。

　そこで一度、社員が本当に「頑張ることが面白い！」と思える環境とはどのような状況なのか？はたまた経営者として、どのような環境を生み出すべきなのか？を、改めて考えてみました。

　私は、自身の気質や性格なのかどうかはわかりませんが、「陰でがんばっている社員をちゃんと評価してあげたい」とか「ノルマで社員のお尻を叩いたりするのは嫌だ！」だから、結果評価だけではなく、「プロセスも大いに評価をしてあげたい！」、「必要なのは個人ノルマではなく、チームワークだ！」などと考えていました。ただ、これだけでは社員にとってはいい社長、もしくは、社員に都合がいいだけの社長で終わっていたのかも知れません。逆に言い方を変えれば、「結果」が出なくても、がんばってさえいれば一定の範囲（最低限）で認められるのだから、結果を出している社員にとっては不公平だったかも知れません。

　もしかすると、自分自身の中に、「理解ある社長と言われスタッフに好かれたい」とか、「上手くいかないスタッフに対して愛情（情け、甘さ）を示すことこそが良い社長である」といった誤った規範が心のどこかにあって、プロセス重視の会社経営をしていたのでは、との思いに至りました。

　だから、積み重ねた「苦労」が、「結果」というゴールに結びつかない会社になっているのではないか。そして、確かに「努力」や「苦労」は大切なことだが、「努力」や「苦労」だけでもっている会社は、もしかすると、遅かれ早かれ、ダメになるような気がしてきました。だったら逆に、社員の「努力」や「苦労」を、如何にしたら「結果」に結びつけられるか、そのために「私は今、何をすべきか」を、考えてみました。そして、以下の取り組みの必要性に気づきました。

［取り組み１］

プロセス評価との決別！ <small>（業績中心評価｜９月度と３月度の年２回　特別賞与支給として）</small>

■**制度コンセプト｜結果にフォーカスするからこそ、平等であり、スタッフは自由（やり方）の中にも責任も生まれる。**

■**評価システム｜半期利益予算額を超える＋「α分（額）」の50％を予算達成した社員に還元しています。**

　たとえば、2,000万円なら1,000万円を予算達成した社員に還元することとなります。この制度は、たとえ予算が達成出来なくても、減給ということには、けっしてなりません。あくまでも個人として「やれば貰える！」、「やらないと貰えないが怒られもしない」という、実にシンプルな仕組みです。（予算を達成しない場合は当然、支給はありません。あるかないかだけです。）

　また、個人が特別賞与を貰うための条件として、事業部全体の予算達成が必要となってきますので、自ずと、売上に困っている他の社員へのサポートにも繋がります。これが出来ていなければ、予算達成という結果を得られないので、やっているかやっていないかは、すべて「結果（数字）」に現れます。また、このことは全社員が、これまで気にもしなかった「売上」や「利益」の進捗を気に掛けるという間接効果も生み出しました。（営業スタッフ以外の内勤のスタッフも同様に）

［取り組み２］

評価は多面的に！ <small>（360評価｜７月度と12月度の年２回の賞与支給として）</small>

■**制度コンセプト｜まわりの評価こそ、すべて。（役員、上司、同僚、部下といった多くの目で評価する｜360度評価）**

■**評価システム｜360度評価を数値化し、定量評価で賞与（ボーナス）を支給する。**

　この評価システムは、昨今、多くの企業が取り入れていますが、一般的に「360度評価」と呼ばれる新たな多面評価方法は、上司や部下、同僚など、立場や関係性の異なる複数の評価者が対象者（被評価者）について多面的に評価する方法であると言われています。そして、この「360度評価」を、多角的な視点での評価によって人物特性を把握し、人材育成に活用するケースや評価の公平性や客観性を確保する目的でも導入しています。

弊社では、事業部ごとに、以下のような項目で評価しています。

（個人の「主体性」評価項目）　　３項目×全スタッフ評価（人数）のアベレージ

（個人の「協調性」評価項目）　　２項目×全スタッフ評価（人数）のアベレージ

（個人の「規律性」評価項目）　　２項目×全スタッフ評価（人数）のアベレージ

（個人の「プロ意識」評価項目）　３項目×全スタッフ評価（人数）のアベレージ

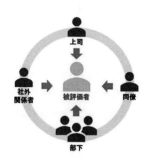

弊社では、ここで紹介しました「２つの評価方法」に切り替えることで、結果としては…、期首に掲げた予算を大きく上回るのみならず、なによりスタッフのモチベーション向上に大きく繋げることができました。（成功事例）

［取り組み３］

必須！バックボーンづくり！（各個人別の育成制度の構築の必要性）

■制度コンセプト｜スタッフの状況や能力に合わせて、キメ細やかに育成する！

ただ、留意点として、スタッフのモチベーションアップだけでは、決して業績はあがらないことを忘れてはいけません。そこで大事になってくることとしては、この制度を支えるためのバックボーンとなる「キメ細やかな育成制度」です。

スタッフには、ベテランもいるし、新人もいます。また、担当業務によっては、その内容も異なります。つまり、30人いれば、30通りの「育成制度（システム）」が必要である、と考えています。

このような観点のもと、弊社では全スタッフの「スキル」を「定量化（数値化）」し、彼ら彼女らが「結果を出せるための仕組み」も、同時並行で構築しています。

各事業部、各部門という「組織」では、やる気もあり、頑張っている社員を大いに評価してあげたい気持ちもありますが、そんな心情的なことより、これからは、スタッフが「結果」を出せるように、しっかりとした「仕組みをつくるこ

と」、「教育していくこと」が大事である、と最近はつくづく思います。

　最後になりますが、経営にとって「人材は財産」と言われていますが、実はそれどころではありません。私どもの会社では、「人材は財産ではなく、人材のモチベーションアップや成長こそ、事業にとって最も重要なKPI項目（業績重要度指数）だ！」と捉えています。

　皆さんも、企業の原動力となる人材の戦力化のために、これまでの「既成概念」や「固定観念」を取り払って、社員の「評価システム（多面的で公平な）」の見直しに取り組んでみてはいかがでしょうか？

　　　　　　はせがわしょうへい（大阪・株式会社シーネット　代表取締役社長）

シーネット＝（業種）広告制作業、フードサービス業、他４業種

◆シーネット本部（会社概要）：https://www.c-net1993.co.jp/
◆リンク事業部（広告・マーケティング）：https://www.c-net1993.co.jp/link/
◆マムズ・マート事業部：https://www.mams-mart.com/
◆レストラン事業部（ロッソ事業等）：https://www.rosso-fan.com/
◆シカゴ事業部：https://www.chicago-pizza.com/
◆キングラム・鑑定本舗事業部：https://kantei-honpo.jp/

社内コンプライアンスの向上

古　株　美　穂

はじめに

　平成12年度〜29年度　指定取消・効力の停止処分のあった介護保険施設・事業所(合計)2,445事業所（※全国介護保険・高齢者保健福祉担当課長会議平成31年3月19日資料から）と報告されている。このような背景を受け、介護保険法で、平成27年4月1日から、介護サービス事業者の不正事案の再発を防止し、介護事業運営の適正化を図るため、法令遵守等の業務管理体制の整備が義務付けられました。

　業務管理（法令遵守）体制の整備とは、事業所が整備すべき業務管理体制は、指定（許可）を受けている事業所および施設の数に応じて定められており、業務管理体制の整備に関する事項を記載した届出が行政機関に届け出る必要があります。

再スタート

　当法人は、平成23年5月に「人員基準違反」で行政処分を受け、利用者様をは

◆業務管理体制の整備の内容

事業所等の数 業務管理体制の内容	20未満	20以上 100未満	100以上
法令遵守責任者の選任	必要	必要	必要
法令遵守マニュアルの整備		必要	必要
法令遵守にかかる監査			必要

※当法人が経営する事業所等の数は20未満であるため、法令遵守責任者の選任のみに該当

じめ、ご家族様、職員、地域の方、関係機関の皆様には多大なご迷惑と心配をおかけしました。

　行政処分を起こした組織は信頼をなくし傷つき、職員のやる気も落としてしまっていました。平成23年6月に施設長および法令遵守責任者に就任させていただくことになり、ここからどのように、利用者様をはじめ職員等に、法人への信頼を取り戻せるか、法人独自の社内コンプライアンス向上の取組みを軸に再スタートさせました。

　取り組みの一部である内部監査についてご紹介させていただきます。

内部監査

　今までは、県、市による実地指導直前に、書類等に不備がないか点検を行ったり、事故・苦情等が発生した場合に、適正であったか等、その都度、対応してきました。時には、記録の不備があり、あわてて確認作業をすることもありました。

　今までは、「起こったことに対して点検し、検証し、対策する」というスタイルが多かったように思います。これからは、「不正や不備を未然に防ぐ」「職員を育てる」という視点を持つことを目的に、計画的に、内部監査を行い、検証、改善を繰り返すこととしました。（PDCAサイクル）

　施設長（法令遵守責任者）が、内部監査員を任命し、年1回、事業所・施設の運営、法令遵守状況、厨房委託業者の厨房内衛生管理状況について内部監査を行い、結果をコンプライアンス委員会および理事長に報告しています。内部監査員に、辞令・必要な知識と技能（注意事項）を通知しています。注意事項として、「監査結果は、法令遵守責任者（施設長）にありのままに、かつ根拠に基づいて正確に報告すること。」「監査を受ける者も同じ職員です。一緒に考える姿勢を心掛けること。」「法人内職員間であっても、監査内容を他言してはいけない。」等、書面を用いて説明しています。監査項目については、事前に、監査チェック項目を作成し、項目に沿って監査をしています。

　監査終了後は、施設・事業所の所属長に内部監査結果（通知）をした後、改善完了済み報告書の提出（内部監査後2か月以内）を求めています。その後、年度末に、改善が完了しているか、再度指摘事項の改善状況を内部監査員と共に確認しています。

　厨房委託業者については、内部監査結果（通知）に写真を載せるなど工夫することで、委託会社の上層部の方にも状況を把握してもらいやすく、改善提案書の

提出、改善にスピードがつき、衛生管理の向上に繋がっていると感じています。

最後に

　社内コンプライアンスの向上の取組みに、ここまでやっていれば、絶対法令違反は起きないということは、ない。「不祥事は起きる」という発想での危機管理をこれからも持ち続けること。当法人が過去に受けた行政処分のことを「忘れない」「伝える」「活かす」ことをしていきたいと思っています。併せて普段からマイナス情報の相談が職員間の相互信頼関係であがってくるような組織風土を作っておくことが重要であると考えています。

　「施設の使命である介護サービスを提供し続けるためには、職員が仕事に生きがいを感じ、報酬や待遇など適切な処遇を受けることが必要です。そのためには、組織として機能し、利益を出し続けること、関係法令を遵守し、施設の定める秩序・ルールを守るということが大前提となります。『組織≒チーム』であることや、多様性をリスペクトする意識をもたせることで、職員同士が互いに協力し助けあう職場にすることを目指しています。

　　　　　こかぶみほ（滋賀・社会福祉法人ほのぼの会「ふれあい」施設長）

社労士会の取り組み

古　川　政　明

　令和元年は「働き方改革元年」といわれる程、これまでの働き方、働かせ方の見直しと新たな労働環境インフラ整備をスタートする年となりました。社会保険労務士会では、「人を大切にする企業づくりのお手伝い」「人を大切にする　当たり前のことが　当たり前であるように」という側面から働き方改革を支援していこうとしています。

　長時間労働是正と均等・均衡のとれた処遇の改善は言葉では容易く企業経営の実情からは乗り越えなければならない様々な壁があります。単に労働時間を短縮するだけなら、「残業をするな」といって機械や端末を一方的に企業側からOFFにすればできそうですが、生産性を上げる、つまりこれまでの売上・利益を維持しながら労働時間を短縮しなければなりません。そのためには、設備投資や人材の確保、或いはこれまでの仕事の進め方の見直し等を俯瞰的に見直し、改革していかなければなりません。

　ところで全国社会保険労務士会連合会では、WEBページ上であってはならない例を風刺的な漫画「アルバイトの悩み相談　ぼくたちの悩みきいてください」で紹介しています。一例として、桃太郎が家来となった犬、雉、猿に向かって「辞めるなら代わり探してきて」と言っています。実際のお伽噺とはもちろん無関係ですが、仕事を辞めるなら他に誰か代わりに働いてくれる人を連れてこないと辞めさせないよ、と暗に言っているのです。他にも「鬼、全部退治するまで帰らせないからね」では、社員が残業しているのにアルバイトだけ帰ることはできないし、また残業するのは仕事が遅いからだといわれる等、人を大切にしていない事例を紹介しています。

　また、「ナナイロニヒカル」というこれも同じく全国社会保険労務士会連合会

のWEbページで掲載している漫画なのですが、こちらは「人を大切にする働き方改革」として、仕事と生活の調和（ワーク・ライフ・バランス）として仕事も家族も大切にするためのヒントとして6話のストーリーを展開しています。

　大切なことは、私たちもそんな思いを思いのままで終わらせるのではなく、また思いがなければこの改革だけでなく長時間労働による過労死やハラスメントによる被害はなくならないと思います。新たなインフラ整備のために、私たちは各自が様々な方法で研究、または各研修を受けています。蓄積した知識と経験を余すところなく発揮することにより社会に貢献することではないかと思います。

　また、企業においても「人を大切にする」ということをなおざりにしては、従業員の企業に対するアイデンティティ（帰属一式、一体感）が育たず、企業から離れていきます。一人ひとりの心を大切にするように、そしてこれから先、誰もが安心して働き暮らせるように社会保険労務士は企業の様々な悩みに寄り添い、人を大切にする企業となっていただけるよう歩んできています。またこれからもその思いは変わらないところです。

　ところで、「働き方改革関連法」のうち労働基準法における時間外労働時間規制について医師についてはその適用が猶予されているところです。医療現場における医師等についての適正な労務管理と改善すべきことがあればアドバイスができるよう各都道府県に設けられている「医療労務支援センター」において社会保険労務士が病院の事情に合ったアドバイスをしています。また、個人の診療所、クリニック或いは福祉施設等に勤務する医師や看護師等の労務管理についても労務管理についてのアドバイスができるよう、滋賀県社会保険労務士会では、「院長のための労務支援ダイヤル」として電話相談を行っています。もちろん相談内容については秘密厳守ですのでいつでもお気軽にご相談下さい。

・　午前10時～午後5時
・　相談無料
・　秘密厳守

　また、令和2年に全世界的な「新型コロナウイルス感染症」の感染拡大により、生活様式の変更と仕事スタイルも変更になろうとしています。奇しくも働き方改革へ大きく舵を切り始めたところへ世界も大きく変わる節目の年となりました。「変わりゆく世界　変わらない使命　Beyondo CORONA」これを新たなテーマとして、大きく変換しようとしている世界と雇用環境に適切な労務管理についてのアドバイスができるよう努力しています。

専門の医療労務
コンサルタントが
無料でご相談承ります

ふるかわまさあき（滋賀・社会保険労務士）

就業規則取扱説明書

岡﨑　隆彦

1　就業規則取扱説明の必要性

　就業規則は労使の最も基本的で重要なルールであるのに、ふさわしい内容を有していなかったり、必要な条文が欠けていたりしてトラブルの原因となっていることが多いと感じられます。また、作成者と運用者が異なる場合に作成者の意図や前提とする法的知識が運用者に伝わっておらず、運用者による運用が不当・違法なものとなってトラブルが生じていることも多いです。特に「解雇権濫用」という判例理論（労働契約法16条）を正しく理解していないために多くの解雇トラブルが発生している。この「解雇権濫用」の問題について企業側関係者が十分理解して慎重に「解雇」を考えるのであれば、世の中の解雇問題は少なくなります。就業規則を作成する者（専門家としては社会保険労務士）が、取扱説明書を作成し、その中に「解雇権濫用」について説明し、実際の運用上十分留意するべきです（他の論点も同様）。

　就業規則のルールとしての意義・機能や「裁判所の合理性審査」により使用者の考え方が否定されることがありうること等、就業規則を活用するために当然必要な考え方や知識を理解することの徹底が必要です。

2　周知に関する社会保険労務士の責任

(1)　社会保険労務士の先生が作成される場合は、完全に活用できるようにしておかなければ専門家としての責任を果たしたとはいえません。

(2)　また、就業規則の効力は「周知」することで発生するので、「周知」をしていない就業規則は無効であり、意味がない物なので、社会保険労務士は企

業の能力と認識の状態をよく把握し、周知が不十分になるおそれのある企業には周知の重要性をよく説明し、「社会保険労務士が周知状態を確認すること」が必要です。

(3) 会社が人事労務の専門家としての社会保険労務士に就業規則の作成を依頼するのは「社内ルール」として重要な規定を「経営に役立つもの」として作成してもらうこと、そして、その前提として「有効な意味のあるもの」として作成してもらうことは当然のことです。周知もせず無効なままの就業規則を放置したままの状態で専門家としての責任を果たしたとは言えません。本社以外の事業所を含めて、全ての事業所で周知の手続がなされたと確認することで初めて完全な就業規則という重要な「商品」の「納品」が終わったと考えるべきです。そこで、確認の手続は、どのような「周知」手続をいつ行ったかということを事業所ごとにチェックして記録することをお勧めします。確認は電話等簡単なものでも良いでしょう。特に会社から各事業所での周知した旨の報告書を求めることが確実です。

<ご案内>「就業規則取扱説明書〜選ばれる企業のためのワークルール活用法」（経営書院。岡﨑隆彦＝西川伸男共著。2020年4月刊）

3 ワークルール教育のすすめ

(1) 近時「ワークルール教育」（労働法教育）の必要性が熱心に唱えられています。これは主として労働者側の動きです。

① ワークルール教育への関心が高まっている背景には、いわゆる「ブラック企業」等の問題があります。

賃金、労働条件等、雇用契約上の諸問題、長時間過重労働や過労死・過労自殺、正規労働者と非正規労働者の処遇格差の問題、ハラスメント等問題が多発しており、「働き方」のルールとしてのワークルールを職場に定着させる必要性が論じられています。

② 青少年の雇用の促進等に関する法律（2015年）26条は、「国は、学校と協力して、その学生又は生徒に対し、職業生活において必要な労働に関する法令に関する知識を付与するように努めなければならない」と規定し、ワークルール教育推進法の制定の動きもあります。

③ ワークルール教育は、就職の前後を通じて必要であり、大学で就活する

学生を対象に「働くために知って欲しい労働法の基礎知識」という講演をしたり、労基法を中心に就活にあたって知って欲しい基本的なワークルールの解説をする例もあります。また、労働組合は、ワークルール遵守状況を日常的にチェックするとともに、組合員に対するワークルール教育を重要な組合活動として位置づけてくると考えられます。

(2) これに対応する形で経営者側も相応の対策・研修を行う必要が生じています。

① ワークルールは、企業にとっても、ワークルールを守って人事・労務管理を行うことは望ましいし、有為な人材を確保することにつながります。また、無用な労使紛争を未然に防ぐことに役立ちます（労働法コンプライアンスを実践している企業の離職率は低い）。

② 以上のとおり、社会全体で、ワークルール定着への努力が求められている現在、企業が就業規則を整備し、ワークルール教育に熱心に取り組むことは企業自身のために不可欠な努力ということができます。

おかざきたかひこ（大阪・弁護士）

上司の管理責任

岡　﨑　隆　彦

1　管理職としての能力不足

(1)　上級管理職のように、地位や職種を特定して雇用された従業員の場合、能力不足・成績不良はその地位・職種に期待された能力・成績について判断され、職種転換等の解雇回避措置を行わずに解雇することも許されます。即戦力管理職を中途採用する場合には、入社後すぐに能力を発揮してもらうことが雇い入れの目的であるので、能力が発揮できないならば、契約自体を維持できないからです。

(2)　入社後にトラブルにならないように採用の段階で企業のニーズと適合するのか、能力は十分か等面談等で十分に検討・判断すべきです。

2　指導力（採用時のチェック）

「指導力」に期待して人材を求める場合はふさわしい人間を選別する質問を面接時に行い、内定まで様々な局面で確認作業を行います。このチェックにより、期待はずれの採用は激減するはずです。

(1)　指導力については、過去に「リーダーシップ」を発揮した行動・経験をできるだけ具体的詳細に聞いていく。例えば学園祭などのイベントの実行委員に選ばれてリーダーとして頑張ったという簡単な話が出たときにも具体的詳細に聞く。

(2)　人間関係については、人づきあいが全くできない者には対人接触の仕事を任せられないので、コミュニケーション能力が欠如した者を見抜く質問が必要である。クラブ活動や友人関係などの行動から通常の言葉のやり取りや社

129

会的活動などの最低限のコミュニケーションができる人間であることを確認する。

(3) 積極性については、何か問題があっても積極的に前向きにエネルギーを出して頑張れるかどうかは全ての問題に共通の最も大切なところであるので、たとえば将来の夢を聞くだけでなく、その夢を実現するためにどのような行動を過去にして来たか、志望校に合格するためにどれほどの努力・工夫をしたか、希望する企業に応募合格しようとするためにどのような求職活動をしたかなどの具体的行動を質問する。

3　会社自身の能力不足と反省・改善

(1) アークレイファクトリー事件の高裁判決（「**パワハラ研修**」参照）がいうとおり、上司（管理職）の選任と監督の責任は使用者（経営者）にあります。すなわち、上司に問題があれば、その上司を選んだことが正しかったのかどうか、上級の管理職側の体制（上司の上司）が機能していたのかどうかが問題となります。問題を起こした者と直属の上司だけの責任追及だけで済ませるのはいわゆる「トカゲのしっぽ切り」であり、問題が発生した原因を徹底究明し、経営側の問題を改善することが肝要です。

(2) 使用者側で誰もが口に出しにくい上司の上司以上の上層部の問題点について、専門家である顧問弁護士が指摘することが求められている時代であると考えます。

4　上司に対する懲戒処分

(1) 懲戒処分の有効要件として「規定の存在」が必要ですから、必ず上司の監督責任について懲戒事由を就業規則に明示しておく必要があります（但し、当然就業規則が周知されていることが必要です（「**懲戒処分の有効要件**」参照）。

(2) 懲戒処分の有効性

① 監督責任は過失責任であることから、行為者の第1次的責任よりも軽くなるのが通常であり、未必の故意に近い悪質なケースでのみ解雇が認められていると考えられます。特に懲戒解雇は退職金不支給が原則となるので厳しく判断されます。

② 総合判断のポイントは、ⅰ故意（未必の故意）又は過失（重過失を含

む）、ⅱ会社の不利益（実損害、社会的評価の毀損等）、ⅲ本人の会社に対する貢献度や処分歴、ⅳその他、です。

③　争われて結果的に解雇有効となっても、争いになった原因があるので、失敗と考えて反省をすべきです。予防的には軽い処分を重ねることや不正行為防止のシステム構築と適正な運用が大切です。

5　労働事件における取締役の個人責任の問題

近時の裁判例では取締役の個人責任が追及されるケースが増え、認容例も増えているので、経営者は特に責任の重さを自覚すべきです。

(1)　不法行為責任について

最も基本的な責任追及の方法は民法709条の不法行為の責任です。民法715条により会社代表者に損害賠償責任があるとされた例もあります。

(2)　代表取締役の安全配慮義務違反に基づく責任を認めた裁判例もあります。

(3)　また、近時労働事件においても会社法の429条1項の適用を認める裁判例が増えており、紛争予防の観点から、代表者の責任をよく検討する必要があります。

おかざきたかひこ（大阪・弁護士）

ショコラボ

岡﨑　隆彦

1　ショコラボ

　顧問先の社長さんからお中元、お歳暮をいただくことも多いですが、あるとき、ショコラボ（横浜市）からのギフトとしてのチョコスイーツのセット[29]をいただきました。障害者雇用事業への支援のための利用であることを明示してあり、社長のセンスと会社の姿勢に感じました。昨年12月にも、また頂きましたが、SDGsの一環のものとして取り上げることもできるので、図表（CHOCO LABO 案内）にまとめてみました。

　これは、良い取り組みを表示することにより、受け取った人にも良いメッセージを送る素晴らしい行動だと思います。

2　1チョコ for 1スマイル

　(1)　チョコレート関係でもう1つ身近な良い事例を紹介します。森永製菓の「カレ・ド・ショコラ」[30]は、「1チョコ for 1スマイル」（あなたが食べると

---

[29]　①ショコラ棒（ブラック・ホワイト・抹茶のチョコにドライフルーツやナッツをふんだんに使用した食べて大満足のクランチバー）、②オランジェ（丁寧にシロップ漬けされたスライスオレンジにビターチョコがベストマッチなオランジェ）、③ドライフルーツチョコ（イチゴ・リンゴ・キウイ・トマト・パイン・メロン・マンゴーなど彩鮮やかなドライフルーツをチョコにディップしたもの）、④スティックオレンジ（オレンジピールをチョコレートでコーティングしココアパウダーで仕上げたスティックオレンジ）、⑤アーモンドチョコ（野菜パウダーなど天然素材でカラフルに仕上げられたアーモンドチョコ［季節限定商品］）、⑥アニミチョコ（ブラックやホワイトチョコにドライフルーツやナッツをトッピングした彩鮮やかアニミチョコ［季節限定商品］）

（図表）CHOCO LABO案内

法人名	一般社団法人AOH【法人本部】〒231—0023　横浜市中区山下町31上田ビル7階 http://chocolabo.or.jp/	
	社名（AOH）の由来	①Assist Of Happiness（幸福の支援）②Assist Of Humanity（人間性の支援）③Assist Of Harmony（社会との調和の支援）④Assist Of Heart（心の支援）⑤Assist Of Health（健康の支援）
		工房の名前「ショコラボ」にはいくつかの想いが込められています。「ショコラ＋ラボラトリー（工房）」「健常者と障がい者のコラボレーション」「プロフェッショナルと障がい者のコラボレーション」一つひとつ、違っていい。
理念	Sweet dreams and smiles（スイーツで夢と笑顔を!）	
	スイーツを通して伝えていきたいこと　一つひとつ違っていい,,, ショコラボで作り出されるスイーツは皆で一つひとつを丁寧に作っています。だから作り手一人ひとりの個性が出ます。スイーツで夢と笑顔をお届けしたいと思います。	
	ショコラボは世界中から厳選したカカオ豆・クーベルチュールチョコレート、ドライフルーツやナッツなどをふんだんに使用し、素材と素材の出会いを大切にします。	
お歳暮活用による支援例（ショコラボの葉書より引用）	贈答者からのご挨拶	拝啓　師走の候、益々ご清祥のこととお喜び申し上げます。平素より、格別のご愛顧を賜りまして深く感謝申し上げます。つきましては、日頃の感謝の気持ちを込めまして、『ショコラボ』よりスイーツをお送り申し上げました。ご笑納いただければ幸いです。『ショコラボ』は横浜にて障がい者の雇用創出と工賃アップを目的に創業した全国初の福祉のチョコレート工房です。弊社と致しましても社会貢献の一環として、ショコラボの企業理念に賛同し、応援しております。　敬具
	ショコラボからのご挨拶	この度お歳暮のギフトを担当させて頂きました『ショコラボ』と申します。障がい者と健常者が共働で製造する日本全国で数少ないチョコレート工房です。スタッフ一同、毎日チョコレートの甘い香りに癒されながら製造に励んでおります。この優しい気持ちの中で生まれたスイーツで、皆様の気持ちが少しでも暖かく癒されていただけたら幸いに思います。Bean To Bar工房「ショコラ房」共々宜しくお願いします。●ショコラボ　横浜市都筑区茅ケ崎中央30—17　☎045(507)8688　HP:http://chocolabo.or.jp/　●ショコラ房　横浜市都筑区茅ケ崎南5—1—51　☎045(507)8648　HP:https://chocolabo.handcrafted.jp/

もう1人がうれしい）という運動をしており[31]、冬の特別月間ではチョコ1箱につき1円が「カカオの国の子どもたち」への寄付になります。2019年2月14日時点で、何と2億2566万8644円が集まったということです（さすが名門企業の取り組みです）。私は「カカオ88」（極みのビター）が好きでよく買いますが、1箱に1円の寄附という文章を読むと嬉しいです。

(2) 私も近時は、久しぶりに社会貢献の動きをしようという気持ちになり、本書も「SDGs出版」等と言って育英会への寄付に動いておりますが、このような少しの気持ちで誰もが出来る貢献活動もあるのだとの思いを強くするものです。

　　皆さんもちょっとした手間や選択で良い企画に関わることに興味を持ってみればいかがですか。

おかざきたかひこ（大阪・弁護士）

30　Carré（フランス語＝四角）に込められた美味しさへのこだわりのこと。
31　「ガーナ、アハフォ州のカカオ生産地で、学校環境の改善や貧困家庭への学用品支援、農業訓練などを実施。自治体や政府と連携して、地域全体で児童労働を解決し、子どもの教育や成長を支える仕組みづくりを進めています。カカオ栽培地域であるカメルーン東部州カデイ県の小学校で、校舎、男女別トイレを建設、井戸を設置するほか、教室備品を支給します。教師トレーニングも行い、子どもたちの学習環境を改善します。」（PR文）（ホームページからプロジェクトの進捗状況などを見ることができる。www.1choco-1smile.jp）

シルバージャパンの取り組み

中 林 弘 明

1　シルバージャパンの取り組み

　日本は、世界でも類を見ないスピードで少子高齢社会を向かえようとしています。

　介護を必要とする状態になっても自立した生活を送り、人生の最期まで人としての尊厳を全うできるよう、安心した社会の確立が求められています。

　私たちは、このような社会において「介護を必要としている人々に私たちは何ができるのか」そういった本質的な事柄において、介護の専門性を追求しています。

　誰もが安心して住み慣れた地域で生活を願い、少しでもその願いを叶えるべく、「ご本人の体の一部になれないけれど、ご本人の気持ちを何よりも理解したい」そんな私たちの願いを込めて"人が人らしく生きていける"そんな環境づくりのサービスを提供するホスピタリティ企業を目指しています。

　代表である中林は、大手コンピュータ会社を平成4年に退職後、両親が経営する看護婦家政婦紹介所に籍をおきましたが、高齢社会に向け従来の福祉の考え方に疑問を抱き、平成5年に株式会社シルバージャパンを設立し、平成12年に介護保険制度スタートと同時に居宅サービス事業の指定を取得しました。平成19年に不慮の事故で頸椎損傷し寝たきりの状態となりましたが、懸命のリハビリにより社会復帰し、現在も定期的にスポーツジムに通い体調に気を遣いながら、当事者の気持ちを共感的理解ができる援助者として事業に取り組んでいます。現在は、現任の主任介護支援専門員として実践に携わる傍ら、厚生労働省をはじめとする様々な他団体の役員等として人材育成や地域づくりに取り組んでいます。

2 働きやすい環境づくり

　福祉業界は、人間関係力が成功のカギを握りますが、慢性的な介護人材不足です。その影響もあり、時間外労働や休みが取れないといった不満もあり、特に女性の職場でありながら仕事と家庭の両立が難しいと言ったイメージがあります。

　弊社は、主役である主婦の方が、安心して働ける環境を目指して、休日や定時退社が確保できる体制を目指し実現しています。

　また、訪問介護は要援護者の自宅に1人で訪問しサービス提供しますので、不安になりやすいです。できる限りそのようなことがないようサービス提供は、個人の責任としてではなくチームとしての責任と受け止めて、不安な気持ちにならないようチームの誰かがフォローし、お互い高め合う仕事を重視しています。

　非常勤のホームヘルパーさんは、常勤スタッフと会う機会が少ない為、情報を共有するツールとして、毎月発行している「ヘルパー便り」を活用しています。これまで第266号を発刊しており、内容については、ホームヘルパーにとって役立つ情報から介護保険制度の動向等を掲載し続けています。

　そして安心して働く為には、専門職であるための資質の向上を目的とした年間6回程の定期的な研修会を開催しています。専門性を高めるための知識・技術・態度の習得を始め、介護保険制度等の動向等いち早く開催し情報伝達を行っています。

3 人材育成の心得

　サービスの質の向上に向けて、人材育成の必要性は経営者に限らず誰もが大切であることは間違いないですが、どのようにすれば育成ができるかと言うと数多くある方法の中で人材育成はよく氷山モデルに例えられます。

　一般に、人が何らかの成果、あるいはそれに必要な行動をとるためには、知識やスキルや態度などと、行動のベースとなる性格・資質などが必要になります。性格・資質は、比較的変化しにくい部分なので育成では、比較的育成が容易である知識・スキル・態度の強化を図ります。特に私が心に残る言葉の中で、新　将命氏の著書経営の教科書から、「人は論理により説得され、感情と利害により動く」人は感情的な動物であって、感情や論理だけでは動かない。では何が必要かというと「論理＋感情＝情理」これで人は動くということ。論理を尊重しながらも「情理」に軸足を置く。経営者に必要なのはこのバランス感覚だそうです。ま

た、「他人を変えたいなら自分が変わることが大事」とも言われています。援助者としては、バイステックの7原則も行動規範の拠り所となります。

4　人材の課題

今後、地域包括ケアシステムの構築に向けて要介護状態が中重度になっても安心して地域で暮らせる体制に向けて在宅サービスの充実が求められていますが、訪問介護サービス事業所は零細企業が多く、新卒の新入社員を採用する機会や新たに介護関係の資格を取得して働こうと意欲のある方が少なく、今後の担い手確保が重要となっています。

5　特定非営利活動法人　ジョイフル

平成18年3月3日に「障がいのあるなしにかかわらず、地域で暮らす誰もが安心して笑って暮らせるよう、私たちは笑顔のたえない地域の実現を目指して」特定非営利活動法人ジョイフルを立ち上げました。今後、ジョイフルと共に地域共生社会の実現に向けて、全世代型社会保障に相応しい子どもからお年寄りまで、地域で共に安心して生活ができる環境に取り組みます。

なかばやしひろあき

（兵庫・株式会社シルバージャパン　代表取締役）

人事権

岡　﨑　隆　彦

1　企業の強力な権限としての人事権

(1)　企業の人事実務において、「人事権」や「業務命令権」という言葉が使われています。

①　人事権は個々の労務給付を組織的に労働に編成する上で不可欠であるため、労働契約上当然に（労働者の同意を要することなく）使用者に帰属する権利と考えられて労働の組織化に関する裁量権が認められています。

②　実際に企業では日常的な労働の規律から人事異動や企業秩序維持のための規律に至るまで広い範囲で「業務命令」と称する命令を発しています（業務命令権）。

(2)　強大な権限の不行使

①　以上のとおり使用者には強大な人事に関する権限が認められており、労使には現実の力関係を見れば圧倒的に使用者が強い立場にあります。そこで、法律は弱い立場の労働者を保護するために数多くの法律・規則を制定し、判例や労働委員会命令も各ケースにおいて法律に基づいて労働者保護の判断をしています。近時は労働契約法３条１項が労使対等の原則を明言しており、ますます労働者の保護を実質的に行う傾向が強まっています。以上は弱い立場の労働者からの下からの圧力に国が後見的に力を加えて助けているイメージです。

②　大企業では①で述べた強大な権限が賢明に行使されているでしょうが、中小企業では問題事例が多く見られます。「本来やるべきことをやること」は意外に難しいことで、これを徹底して行うことが、企業が飛躍的に

レベルアップすることになります。

2　懲戒権行使との対比について

(1)　懲戒と人事処分（人事権を行使して行う措置）には似たものが多いので、それぞれの効果と要件の違いと区別の基準について（図表）にまとめておきます。

①　「注意」と懲戒としてのけん責（始末書提出要求）・戒告は昇給延伸や人事考課上の不利益があるかどうかで異なります。また、人事権行使として当然業務に関する事実の報告（てん末書）を求めることができますが、意外にこれができておらず、問題の再発予防効果や規律保持ができていません。懲戒処分としてのけん責とは別に活用すべきです。

②　「自宅待機命令」と懲戒としての出勤停止・休職とは、出勤していない期間中の賃金不支給で区別されます。

③　普通解雇と懲戒解雇は退職金不支給や再就職が困難となること（懲戒解雇者の烙印を押されること）が異なります。

④　懲戒処分は、いずれも制裁という客観的な性格があることが人事処分と異なりますが、降格の場合には特に効果のうえで区別が難しいのでどちらかを明確にしてトラブルを防止する必要があります。

⑤　労働者本人に懲戒事由が存在するかどうかが不明確であったり、本人が

（図表）人事権行使と懲戒権行使の差異

	人事権行使	懲戒権行使	区別の基準	
処分（手段）の種類	注意 報告要求（顛末書）	戒告 けん責（始末書）	昇給延伸・人事考課上の不利益	「制裁」という客観的な性格を持つ
	自宅待機命令	出勤停止・休職	賃金の不支給	
	降格人事	降格処分	―	
	普通解雇	懲戒解雇	退職金不支給・再就職の困難さ	
明確な根拠	不要	必要（就業規則の存在と周知の要件）		
処分の相当性	広い裁量・ただし人事権濫用の問題あり	必要（厳しい要件）		

懲戒事由の不存在を主張する場合、使用者としては、いきなり懲戒処分を
するより、人事措置によって暫定的に対処することが法的リスク管理の面
で適切であり、法的には、これら措置の後に懲戒を併科しても二重処分の
禁止には違反しないと解されています。

　　手段選択の例として、近時興味深い裁判例が相次いでおり、併用を裁判
例は認めています。

3　人事評価の問題

(1)　労働者を適正に評価して、適正で効率的な組織運営を図るのが企業の本来
あるべき姿です。人事考課は、労働者の保有する労働能力（知識・技能・経
験）、実際の成績（仕事の正確さ、達成度）、その他多種の要素を総合判断す
るものであり、広い裁量権があります。そして評価の前提となった事実に誤
認があるとか、動機において不当なものがあるとか、重要視すべき事項をこ
とさらに無視するとか、重要でない事項を強調するなどにより、評価が合理
性を欠き社会通念上著しく妥当性を欠くものでない限り違法とすることはで
きないとされています。

(2)　人事考課の権限は、企業運営に責任を負う使用者に認められたもので、広
い裁量が認められてきましたが、近時は「公正な評価」が重視されて「人事
権の濫用」（労契法3条5項は労働契約に基づく権利の行使の濫用を労使共
してはならないとする）として不法行為（民709条）が成立する（通常は標
準的評価を受けた従業員の賃金との差額分を損害として賠償責任があると考
えられる）と解されています。

　　　　　　　　　　　　　　　　　　　おかざきたかひこ（大阪・弁護士）

税理士と労務管理

岡　﨑　隆　彦

1　税理士と労務管理

⑴　近時は「働き方改革関連法」の成立を受けて労務管理についての関心がますます高まっています。人手不足の中での残業問題の処理や、格差問題の発生等従来問題と考えられていなかった難しい問題も対応を迫られています。

⑵　税理士の関与先には弁護士や社会保険労務士の有効な協力が得られない小規模企業も多く、企業への税理士の支援が期待されていますが、どこまで支援は可能でしょうか。勤務社労士をかかえたり、労働事件に詳しい顧問弁護士と契約をして十分な対応をしている事務所等、ワンストップ（「**ワンストップサービス**」参照）で処理できる事務所でない場合にどのようにして企業のニーズに対応していくべきかで、労働問題での関与先への貢献のあり方と、競争激化の中で他の事務所との差別化が求められています。

⑶　私は昨年（令和元年）12月に和歌山県税理士会で「税理士関与先対応のための労務管理」と題して3時間の研修をしました。労働事件専門の弁護士（会社側）であり、各地の税理士事務所も顧問先として相談指導をしている弁護士の立場からお話をしたものです。

この問題については、AIの進展に伴う税理士業務量の激減予想、小規模関与先の廃業等の環境悪化により、コンサル業務をしないと生き残れない、労務面で増加するニーズに対応して差別化したい等の危機感の表われであると強く感じています。

2 淘汰の波を乗り越えるためには

(1) 小企業といえども、その社長は経営者であり、資本主義の弱肉強食社会で生き残っていくための努力を求められます。大企業と比べて多方面で不利な状況を前提として、懸命に新しいことにチャレンジし、新しい改革を先取りしなければならないはずです。その生存リスクを考えれば大企業よりも危機感を持って先手を打っていかなければなりません。

(2) 専門家としては、小企業でも前向きに努力している企業は支援したくなるものであり、逆にいくら助言しても聞く耳を持たない企業に対しては、お好きにどうぞ、どうせ将来はないと思うけど、など冷めた気持ちになるのではないでしょうか。支援したいと思う専門家の気持ちを冷たくさせないためにも、小企業の経営者は前向きな努力の姿勢を明確にすべきです。（働き方改革への取り組みについては、「**アーリーアダプター**」参照）

そのためにも弁護士や社会保険労務士と直接関係を持たない小企業は税理士事務所のネットワークを利用した法的対応を積極的に真剣に考えるべきです。

おかざきたかひこ（大阪・弁護士）

退職勧奨のシナリオ

藤 田 昭 彦

　「退職勧奨」という手続きを御存じでも、どのように行ったらよいのか分からないとお考えの方は多いのではないのでしょうか。以下のシナリオは、当職が過去に実施した退職勧奨を行って頂くためにお客様に作成したシナリオの**抜粋**です。参考にして頂ければ幸いです。

退職勧奨実施日時：○年○月○日午前○時　　場所：Ａ社第一会議室

出席予定者：会社側　専務Ｂ　社会保険労務士　藤田　　対象従業員（製造工）Ｃ

　Ａ社は従業員約50人の機械器具製造業。Ｃは以前から問題行動が多く、会社はその都度始末書を受領。約１年前、腰痛による欠勤が多発したことから、会社は半年間の休職（就業規則上、最長１年間の休職規定あり）を命じ、復職後約７か月経過。最近、問題行動が再発。

専務Ｂ　発言（淡々と笑顔を交えて進行、無理強い的な雰囲気はNG。議事録作成のため録音。）

1　体調の確認

　休職から復職され約７か月が経過しましたが、その後体調は如何ですか。会社としては、○月以降Ｃさんの欠勤が他の社員と比べて異常に多いことから、体調が休職前の状態に戻られていないか大変危惧しております。もし、体調不良ということでしたら、医師の診察を受けて下さい。受診されているようでしたら診断書の提出をお願いします。

2　これまでの経過

　会社はＣさんの体調に配慮し、○月○日付辞令をもって「○○業務」を命じ、Ｃさんの業務の軽減を図りました。その後も、Ｃさんの「体調が思わしくない。腰痛により入院を要する。」という申し出に基づき、○月○日付の辞令でもって6か月間の休職を命じました。休職期間経過後復職され、復職後元の職場で約3か月間は他の社員と比較しても勤務状況が悪いとは言えず、会社としてもこれなら大丈夫と考えておりましたが、その後、欠勤の頻発、勤務時間中の集中力散漫、通常では考えられない単純ミスの発生等から、再度「○○業務」に戻って頂いた次第です。さらに○月以降は他の社員と比べて遅刻・無断欠勤が非常に多く、会社の注意にもかかわらず改善が見受けられませんでした。

3　（本題）退職勧奨することの表明

　会社は、休職復帰後におけるＣさんの勤務状況等を拝見して参りましたが、他の社員と比べて遅刻、欠勤が非常に多く、勤務状況等は非常に悪いと言わざるを得ません。○月○日付で提出頂いた復職に際しての念書には

> **第1項　職場復帰の際は、会社が指示する業務に耐えられる体調に復しております。**
> **第2項　職場復帰後は、正当な理由のない欠勤は致しません。**　　　　　その他

とありますが、現在、念書に記載されている事項が順守されているとは言い難い状況です。そこで、この度、Ｃさんに対して退職勧奨を行います。退職勧奨とは、会社が従業員に対して会社を退職するように促すことです。あなたが退職勧奨に応じた場合に、初めて雇用契約が終了し、あなたは弊社を退職することになります。

4　退職勧奨をする理由の説明

　Ｃさんに退職勧奨する理由は以下の3点です。①勤務成績が不良です（就業規則第○条による）。勤務時間中の注意力が散漫であり、欠勤日数が就業日数の2分の1以上に及ぶこともありました（例えば、○月○日から○月○日までの間で13日欠勤）。これは、他の社員と比べると異常な状態で、注意するも改善の見込みがありません。②Ｃさんの勤務態度につき、他の社員より批判があります。③

現状の勤務成績では会社として業務計画が立てられません。

　休職から復職されたことから、会社はＣさんが元の体調に復され、会社が期待する職務遂行能力を十分に発揮して頂けると期待しておりましたが、最近の勤務状況ではＣさんを雇用し続けることが難しい…という結論に至りました。

5　退職日等に関して

　退職日は〇月〇日（本日から約３か月後）とします。退職日までの間は現在の職務に就いて頂きます。この間、会社はＣさんが新たな勤務先を探すために会社を休まれることを、１月当たり３日を限度として許可します（届出要。１日当たり平均賃金の６割を支給）。以上が本日の面談内容です。これは解雇ではありませんので、Ｃさんはこの退職勧奨を拒否することも可能です。また、この場で退職勧奨に応じて頂いても結構ですが、検討したいと思われるならば、会社は約２週間の猶予を与えます。〇月〇日（◇曜日）までに返答して下さい。退職勧奨に応じて頂けるのならば、退職金に金〇〇万円を上乗せします。如何でしょうか。

6　退職合意書の交付（<u>その場でOKした場合</u>）

　退職合意書をお渡しします。内容を説明しますので、納得の上で署名押印をお願いします。明日帰社時までに私Ｂに提出して下さい。退職合意書の内容は、決して第３者に口外等しない様にして下さい。

6－1　退職合意書の交付（<u>返答に時間の猶予が必要な場合</u>）

　退職合意書をお渡しします。内容をよく確認して頂き、同意される場合は〇月〇日までに署名捺印の上私Ｂに提出して下さい。同意されない場合は、私Ｂに報告の上退職合意書もお返し下さい。退職合意書の内容は、決して第３者に口外等しない様にして下さい。（同意しない場合の会社の対処を尋ねられると、「6－2」の措置を講じることを伝える。）

6－2　退職合意書の交付（<u>その場で拒否した場合。</u>）

　退職勧奨は取りやめます。但し、最近のあなたの勤務状況等を鑑み、就業規則第〇条の規定により本日付けで再度６か月間の休職を命じます。この間体調の復調に努めて下さい。また、就業規則第〇条の規定により、新たな休職期間満了日（当初の休職期間と併せて計１年間）において休職事由が消滅していないと会社が判断した場合、また休職期間満了日において休職事由が消滅したと会社が判断した場合においても、以後２年間において休職事由が再発した、もしくは業務に

耐えられない健康（精神を含む）状態に陥ったと会社が判断した場合には、会社が判断した日の翌日をもって自然退職となりますことも併せてご承知下さい。この会社の判断は、新たな休職の復帰後、３か月毎に実施し、最長２年間（〇月〇日満了）を予定しております。

散会
ふじたあきひこ（兵庫・社会保険労務士）

竹中半兵衛と黒田官兵衛
戦国武将の経営と労務管理（人間関係論）
～秀吉の天下取りを支えた二人の名参謀

駒 村 和 久

1 竹中半兵衛人物像

　1544年天文13年生れ～1579年天正7年没。和製諸葛亮孔明とも張良とも称えられた薄命の天才軍師。弱冠21歳で稲葉山城をわずかな人数で攻略するも、反省の姿勢を示した主斎藤竜興に稲葉山城を返してやりました。その後織田信長に臣従しその類まれなる才能を秀吉の元で開花させました。

2 黒田官兵衛人物像

　1546年天文15年生れ～1604年慶長9年没。秀吉に天下を取らせた名軍師として天下に知られると同時に秀吉に天下人の器と称された稀代の名将でもあります。あらゆる局面で秀吉を支え天下統一へ導きました。特に備中高松城を水攻めにし、自軍の被害を最小限に抑え敵将清水宗治に降伏を進言しました。その後小田原城無血開城時、使者として赴き敵将北条氏政、氏直親子を説得し降伏を進言し秀吉の天下統一を支えました。

3 半兵衛の足跡

　「知恵は惜しまず出すが、地位や報酬の多くを望まず」―この人生哲学は終生変わることはありませんでした。36歳という若さで亡くなったこともあって、官兵衛に比較すると高い評価があるとはいえませんが、「清廉潔白の人」として語られています。1578年別所長治が毛利方に寝返りました。秀吉の三木城攻略中に半兵衛は病に倒れましたが、秀吉に兵糧攻めを提案しました。半兵衛は「力攻めをせず、戦わずに勝つ」＝孫氏の兵法、知略の達人として秀吉を支えたのです。

147

4　半兵衛と官兵衛の縁

　時を同じくして、摂津一円を信長に任されていた荒木村重が毛利方に寝返りました。

　黒田官兵衛は村重居城である伊丹城に説得に赴きましたが、村重に幽閉されました。信長は、官兵衛も寝返ったものと思い込み嫡男の松寿丸（後の長政）を殺せと秀吉に命令しました。その時、命がけで松寿丸を匿ったのが半兵衛でした。村重が伊丹城から逃亡後、官兵衛が救出されましたが三木城攻城戦中に半兵衛が病死しました。その後、黒田家と竹中家は濃密な関係が維持されることになりました。後年、関ケ原の戦いが起こった時、黒田長政は竹中半兵衛の嫡男竹中重門を東軍、徳川方に誘い家の存続を果たすことになります。

5　半兵衛の人生哲学

　播州小寺家の家老であった官兵衛が秀吉に臣従したとき、秀吉から官兵衛は「お墨付き」を受け取りました。「官兵衛を弟とも思っている。今後黒田家を粗略にすることはない」といった内容がしたためてありました。ある時、二人で囲炉裏を囲んでいた時に、官兵衛は自慢げにお墨付きを半兵衛に見せて、「自らの出世は間違いない」と語りました。半兵衛はお墨付きを手に取り内容を確認するや、囲炉裏の中へ投入しました。「何をするのです!」と官兵衛は色をなして抗議しました。「このようなものは、あなたのためになりません！将来、秀吉殿の褒美が期待外れであったとき、あなたはこのお墨付きを盾に抗議をするでしょう。それがどのような結果をもたらすか、おわかりですか！？」と半兵衛が説明すると、有能な官兵衛は半兵衛の考え方、智謀の深さに感銘を受け、「お墨付き」が燃えるのを見届けたといわれています。

6　官兵衛の足跡

　官兵衛29歳の時、信長・秀吉の将器を見抜き節義をもって使えることになりました。半兵衛亡き後、秀吉の軍師として智謀を振るうことになります。因幡鳥取城兵糧攻めで周辺地域の兵糧買占めや、備中高松城水攻めでの足守川堰き止めを提案しました。そして、天正10（1582）年の本能寺の変後、秀吉の中国大返し、明智光秀討伐に尽力し全国統一戦の参謀として活躍しました。

7 官兵衛の評価

切れ者すぎて秀吉に警戒されたという説は真実か否かと問われれば、真実であったと思います。官兵衛の適格な状況判断能力は細やかな心遣いの賜物であり、秀吉が寝ずに考え抜いたことを瞬く間に答えたといわれています。心の機微を読む術に長けた思慮深い気配りの人であればこそ、秀吉に警戒されていると気づいた後、速やかに隠居を申し出ました。残念ながらそれは認められませんでした。黒田家の家督を長政に譲ることのみ許され、黒田如水として秀吉に仕え続けました。

8 家中間善悪の帳～労務管理指針

家臣団の効果的な区分けに関する覚書を家中間善悪の帳といって、人に見せず、常に人使いの指針にしていました。「およそ人間には、ウマがあうのと、あわないのとあるウマが合えば二人の力が三人分にも四人分にもなるが、ウマが合わなければ逆効果にしかならない。上に立つものが、下々を使うのに大切なのは、ここのところである。」つまり、官兵衛が、その家臣たちを自在に操縦し、その力をつくさせたのは、このような周到な心づかいがあったのでした。官兵衛は、家臣たちが働くのが楽しいように、仲のよい者どうしを上手に組み合わせたので、黒田家中のモラルはいつも高かったといわれています。

9 死の間際にあえて家臣に暴言を吐く

長政への人望を高める意図―官兵衛は、死の床にあった30日ばかりの間口汚く家臣を罵りました。家臣たちは乱心ではないのかと気遣いました。驚いた長政は、官兵衛の枕元に行き、「家臣たちが恐れています。少し気づかいください。」とたしなめました。「近う寄れ！」といった。長政が耳を近づけると「これは、そなたのためである。けして乱心ではない。家臣たちを罵るのは、わしが嫌われて、早くそなたの世になってほしいと思わせたいからだ」と官兵衛は語りました。

10 もし官兵衛が秀吉の晩年までそば近くに仕えていたら？

劉備玄徳が死に際し、諸葛亮孔明に劉禅の生末を託したように、秀吉が官兵衛に対して大坂城、大広間諸侯列座の前で、「秀頼を託せるのは、そなたしかいない。秀頼成人までの間、豊臣家をよしなに」と真摯に願っていれば、豊臣家のために

粉骨砕身したものと思います。そうなっていれば、いかに野心あれどもそれを封印して、家康の盾となり、豊臣家が継続した可能性が高かったものと思います。その場合の五大老は江戸内大臣徳川家康255万石、加賀大納言前田利家84万石、丹波但馬播磨50万石黒田官兵衛、安芸中納言毛利輝元120万石、筑前中納言小早川隆景36万石となったでしょう。前田利家と官兵衛がいる限り、家康は天下を伺うことはより困難となったでしょう。実権を有する官兵衛ならば、豊臣家中の文知派と武断派の対立を調整することも可能となります。石田三成と加藤清正、福島正則の調停を早め、豊臣家盤石の体制を確立したであろうと思います。

こまむらかずひさ（兵庫・社会保険労務士）

参考文献　海音寺潮五郎著　武将列伝黒田如水　文藝春秋

　　　　　大和勇三著　戦国武将人間関係学　PHP文庫

　　　　　童門冬二著　戦国名将一日一言　PHP文庫

　　　　　楠戸義昭著　戦国武将名言録　PHP文庫

竹のたとえ

岡﨑　隆彦

1　ワンチーム〜生き抜く力を学ぶ

　本来日本人の特徴として、日本人の良さ「チームワーク」が言われていますが、2019年ワールドカップでラクビー日本代表が国籍・人種・民族の違いを乗り越えて達成したことに価値があります。少子高齢化の問題については、日本人の「生物」としての弱さ（エネルギーがない）ことを強く感じます。ここでは誰でも知っている「竹」に例えて論じます。

2　竹のたとえ

⑴　竹は一本一本が独立しているようでも実は地下茎でつながっていて、新しく生まれたタケノコは他の竹の栄養をもらって育ちます。タケノコの成長の速さは驚異的なもので、日本人にとって「竹」は「生命力」の象徴でもあります。また、世の中生きていくことには他人の力に頼らないことは不可能です。見えないところでつながりあって生きているのは竹だけではないのです。以上は個人の生き方レベルの話です。

⑵　これに対して、事業体は一人ひとりの力を組織化し、より効率的に運用し、事業成功のために活用することを目的にしています。

　　日本人は特に個より集団の力（組織力）で勝負するといわれることが多いのですが、社内でのコミュニケーション力の低下は組織の活力と実力の低下をもたらします。地下茎でつながり支えあっている竹のように組織全体の力を最大限に発揮して成長し、激しい競争社会を勝ち抜くことが必要です。

　　その組織運用の核となるのが上司（管理職）であり、上司は重要コミュニ

ケーション（人の関わり）の機能（役割）について十分な理解と活用力を備えた者でなければならないので、管理職教育ではこの当たり前のことを意識的に問題とすべきです。そのためには、本来の指導教育はどのようであるべきか、実際にどのようにすべきか、現実的な行動として実現できるものは何かという前向きで具体的な内容を中心としていくべきです。

(3) 京料理に欠かせぬ貴重な「京たけのこ」はよく整備された竹林の中で毎年次々に生まれ育っています。使用者や管理者は、竹林の守り手（オーナー）と同様に若手がのびのび育つように絶えず創意工夫と努力を重ねる必要があります。

3 以上から考えると、教育が大切ですが、思い切って生き抜く力のある人を集めた会社経営もありうるでしょう。「頭の良さ」でなく、人柄、性格で選ぶ。どのような人を採用しようが会社の自由ですから、「この指とまれ」で、自社に合う人を集めればいいのです。また、人との濃い付き合いを拒否する人も多い難しい時代に、「人との付き合いを苦にしない、協調性に富んだ人ばかり集める」というのも「あり」ではないでしょうか。

おかざきたかひこ（大阪・弁護士）

父親の求めたるところを求めて

駒　井　輝　雄

　2010年5月に株式会社ダスキンを退職し、特に取り柄のない飲食業を始めて10年が経ちました。

　あと6年でハッピーリタイヤを迎える53歳。遅すぎた独立で、少なからず悩みましたが、何気ない親父のひと言と長男のひと言に鼓舞されてルビコン川を渡る決心をしました。

　ダスキンは1964年創業、お掃除用具のレンタルやミスタードーナツ事業をフランチャイズ展開する、少し変わった企業です。創業者は鈴木清一氏という宗教家出身の経営者で、以前は「ケントク」という事業所用と家庭用のワックスを当時で年商30億円ほどのトップシェア企業でした。

　ダスキンは、創業直後に開始した日本で初めてのフランチャイズ方式による事業展開が功を奏して「ダスキン事業」「ミスタードーナツ事業」ともに急速成長を遂げました。

1　父親

　私の父親は大正11年大阪船場の袋物問屋「駒井政商店」の7人兄弟の長男として生まれ、太平洋戦争末期に学徒動員で繰あげ卒業しスマトラ島に出向きました。捕虜生活を経て復員しましたが、既に商売は廃業、路頭に迷う両親と妹や弟を養うために一時期勤めた大手商社を辞め、結婚間もない母と共に様々な事業を手掛けましたが、坊ちゃん育ち故に何度も失敗を繰り返しました。借金を繰り返しながら弟妹全員を大学まで行かせたことが自慢でした。その借金の返済に四苦八苦であった1958年、偶然目に留まった新聞の募集広告の「祈りの経営」「あなたの人生が新しく生まれ変わるチャンスです」のフレーズに共感し、すぐに鈴木

153

清一氏を訪ね彼の信仰哲学に共感し「ケントク初の大学卒」として、以降は順調なサラリーマン人生を歩んでいました。

　当時から積極的な経営を志向した鈴木氏は、1962年ごろに世界最大のワックスメーカーである米国S.Cジョンソン社との資本提携を行いましたが、すぐに破綻を迎え株式のほとんどがジョンソン社に移り鈴木氏は職を追われるに至りました。役員の席を用意されて引き留められた父でしたが、同じ宗教観で築いた信頼ゆえにためらうことなく8名ほどの退職者と共によく分からない貸モップの事業をスタートしました。

　この8名の中から初代、2代目、3代目のダスキン社長が誕生しました。父親は1980年から98年まで18年間代表取締役を担い、後の千葉氏にバトンを引き継ぎました。

2　ミスタードーナツ

　1971年4月、箕面市に日本初のミスタードーナツがオープンしました。大盛況で、中学生であった私は大阪市の下町から電車を乗り継ぎ箕面に出掛けました。当時住んでいた大阪市南部の駒川町は商店街の街で、買い物に出かけても何処の誰が何を買ったかすぐに分かるほどの親しい会話が飛び交う商店主さんばかりでした。そこの沢山のおばちゃんたちから「駒井のぼん、アメリカのドーナツ買いに行くんやったらうちも買うてきて」と言われ「どうやって持って帰ろかなー」と、悩みながら出かけたことを覚えています。

　店の前に着くと長蛇の列。すごくかっこいいアメリカそのもののお店でした。列に並んでいると、千葉さんが「輝雄君よく来たなー。凄い店やろー。並ばなくてもいいから裏口から入っておいでよ」とお声をかけて下さいましたが「それがダメなんです。近所のおばちゃん達の沢山の注文を聞いて来ています」。「いいからいいから」と千葉さん。結局裏口で闇取引のような形で売って下さいました。おまけもたくさんいただきました。凄くかっこいい店で興奮し、帰路の電車の中では、なぜか涙が出てきました。

　ダスキンを嫌と思ったことはなかったのですが、母親は「少しでもお父さんのお手伝いをせねば」と、日本第一号のダスキンおばさんとなり家庭用のモップやクロスを毎日自転車で交換に出向く仕事をしていました。その一環で中学校の体育館にも汚れたモップを新しいものに取り替えに月に2回ほど来ていて、それを見た悪ガキどもが「駒井のオカン、汚いぞうきんいっぱい抱えて歩いてたぞー、

ようあんな汚い仕事するわ」と何回もからかうので、竹刀でどつき倒したら大問題になり母親が学校に呼び出されました。

母親の悲しそうな顔を今でも覚えています。そのすぐ後の箕面での感激でした。「ざまーみろ、ダスキンはこんなかっこええドーナツ店をやっているんやー」と、何か勝ち誇ったような気持ちなったのが涙の原因です。その後もおばちゃん達からの注文が止まらず、何度も箕面に足を運びました。

3　入社

高校生の時に住み慣れた駒川町から生駒に引っ越しそのまま放蕩学生を続けていた大学4回生の時に、既に無くなった相互銀行に就職が内定していて、形だけの試験を受けるだけだったのですが、副社長であった父親から「鈴木社長は不治の病を患っておられる。社長のいない会社にはいたくない。その後徐々に会社を離れて天理教の教師になる。だからお前は今のうちに千葉さんの下で勉強して、いつかはミスタードーナツの加盟店になったらどうや？業種は違うけど、お前のおじいちゃんの商を復興させよう。俺も最初は手伝うから」と唐突に言われ少し悩んだ後にダスキンの入社試験を受け、1979年4月に入社。すぐに当時24時間営業の店舗で辛苦を味わいながら「加盟店になるんやー」と汗をかき続けの毎日を送っていました。が、勤務していた名古屋の店に通達が来て「鈴木清一会長、駒井茂春社長代行の体制が決定」とありました。訳の分からないまますぐに実家に電話すると父親は「間もなく旅立たれる方からの頼みやから受けん訳にはいかん」との説。「あの話は？俺はどうなるんやー」と聞くと「自分で考えろ」のひと言。その後1980年8月に鈴木社長は永眠されました。

4　祈りの経営

ダスキンには信仰深い社員が多数いました。創業者の鈴木清一氏は京都山科にあり多くの宗教家が協同生活をする「一灯園」の出身で、後に強力なスポンサーとして支えておられました。父親は祖父の代からの熱心な天理教信者でしたし、他にも学会員の方や寺院の子息、クリスチャンの方も多く、宗教を超えてまさに諸宗の神髄を礼拝することを目的とする風変わりな会社でした。社員全員で毎朝毎晩「般若心経」を唱えます。「もの集まらざるは恥なり、集めて己とするもまた恥なり」言い換えると「売上が上がらないのは努力が足りないから。結果としての利益を社業にのみ使うなかれ」と言えるかもしれません。

CSR活動が世に広まる以前から多くの社会貢献活動に積極的に取り組み、中でも「広げよう愛の輪運動」は、身体に障害を持ちながらも他のために貢献したいと願う若者に専門的な研修を受ける機会を提供し既に日本から海外に留学したり、アジア諸国から日本に来て研修を受けたりした若者は1,000人を超えています。この運動は鈴木創業者逝去の翌年である1981年の国際障害者年にスタートしました。

　私の上に兄がいたそうですが、3歳で脳性小児まひのために亡くなりました。その時のつらい体験が、社長であった父が積極的に「広げよう愛の輪運動」を進めた要因の一つであったと考えます。

5　退社と創業

　1998年に相談役に退いていた父親が急逝し、後継の千葉さんも2003年にダスキンを離れました。

　その後にスキャンダルめいた事件等が起き、管理部門から就いた社長が、私は大反対であった株式の上場を実行し銀行やその他からの役員受け入れ等を行い風変わりな社風や理念は風化の一途をたどりました。

　創業者の思想を汲む父親や千葉さん無きダスキンにいる理由がなくなったことと、退社と独立を長男に説明した際に「面白そうやなー俺も手伝いたい」と言ってくれたことに鼓舞を受け即断、今日に至っています。代がかわった親子で、祖父の商いを復活させようと意気込んでおります。

　その長男ですが、たらいの小舟で荒海に出てしまったことを悔やむこともなく、一番水飛沫を浴びながら必死でオールを漕いでいます。

　強いコンセプトや戦略なきままに10年が経過しましたが、ダスキンの経理理念から学んだ「カンパーニャプロミス」を制定し、ことある毎にみんなで唱和し生きがいを確認し合っております。

こまいてるお（大阪・株式会社カンパーニャ　代表取締役）

懲戒処分の有効要件

岡　﨑　隆　彦

1　総説

　せっかく懲戒を行っても法律上守るべきルール（要件）を知らないか適正な判断を行わないために無効になって反発を受けるという逆効果が発生することも多いので、適正な処分を行う条件（要件）をよく認識する必要があります。この点（図表）にまとめておきます。

2　留意点については特に以下の点を挙げておきます。

(1)　懲戒事由の存在が認められる場合でも、懲戒処分が有効であるというためには、①罪刑法定主義類似の諸原則、②平等取扱いの原則、③相当性の原則、④適正手続の４つの要件が判例・学説上必要とされています（有効要件）。

　　　問題外（無効）の行為の例として、「動機・目的の不当性」（特定人のねらい打ち、組合嫌悪等の例）があり、使用者の考え方や姿勢も問われます。

　　　以上についての知識を専門家から使用者に知らせること（警告・指導・研修）が必要です。

(2)　尚、就業規則は「周知されていないものは無効」であり、それに基づく懲戒処分は無効になります。特に不正を行った社員を懲戒解雇できず、普通解雇とせざるを得ない（退職金の支払いが必要となる）という残念な結果となってしまいます。

(3)　平等取扱いについて

①　同じ規定に同じ程度に違反した場合は、懲戒の内容は同一種類、同程度であるべきであり、また、懲戒処分は、同様の事例についての先例を十分

（図表）懲戒処分の有効要件と留意点（まとめ）

①罪刑法定主義類似の諸原則	(i) 懲戒事由とこれに対する懲戒の種類・程度が就業規則上明記されていること。 　就業規則については明記の他に周知が効力要件である（判例）ので、事業所ごとでの「周知」を徹底すべきである。	3つの原則を、「罪刑法定主義類似の原則」という。これはペナルティとして刑事処分（重大なこと）に準ずる厳格な取扱いを求める意味がある。
	(ii) その規定は規定されるより以前の事犯に対しては遡及しては適用されないこと（不遡及の原則）。	
	(iii) 同一の事犯に対し、2回懲戒処分をすることはできない（一事不再理の原則）。 　懲戒解雇のための調査のためとして、自宅待機をさせて、その間無給とすることは、二重処分となり、本来の目的である後の解雇が無効となるので、有給とし、できるだけ早く結論を出すように努力すべきである。	
②平等取扱いの原則	(i) 同じ規定に同じ程度に違反した場合は、懲戒の内容は同一種類、同程度であるべきであり、また、懲戒処分は、同様の事例についての先例を十分検討して慎重にされるべきである。 (ii) 従来黙認してきた（処分例のなかった）種類の行為に対して懲戒処分を行う場合、不意打ちとなって不平等・不公平な結果とならないように、事前に十分警告をしておくことが必要である。周知徹底のための周知期間も設けるべきである。	
③相当性の原則	懲戒は、規律違反の種類・程度その他の事情に照らして相当なものでなければならない（判例）。仮に懲戒事由に該当しても、当該行為や被処分者に関する諸般の事情（情状）を考慮され、重きに失する（懲戒権の濫用）として無効とされることがある。	
④適正手続	懲戒処分を発するには手続的正義（適正手続）も必要である（手続的要件）。 就業規則上組合との協議等が要求される場合には協議すべきであるし、そのような規定がなくても、本人に弁明の機会を与えること（企業にとっても不当解雇をしないように慎重な手続をとっているという意味がある）が必要であるとする考え方が有力である。そしてこれら手続的要件に反する処分が「手続上の瑕疵」を理由に、「懲戒権濫用」として無効になるかどうか裁判所で争われるので、使用者からの説明や本人の弁解を聞くという手続も丁寧に行う必要がある。	

検討して慎重にされるべきとされます。これを「平等取扱いの原則」といいます。

② 平等取扱いの問題で解りやすい例を挙げると、赤穂浪士事件があり、吉良（蟄居閉門のみ）と浅野（切腹・とりつぶし）という幕府の処分の不均衡（当時は「けんか両成敗」が通常のルールでした）に対する異議申立の形として討ち入りが行われたと考えられます。

(4) 適正手続（手続的要件）について

① 懲戒処分を発するには手続的正義（適正手続）も必要です。就業規則上組合との協議等が要求される場合には協議すべきですし、そのような規定がなくても、本人に弁明の機会を与えること（不当解雇をしないように慎重な手続をとる意味がある）が必要とされていますので、使用者からの丁寧な説明や本人の弁解を聞くべきです。

② 「懲戒処分理由の追加」ができるかという問題もあります。できるだけ具体的詳細に理由を表示すべきです。多岐にわたるので省略しておくということも認められていますが、詳細に書くことにより、①本人に自分の非違行為を自覚させ、争う気持ちを起こさせないようにすること、②本人が相談に行ったときに、相談相手となるユニオンや労働者側弁護士が、これは難しい、あきらめなさいとか話し合い解決を試みなさいと助言・指導する気持ちにさせるだけの内容にして、通告書に使用者に有効な意味を持たせることができます。

(5) 精神疾患を有する社員に対する懲戒処分の可否という問題もあります。精神疾患を有する社員が、その疾患の影響で問題行為をした場合、懲戒処分をできるかは問題です。懲戒処分は、再び違反行為を行うことがないよう抑制することも目的としているので、ものごとの善悪の判断もできない状態の者に対して処分をしても意味がなく、適当ではないと考えられるからです[32]。

おかざきたかひこ（大阪・弁護士）

---

[32] 一般に精神疾患に罹患している者でもものごとの善悪の判断、すなわち、やってよいこといけないことの区別をすることができる状態であれば、懲戒処分をすることは可能です。

長時間労働

岡﨑　隆彦

1　残業削減の必要性

(1)　長時間労働の問題点や長時間労働をなくすメリット（図表にまとめています）を十分に考えて、大胆に削減・撲滅に取り組むべきです。

　　労働と私生活の調和を図ることの重要性が認識され、「ワーク・ライフ・バランス」を推進する政策が実施されています。平成30年労働基準法等の一部を改正する法律は、長時間労働を抑制するとともに、労働者が、その健康を確保しつつ、創造的な能力を発揮しながら効率的に働くことができる環境を整備するため、労働時間制度の見直しを行いました。

(2)　残業発生のメカニズムを研究し、自社の残業の真の原因を究明します。

　　真の原因がわかればそれらを1つ1つつぶしていけばよいのです。「削減・撲滅の方法は必ずある。できないのは経営者に問題がある。」と考えて真剣に取り組むべきです。

2　業界者間協力による削減の取組み事例

　現在多くの業界で事業者協力の取組みが見られますが、ここでは、荷主企業と運送事業者の協力によるトラックドライバーの長時間労働の改善に向けた取組事例を紹介します。

(1)　トラック業界では、現場での積み込みや荷降ろしの際に順番待ち等による手待時間が発生したり、急な輸送条件の変更等により、改善基準告示を遵守できない事例があります。ドライバーの長時間労働の実態の改善は、安全で安定した輸送には必要不可欠であると共にドライバー不足解消のための重要

(図表) 長時間労働の問題点一覧表

	長時間労働の問題点（デメリット・リスク）	長時間労働をなくすメリット（改善の必要性）
リスク	①割増賃金の支払い義務が生じること（２年間遡及。但し時効時間の長期化が予定される民法改正にも留意） ②従業員が脳心臓疾患または精神疾患を発症させた場合、これが過重労働と評価され、労災認定を受けること ③企業に対して安全配慮義務違反に基づく損害賠償請求が命じられること ④過労死について取締役個人の任務懈怠責任が認められることがあること ⑤労働者からの刑事告訴等に基づく労基署による司法処分（事件送致とこれに伴う捜索差押え等）	①残業代の支払がなくなる、過重労働の責任追及がなくなる（法的リスクがなくなる）。
経営面	⑥当該企業の社会的イメージが大きく損なわれること（「ブラック企業」のレッテル貼りも） 問題が解決できない企業はブラック企業として働く人からは選ばれず、衰退の途につく。	②短時間で効率よく働く工夫をして個人も組織もレベルアップする。 ③ライフワークバランスの点からも豊かな生活ができる。 ④同じ時間（同じ土俵）で成果を判断するので人事評価が公平で、判断も易しくなる。 ⑤長時間ダラダラ働いた方が収入（残業代）を多くもらえる不公正を排除できる。 ⑥少子高齢化が進む中での貴重な労働資源の維持確保の面から有効である（採用にも有利）。

課題であることは周知のことであるのに、なかなか改善の動きが見られませんでした。

(2)　そのため、厚生労働省委託のトラック運転者労働条件改善事業として、「荷主企業と運送事業者の協力によるトラックドライバーの長時間労働の改善に向けた取組事例」が公表され、改善の参考とすることが求められています[33]。

33　これは平成24年度から平成26年度の３年間にわたり、各地の荷主企業及び運送事業者の協力を得てまとめられたものであり、非常に有益なものです。

いずれも余裕のある優良企業が国の施策に応じて意欲的に取り組んでいるものであり、業者間の長い良好なつき合いが前提となっていることが伺われ、全ての事業者にまねができるものとは思われませんが、最近は荷主もドライバー不足により輸送が滞る危機感を持ち始めている傾向もあるので、参考にして経営改善に取り組むべきであると思います。

① 改善への取り組みのポイント（まとめ）

　ア　荷主企業と運送事業者の双方で、ドライバーの労働条件改善の問題意識を共有し、検討の場を設けること。

　イ　労働時間、特に手待ち時間の実態を把握すること。

　ウ　手待ち時間の発生等、長時間労働になっている原因を検討し、把握すること。

　エ　荷主企業、運送事業者の双方で、業務内容を見直し改善に取り組むこと。

② 改善にあたり、特に考慮すべき点について

　ア　運送事業者として、①運送事業者は手待ち時間が、どの場所で、どの位の時間、どの位の頻度で発生しているか、平均何分で、最長、最短は何分かをしっかり把握すること、②①を荷主企業に示して情報を共有化し、荷主企業の理解と改善への協力を得るようにコミュニケーションをとっていくこと。

　イ　荷主企業として、①ドライバーの長時間労働に対する改善の必要性について理解を深めること、②改善基準告示などのルールについても内容を正確に理解すること。

　ウ　実際の改善は施設等のハード面だけでなく、作業の体制の見直し等現場での工夫というソフト面によるものでも十分効果がある。

　エ　長時間労働の改善は、運送事業者にとっても、荷主企業にとっても、自社の業務改善や物流の効率化、輸送品質の保全、対顧客に対する信頼性の向上、さらにコンプライアンス遵守の面においてもメリットがあることを理解すること。

③ 指針による取引上の配慮の要請

　「労働時間等設定改善指針」（平成20年３月24日厚生労働省告示第108号）の中で「事業主が他の事業主との取引上配慮すべき事項」として、以下の点が要請されています。

ア　週末発注・週初納入、終業後発注・翌朝納入等の短納期発注を抑制
　　し、納期の適正化を図ること
　イ　発注内容の頻発な変更を抑制すること
　ウ　発注の平準化、発注内容の明確化その他の発注方法の改善を図ること
(3)　「**ホワイト物流**」については別項をご参照下さい。

おかざきたかひこ（大阪・弁護士）

調停委員と社労士

野　村　桂　子

1　社労士で26年、裁判所の調停委員として13年になります。

　　調停委員の立場で当事者双方からの言い分を聞くと、それぞれにもっともな主張があり、なかなかうまく調整がいきません。聞き方話し方は大変難しく、また双方が納得する落しどころの大切さを痛感します。社労士の仕事だけなら使用者側に偏っていたかもしれませんが、その点視野が少し広がったことには感謝しています。

以下に私の経験談をお話します。

2　使用者と社員のトラブルで、使用者から相談を受け、すぐに対処できればいいのですが、社員が労基署、弁護士さん、ユニオン、裁判所、調停、警察、関連会社等とそれぞれに好きな所へ相談に行かれ苦慮します。そのたび使用者は対応を迫られますが、しかし、その多くは、要点を押さえた比較的簡単な対応で防げることも多いと感じています。

3　よく見聞きするのは、残業と年休です。残業は現状把握→管理→法に沿った支給をし、年休も法律どおりに管理→明示→付与します。手当、賞与、退職金はいわば自由ですが、残業代と年休の2つは、法律で決まっているので守らないといけません。しかし、使用者は能力給や賞与は格好よく支給したいけれど、残業代や年休はともすれば関心が薄く、うちは仕事が集中するから減らせない、その人しかできないから減らせないとか言われ、その大事さは容易に伝わりません。人を雇えば給料以外の使用者負担も多くなり大変ですが、後から何年も遡って残業計算をやり直す時間と労力を考えるなら最初から明確に支給す

べきと考えます。社員も気持ちがいいし、使用者に対し疑心暗鬼にもならず、信用も生まれます。今後時効も2年→3年→5年となりそうですからなおさらです。

4　採用後会社へ出てこない、出てきても出勤状況が悪い方にも悩みます。採用時に試用期間を明示し本採用とならないこともある旨しっかり伝えておく。初めからダメな方は2週間前に対処する。2週間経過後は、さらに指導し、直らないなら使用期間満了1か月前には、出勤状況や指導内容もみせて、本人に説明し、このままでは本採用が無理なこと伝え話合えればと考えています。労働契約は労務提供を受けて賃金を払う契約ですから、まず労務提供ができないのなら、（ケースにもよりますが）早急な対応が必要な場合もあります。

5　急に遠方への転勤通告があり、転勤の理由にも納得がいかず慰謝料を請求された件がありました。雇用契約書があっても従業員への十分な説明がなく、また配転の日までに交付がなかったようです。

6　10年勤めて退職後に賃金を請求された件は、使用者は最初に半年後に昇給があると伝えていたそうです。従業員は、在職中には使用者に言えず退職後に請求されました。ひとつ納得がいかないと、そこに残業や年休ももらっていなかった。さらには精神的に傷ついたと要求が広がっていきます。

7　労働局の斡旋で不調となり、その後裁判となった件は、時間があまりなかったので十分お聞きできなかったにもかかわらず、はじめて自分の言い分を聞いてもらえたからという理由で和解をされました。改めて、従業員は使用者が聞いてあげないから他の所へ行くしかないと感じました。
　　この件は、はじめから裁判所で調停にされたら、十分聞いてあげられ、調停委員会では裁判官の助言もあるので、もっと早く納得した解決に至ったかもしれません。

8　社労士としては、人は様々で、人の考えも様々だからこそ日頃から使用者側で法律遵守を心がけ、何を言われても大丈夫な体制の整備のお手伝いをしたいと考えています。何かあれば、めんどうがらず、すぐに従業員から話を聴きしっ

かり向き合うことはなかなか難しいけれど、多くのトラブルの芽を摘むことになると感じています。

　　　　　　のむらけいこ（滋賀・社会保険労務士）

賃金制度の変遷

日本における賃金制度の変遷
～年功処遇から能力・成果主義へ

居 樹 伸 雄

1　年功給の特色と高齢化課題

　最近はあまり評判の良くない年功給ですが、実は若年層が多ければ低ゴストの賃金管理となるので長らく重宝されてきました。職務との接点は希薄ですが、ピラミッド型の企業組織と年齢別労務構成が近似していたため人件費に無駄が少なかったのです。さらに賃金カーブの立ち上げが遅い分、人件費が節約されることになります。賃金カーブと仕事・能力のカーブを対比してみた場合、一般的には若年層では賃金の方が低めで中高年になってようやく逆転する（賃金の方が高め）と受け止められてきました。

　より細かく対比してみると入社後数年は見習い的な時期（仕事を覚える期間）であり出だしは賃金の方が高い、との指摘もありますが、いずれにしても職業人生の前半で受け取り損ねた賃金を後半（旧定年の55歳まで）で取り戻してきた、との見方が一般的なのです。つまり、それぞれのカーブにずれはあるものの、職業生涯（55歳まで）を通して見れば、生涯労働と生涯賃金はバランスが取れていると見られてきたのです。ただし55歳以降の賃金管理は年功的でない例が多く、旧定年年齢の55歳ごろから定昇がない例やマイナス定昇とする例など多彩な対応が見られました。さらに65歳雇用時代に入りましたが、60歳以降の賃金に注目すると減額される例が多くなっています。

2　徐々に進む年功給型賃金制度の見直し

　さて、コスト安の年功給も中高年層の増大により企業の人件費負担が増加するとともに、賃金制度の見直し・手直しが進められるようになりました。企業ごと

にニーズや課題は異なっていますが、大きな流れとしては能力主義や成果主義の賃金管理（年功給から職能給、さらに職務・役割給）へと変化する傾向が見られるようになりました。それでは、改めて賃金制度の変遷を追ってみましょう。年功給は若年層が多い時には人件費はそれほど負担とはならず、むしろ低コスト賃金管理であった点はすでに述べたとおりです、ところが、中高年層が増えるだけで高コストの賃金管理へと変質してしまったのです。そこで賃金水準の比較的高めの大企業や中堅企業を中心に能力主義賃金管理へと移行していきました。職能等級制度をベースにしたいわゆる職能給が普及したのです。

　ここで年功給との違いを端的に述べれば、年功給は能力の伸びの止まった者まで面倒を見る（青天井で定昇が続く）のに対し、職能給は能力の伸びた者だけ面倒を見る点に主な違いがあります。能力段階ごとに等級分けされており、同期でも昇格するか否かで賃金差が大きくなるとともに、同じ等級に長く留まっていると職能給部分の昇給（査定昇給＝人事考課が反映される部分）がストップ（天井の設定）する設計となっているのが一般的なのです。

　ただし、おおよそ能力にあった仕事が用意できることが前提の制度ですので、それが難しいと人件費の負担も増える傾向となる弱点があります。それでも人事異動（ジョブ・ローテーション）や人材育成を重視する人事管理では有効な賃金管理です。とくに職務が無限定な若年ホワイトカラー（総合職的な者）には今でも最適な賃金管理といえるでしょう。しかし管理職や専門職（プロ社員）、一般職や現業職（これまでは運用で対応）などには見直す余地がありそうです。

3　能力・成果主義型賃金体系へ

　さて、能力主義より人件費の無駄が少ない賃金管理への試行も始まっています。管理職年俸制は職務等級制度が基本となりますが、それ以外の階層の社員にも職務・役割等級制度をもとに職務・役割給を導入する動きが広がってきました。資格制度を残したままの管理職年俸制も半数ほどありますが、いずれにしても賃金管理の面では職務給的となっています。定昇がほとんどなく昇格昇給にポイントのある管理なのです。同一労働同一賃金に注目が集まる中、職務・役割給へのシフトが進むかも知れませんが、特に若手の事務系（総合職など）には形だけで終わる例も多くなるでしょう。日本では職務の範囲が不明確なだけでなく各人の職務分担は状況に応じて常に臨機応変に変化するのが多くの企業の実態であり、このような職務分担の方法は簡単には変えられないからです。逆に事務職や

現業職などは職能給制度のもとでも賃金管理の面では職務給的な運用が行われてきました。また、有期雇用の非正規労働者の多くは職務給的な賃金管理が一般的です。そこで無期雇用に転換した限定正社員などを含めて今後も職務給的な賃金管理がベースとなると思われます。まだ当分の間は職務等級制度・職能等級制度のいずれを問わず、総合職などは職能給的処遇とし、それ以外の従業員層には職務給的な賃金管理、といった制度や運用で対応することにならざるを得ないでしょう。ただし、これまでは職能給の多くが年齢給（年齢別固定額＝自動昇給部分）を併設（2本立て基本給）していましたが、最近では自動昇給を廃止する傾向が続いています。

　ところで、60歳以降の賃金管理課題が新たに浮上しています。雇用の面では65歳雇用が義務づけられていますが、60歳定年プラス嘱託雇用（いわゆる再雇用）とする例がほとんどです。その際賃金が60歳時点で一気にダウンする設定となっているケースが大半ですが、今後は65歳定年制に移行する方向もある上、同一労働同一賃金への対応からも賃金カーブを手直しする例も増えるものと思われます。

　最近、経団連は『経労委報告』において、年功給から能力・成果主義への移行を呼び掛けています。この提案で目新しい点は、メンバーシップ型とジョブ型社員に分け、前者には職能給を、そして後者には職務・役割給の導入を促していることです。ただし、具体的にはこれまで同様個別企業労使で検討の上職能給と職務・役割給を適切に組み合わせて活用していくことが望ましい、と指摘するに留めています。なお、同一労働同一賃金（非正規社員の待遇改善、正社員との均等・均衡待遇）の視点からは非正規労働者も加わった形での労使プロジェクトなどで制度設計していくことが大事だといえるでしょう。

すえきのぶお（東京・日本賃金研究センター
特任研究員・元関西学院大学　教授）

ディーセントワーク

岡　﨑　隆　彦

1　「ディーセントワーク」（decent work）[34]とは、ILO事務局長フアン・ソマビアが1999年総会で打ち出した概念であり、厚生労働省は「働き甲斐のある人間らしい暮らし」と翻訳しています。具体的な法律上の効果をもつものではなく、労働のあるべき姿を指し示す理念的なものと考えられています。

2　日本でこの言葉が用いられるようになった背景には、非正規雇用の広がりがあります。

(1)　欧州では非正規雇用の採用、待遇に対して強い制約がある一方で、日本では非正規雇用を規制する法律が存在してこなかったので、非正規雇用は正社員とは処遇において大きく差別され、雇用も不安定であり、そのため、「ディーセント」ではない雇用とされてきました。

(2)　非正規雇用が拡大した90年代は、主婦のパートや学生アルバイトなど、自立した家計の担い手ではない「家計補助型」の就労形態でした。しかし、2000年代以降に増加した契約社員や派遣社員は、家計を自立する「家計自立型」を含む非正規雇用です。低賃金・不安定雇用のまま、フルタイムで働きながら貧困であるという「ワーキングプア」という言葉も生まれました。

3　近年では正社員でありながら「ディーセント」とはいえない働き方も広がってきたといわれ、いわゆる「ブラック企業」においては、正社員として採用されながら、長時間・過酷な労働を強いられるなどして短期間のうちに離職を余

---

[34]　Decent＝「(社会的基準からみて) 見苦しくない、ちゃんとした」「まともな」「適切な」「きちんとした」等の意味があります。コアの意味としては「社会的に許容される（socially acceptable）」であると考えられています。

170

儀なくされ、精神疾患を患っての退職も多いとされています。

4　たとえば、月給に「80時間分や100時間分の残業代」が含まれているなどと主張する「ブラック企業」もあり、裁判例がそのような固定残業制を無効とすることは妥当なことです。

5　以上のことから労務管理に関わる側の倫理も問題となっています。人事・労務に関わる人々の倫理が問われる現在、「違法かどうか」を超えて、「ディーセント」かどうかは、労働させる側の倫理・理念として十分に意識される必要があると考えます。

おかざきたかひこ（大阪・弁護士）

デジタルキッズ人事労務

田　中　理　司

1　労務管理について考えますと、我々の会社では「こうだから」、我々の会社の社員は「こうでなければならない。」という、なんとなくの前提主義があり、それを個々の社員が共通の理念として受け入れることを前提に成り立っています。そこに共通の土台が形成され、その範疇に収まることを暗黙に了解を求められ、了解することを前提とし、それが非常に有効に働き、経済成長の原動力となり日本の高度成長を実現しました。情報がアナログであった時代、情報に価値があり、情報を知っていることが価値のあった時代です。全体の成長を優先する人事労務管理制度が有効に機能し、会社組織が成長することで個人もその恩恵を充分享受できた時代です。現在は、会社組織に属し、個人として組織への貢献度合いと個人成長を考え人生を生きていく時代です。個人を支援する労務管理の要素を持たせることで個人の成長を支援し、会社に貢献してもらう人事労務管理制度の構築と運用が求められています。その運用は公平に評価し、制度をフェアに運用しなければなりません。誰かが得をしているように見えるようでは破綻します。例えば、従業員が他の従業員を支援したケースを考えてみましょう。支援をした従業員には、ラジオ体操のようにポイントやスタンプでその貢献度を数値化し、それによって評価し、全従業員が明確に同一の評価基準が適用されるように工夫することです。

2　私が業務でアプリケーションプログラムの作成やシステム運用を行っていた40年程前、コンピューターと言えば大型汎用機が主役でした。そのサイズは大きく、稼働時の音と光はまるで映画で見る宇宙船のようで、稼働中の発熱量は物凄く、しかも価格は非常に高額であったと記憶しています。その後ダウンサイジングが起きミニコンからパソコン全盛期、そしてスマートフォンが当たり

172

前の時代となりました。現在のスマートフォンは、かつてのスーパーコンピューターが手のひらサイズになったような感じです。社会のデジタル化の勢いは凄まじく、身近なところでは車の自動運転は目前に迫っているようです。いろいろな情報がデジタル化により瞬時に世界に発信され、いろいろなことを単に知ることができる時代から、今では利用する方法や結果の蓄積が高度に分析され、アプリケーションの利用そのものが、人間の行動予測や行動の傾向分析、購買予測に利用され、データそのものとともに利用履歴も価値を持つ時代になっています。

　また、データは容易に書き換えができます。プラットフォーマーが社会インフラを担い多くのデータを扱うことから、事業者によるデータの独占が問題となる時代となりました。「これからどうなるのか」と日々思う毎日です。私には10年先の情報化時代などまったく予想ができません。

3　大型汎用機の頃は、最新の知識がしばらく最新の知識として役立つ時代でした。デジタル化が進むと今ある知識はすぐに陳腐化し、次から次へと新しい技術を使っていく、デジタル化された情報を処理する、情報を使いこなす時代です。そしてロボット、AI、IoTと現在呼ばれているものが生活の一部となり、一緒に生活し仕事をする時代を我々は生きています。これからは人間にしかできないことの重要性が見直され、そこに磨きをかける、教養であり、芸術性、哲学や倫理など、人間を人間らしくすることは、現時点では人間にしかできないことです。

4　アナログ時代の代表であるレコードプレイヤーなどのオーディオ機器は、その録音から再生までの過程において、それぞれの技術者から消費者までが原音再生を突きつめることで良い音を追い求める時代でした。商品やサービスそのものがアナログであったからこそ、技術力、情熱、要する時間と忍耐力、そこに価値観を会社や個人が見出す時代、そして製品として世に問い社会が評価する時代でした。そこには同じ方向性が見出せた時代でした。これからは、会社に属し集団の一員であって、同じ方向は向いているが、自分はここで「これがやりたい」、「これをこうしたい」、「ここをこうすれば…」などの意見が飛び交うような環境にある会社が、これからの会社組織として成長する可能性が大きいと思います。

5　アナログ時代もデジタル時代も変わらないことは、答えは現場にあることです。現場にはヒントや答えそのものがあります。誰もが情報に接する機会を平

等に得られるデジタル化時代において、組織がフラットになるのは必然で、現在のデジタル技術は、現場から情報を発信できる時代です。しかもスマートフォン一つで出来ます。

　デジタル化時代は、多くの物事や商品、サービスが消費され、次々に現れる新しいサービスや技術に取って代わられる変化の激しい時代です。人事労務管理面からは時代に合った人事評価の確立、若者のデジタル技術を使いこなす能力と斬新なアイデアに経験者の知識と現場感覚をうまく組み合わせバランスを取り、公平な人事評価、フェアな労務管理を組織として確立することです。特にこれまでの実績を重要視して組織運営を行うのではなく、挑戦するための公平な人事評価、フェアな労務管理という軸を確立し、両輪で進むような経営感覚が必要です。

6　デジタル時代は技術の中身は解らずとも、最新の機器を扱うことで最先端の技術を扱え、使用するという点だけを考えれば、周回遅れでもすぐにトップランナーになれる時代でもあります。しかも最新の機器は人間にとって、これまでよりフレンドリーになってやってきます。古い知識は新しい機器の使用には必要がなく、新しい機器を操作できる知識が必要となります。変化の激しい時代において、学び直しの機会の確保や保証が非常に重要です。100歳生きる時代に、40歳、50歳代で学び直しの機会を政府や企業が用意することは、とてもとても大切なことで、個々人の人生設計を支えることとなります。継続を力としたそれまでの経験や知識をデジタルに置き換え、キャリアチェンジ、ジョブチェンジが必要な時代に突入です。

7　個人の支援をする仕組みで、就業規則を運用する、支援によって会社と個人の絶妙のバランスをとる就業規則の運用こそがこれからのデジタル時代の労務管理であると考えます。デジタル時代は、革新的な技術やサービスが突然世に出てくることが期待できる時代です。これまで生きてきた「…なければならない」の人生ではなく、アイデアをサービスに出来ないか、目の前にある課題、疑問解決するチャンスと捉え解決に向け行動する、多様性の中で触発され、革新的なチャレンジがなされるようなお手伝いができればと思いながら社会保険労務士として会社のお手伝いをしようと日々過ごしております。

　　　　　　　　　　　　たなかさとし（滋賀・社会保険労務士）

同一労働同一賃金

岡　﨑　隆　彦

1　同一労働同一賃金の原則の問題

　現在、政府の政策の方向性として「同一労働同一賃金」の原則が問題とされていますが、一般的には、現行法では賃金はどのように決めようが最低賃金法や法律で明文に禁止されている差別（性差別、組合員差別、国籍差別等）に該当しない限り（さらには公序違反にならない限り）、原則として自由に決定できると考えられているので、否定的に考えられています。すなわち、この言葉は法律上の用語ではなく「スローガン」というべき性格のものです[35]。

2　最高裁判決

（1）　2つの最高裁判決（ハマキョウレックス事件と長澤運輸事件）は、労働条件の格差の不合理の判断について、①職務内容などが異なる場合でもその違いを考慮して両者の労働条件が均衡のとれたものでなければならないこと、②不合理性は個別の労働条件ごとに、関連する労働条件がある場合にはそれも含めて、その趣旨・性質に照らして判断されること、③その労働条件の趣旨・性質が有期社員にも同様に及ぶ場合には同一の待遇が求められることを明らかにしました。そして、こうした均等・均衡待遇が実現されていない場合には不合理と判断され、不法行為として過去3年分の損害賠償義務を負う

---

[35]　この点「格差問題」で大きく問題とされた労働契約法20条は、働き方改革関連法案の中の労働法改正案により削除され、現行パートタイム労働法8条と合わせて、新たなパートタイム・有期雇用労働法8条となりました（施行は2020年4月、中小企業主については21年4月）。

とされました[36]。

(2) 最高裁2判決の内容は、均等・均衡待遇の判断枠組み、有為人材確保論の不採用、作業手当・精皆勤手当・通勤手当・給食手当の個別判断など、働き方改革実現会議の「同一労働同一賃金ガイドライン」の記述に沿ったものが多いです。

　　また、両判決は、無事故手当・住宅手当など指針に記載されていない事項について具体的に判断し、ガイドラインを実質的に補充しています。またガイドラインでは定年後再雇用者の位置づけについて定めがありませんが、長澤運輸訴訟の判決に沿ってガイドラインが補充されることも予想されています。

3　格差問題に対する対策

(1) まず、最高裁判決への対応として、使用者は、個々の労働条件ごとに、①何のために（何に対して）支給されるものか（趣旨・性質）、②その趣旨・性質は無期社員と有期社員に同様に及ぶものか、③同様に及ぶとすれば同じ待遇（均等待遇）、及ばないとすればその違いに応じた待遇（均衡待遇）となっているかについて再検討をする必要があります。

　　尚、仮にある労働条件が職務の内容に応じて支給される性質のものであり、無期社員と有期社員の職務内容が違うとしても、職務内容の違いに応じた均衡のとれた待遇とすることが求められるので、「職務」の違いだけを強調して差別を正当化することも問題になることにも留意する必要があります。

　　従業員間に差別待遇についての不満が高まるのは就業意欲の点でも避けるべきことであり、常に差別の合理性の検討と見直し作業を行うことや、利益調整のための誠実な話し合い・取り組みが必要です。

(2) 正社員と非正規社員の機能の確認

　①　正社員の機能の再確認をした上で少子高齢化社会の厳しい人材不足に備える必要があります。

　②　非正規社員の機能の見直しも必要です。近時はITやロボットによる高

36　有期労働契約の内容が労働契約法20条に違反した場合の法的効果の問題（直律的効力の有無の問題）については、最高裁判決は否定説であり、不法行為として過去3年分の損害賠償義務を負うことになります。

度技術の発展と企業間競争激化・コスト競争により、かえって人間の担当する技能の単純化の問題が発生し、それを正社員にさせるのはコストの面で問題があるとの考えも生じてきています。この面での非正規社員の増加は、技術の高度化、グローバル資本主義経済の進展から避けられない問題であり、単に企業の労働者抑圧、搾取という批判をするだけでは解決できない問題であって、労使が協力して取り組まなければならない難しい問題です。

(3) 格差解消への取組みのヒント

① 労働生産性向上のための経営努力

　ア　非正規社員の技能向上により企業内の生産性を上げない限り格差解消のための経営的基盤ができないので、各社で労働生産性向上のための経営努力をすることが必要です。

　イ　非正規社員の合理化を論じると同時に正社員の合理化・効率化を図ることにより、経営を高度化・効率化し、格差問題に対応できる経営基盤づくりを図ることができます。

　ウ　進展する高度技術化の問題については、AI（人工知能）や機械と協同して生産性向上と経営改善につなげるように、戦力化のための能力開発（教育訓練と徹底した指導）が必要です。この点、特別の学歴や経験に関係なく全ての人間が企業の指導により経営に役立ち、仕事に見合う適正な処遇を得ることが理想です。

② 適正評価と評価制度

　ア　特に社員の立場（モティベーションの観点）から考えれば、格差があることを十分に説明し、従業員に納得して働いてもらうこと、そしてその格差は従業員の努力により解消又は縮小が可能であること（正社員登用を含む）など、将来的に希望を持って働いてもらいたいこと、それを企業は支援することについても十分に説明する必要があります。もし、合理的な説明ができないのであれば、今後必ず問題となる制度であるので早急に見直しが必要となります。この場合には自社で知恵が出ないのであるなら、適切な助言指導をしてくれる外部の専門家を探す必要があります。

　イ　現在評価問題についても手続的正義（公正）論が有力になっていますし、「手続」面については企業の努力により実践は比較的（実体面に比

べて）容易ですから、上記の格差の説明は重要なことです。

ウ　高度に技術化した現代社会に対応するため、正社員についても働き方の合理化を推し進め、能力向上を図ることが必要です。

おかざきたかひこ（大阪・弁護士）

藤堂高虎
戦国武将の経営と労務管理（人間関係論）
〜家康晩年の腹心・藤堂高虎

駒 村 和 久

人物像	戦国末期の激動の時代を、己の才覚を駆使しながらしたたかに生き抜いた高虎。浅井長政の下で初陣を飾り、その後阿閉貞征、羽柴秀長、豊臣秀吉と次々と主君を替え、関ヶ原の戦いでは家康に属し、ついに伊勢・伊賀22万石の主となった。後に豊臣恩顧の外様大名でありながら家康から親藩以上の厚遇を受け32万石となる。築城技術に長け、宇和島城・今治城・篠山城・津城・伊賀上野城・膳所城・二条城などを築城し加藤清正とともに名人として知られています。

1 高虎遺訓

「藩士たるものは、朝起きたらその日が死番と心得るべし」とするのが『高虎遺訓』です。

毎日を今日こそ死ぬ日だとの覚悟を持って生きよと、家臣に言い切る高虎の言葉は、実は高虎自身が日々自分自身に言い聞かせてきた言葉でした。

2 家臣への対応

高虎はもともと苦労人であり、人生の酸いも甘いも知りつくしていたので、武士の人生は死番といいながら、人情に厚かったといいます。高虎は家臣に「自分がいやになったら、他へ仕えてもよい。そこがいやになったら元の禄で召し抱えてやる。」といい、実際に戻ってきた家臣にはそうしました。高虎は「家臣を使うのに禄だけでは人は心服しない。禄をもらって当然と思っているからだ。人に情けをかけなければいけない。そうすれば意気に感じて、命を捨てて恩に報いようとするものだ。情けをもって接しなければ、禄を無駄に捨てているようなものである」と語ったといいます。

3 高虎の人材観

高虎が伏見の屋敷にいたころ、放埒な家臣が5人出ました。5人の内2人は、京の遊里に通いつづけ、ついに家財まで手放してしまい、あとの3人は、ばくちが好きで、これも家財武具まで売ってしまいました。これに対し、高虎は即座に処分を決定しました。

遊里におぼれた2人は放逐、それも屋敷の裏門から突き出し、阿呆払いの処分。ところが、ばくち好きの3人は、「家禄を3分の2に減じ、以後改心せよ」という軽い処分でした。その理由を高虎は次のように言ったとのことです。

「色におぼれて女に欺かれ、家財を失うような男はなんの取り柄もなく、智も勇もない。扶持するには無駄である。しかしながらばくちは別である。もとより、ばくちは好ましくないことだが、ばくちをうつ者には生気もあり活力もあり、とにかくにも人に勝とうとする利心もある。つまり利を知る者だ。使うべき余地がある」。許された3人は意気を感じ、その後戦いで藤堂家のために獅子奮迅の働きをしたといいます。

4 公私の分別（加藤嘉明との対立と和解）

陸奥会津藩主の蒲生氏が嗣子無く改易されたとき、徳川秀忠は高虎に東北要衝の地である会津を守護させようとしました。しかし高虎は「私は老齢で遠方の守りなどとてもできませぬ」と辞退しました。秀忠は「では和泉（高虎）は誰がよいと思うか？」と質問する「伊予の加藤侍従（嘉明）殿です」と答えた。秀忠は「そちは侍従と不仲だったのではなかったか？」と訊ねました。しかし高虎は「遺恨は私事でございます。国家の大事に私事など無用。捨てなければなりませぬ」と答えました。秀忠は感激して、伊予松山城主20万石の加藤嘉明を会津40万石に転付させました。後でこのことを知った加藤嘉明は、赴任の途中、わざわざ高虎のところへやってきて、永年にわたる高虎に対する不遜を詫び、「高虎殿こそ、真の武人大将でござる。わが家の栄誉は、すべて高虎殿のおかげでござる。末代まで忘れはいたさぬ」と礼をいい、この結果、加藤家は禄高では上位になったが、常に藤堂家の下位につくように心がけていたとのことです。

5 処世術か？ 謙虚さか？

家康の晩年、外様大名のとりつぶしや国替えが取り沙汰されはじめたころ、駿

府の家康のもとに高虎がやってきました。老中の土井利勝に会い、「それがしも老い朽ちる年齢になり申した。ところが嫡子大学頭（実子高次）はどうみても不肖の子でござる。あれでは国を保てませぬゆえ、それがしの死後は、速やかに国替えを仰せつけられまするように」と申し出ました。

　利勝は、間の障子を少し開き、身をにじり入れて家康に、「お聞き遊ばされたと存じまするが、和泉どの（高虎）がこのように申しまする」と言上すると、家康は微笑し、「聞こえた、こちらへ入れと申せ」と言い、高虎の顔を見ると、「たとえそちが死んでも、そちが多年てなずけた家老に人が多い。大学頭不肖といえども、国をたもてぬことはあるまい。永世に伊勢・伊賀32万石は藤堂家のものぞ」といいました。

　これは、あくまで高虎が「へつらい」（処世術）との見方によるものですが、本当に高虎が不肖の子に領国を継がせないと考えて申し出たことではないでしょうか。家康に国替えを申し出てもそのまま藤堂家が領国支配を許されるものと信じていたものと思いますが、一度辞退する謙虚さこそが家康のそして幕府のさらなる信頼を勝ち取れることになると確信していたものと思います。万一、結果として国替えとなっても取り潰されない限り、割り切って新天地に赴く覚悟も有していた。—それが高虎の戦国武将としての生き方であると思います。

　そんな高虎も死ぬ直前に目が見えなくなったとき、心配した秀忠が江戸城内の曲がった廊下をまっすぐにして、高虎のところに使いをよこしました。「目がご不自由なよし、曲がった廊下をまっすぐにした。もしまだ、秀忠に教えることがあるとお思いなら、どうか気楽に江戸城へきていただきたい。たとえ目が不自由でも、廊下に躓かずまっすぐ私の部屋に来られるはずだ」これを聞いた高虎は感涙に咽びました。側近が「殿への信頼は格別です。なにゆえでしょう？」高虎は「別にたいしたことはしておらぬ。ただ今まで、わしは誰よりも早く城へあがり誰よりも遅く城から下がった。そのへんを秀忠様が評価なさっているのであろう」謙虚な高虎の言葉に側近は深く感じ言ったといいます。

こまむらかずひさ（兵庫・社会保険労務士）

参考文献　徳永真一郎著　藤堂高虎　PHP文庫
　　　　　童門冬二著　戦国名将一日一言　PHP文庫
　　　　　楠戸義昭著　戦国武将名言録　PHP文庫

徳川家康
戦国武将の経営と労務管理（人間関係論）
～石橋を叩いて未だ渡らず忍耐の人

駒　村　和　久

1　戦場一番槍より直諫する者が勇者である

　思い切っての言は大剛大忠の者なり―

　思い切っての言は「主人の気に入らないことを面を冒していう直言、諫言」のことです。家康は、合戦で一番槍の軍功を立てた者よりも、主君を諫める者の方が、その功績ははるかに上だと言い切っています。

　家康の遺訓をまとめた二代将軍秀忠の使い番であった井上主計頭が聞き書きした口述によりますと、家康が三河岡崎城にいたころ、庭の池にいれていた大鯉三尾の内一尾がいなくなりました。庭番にわけを問うと、「鈴木久三郎殿が見えて、『この鯉は拙者が殿から貰った。信長公からおくられてきた酒も拙者にくだされたから皆飲め』といって、台所にあった樽を抜き、鯉を肴に一同へ振る舞われました。あれはうそでしたか？」という返事でした。怒った家康が鈴木を庭に呼び出し広縁から長刀で手討ちにしようとすると、どこからでもお打ちなされませと大小を投げ棄てて庭に座った鈴木は、「念のため申し上げますが、そもそも人の命と魚鳥の命と代えてよろしゅうござるか？そんなお心で天下に望みがかなうものと殿はお考えでござるなら、どうぞ存分に成敗なされませ」と開きなおりました。数日前、禁漁区の鳥をこっそり捕った足軽と、城の濠に網を入れた足軽を入牢させたのを諫言しているのだな、と悟った家康は長刀を鞘に納めて、「久三郎よくぞ申した、足軽は放す」鈴木に礼を言ったといいます。以後、家康は本多作左衛門を始め家臣の諫言にもよく耳を傾けました。このあたりは名君といわれるゆえんでしょう。

　浜松時代のことですが、側近中の側近である本多正信との間に、次のような逸

話が伝わります。正信が同席した、家康の前で、ある家臣が懐から書を取り出して「かねてよりお諫めしたいと思っていたことを文書にしました」といって読みました。家康はおおいに喜んで、うなずきながら聞き「汝の志に感心した。これからも心おきなく告げよ」と言いました。傍で聞いていた正信が「只今の諫言に、用うるに足るものはありません」と話すと、家康は「そうではない、己の過ちは知らぬ間に過ぎるものだ。国を領し、人を治める身には、過ちを告げ知らしめてくれる者は少ない。へつらうものが多く。違うと意見するものはおらぬのだ。用いる用いないは別として、彼の者の忠なる心が嬉しい」と言いました。正信は嬉し涙を流しながら、この話を嫡男正純に伝えました。

　また、家康が天下をとった後の京都二条城でのことですが、所司代の板倉勝重が、最近落書が多いので犯人の捜査をすると報告しました。家康は「放っておけ、落書を禁じるな。どんなことが書いてあるか見たい。予のためになるものもある」といって取り締まりを許さなかったといいます。

2　人生の三度の転機

　徳川家康は人間には三度の転機が訪れるといいます。その最初は青春時代で、人を作るのは」友達であるとします。家康が節目とする17歳の時はまだ今川義元の人質でした。初陣を果たして、武将としての優れた素質を示しました。信長が義元を討ち、家康は今川氏の人質から解放され、独立することができました。30歳の時分には慢心が生じ、老巧の者を何とも思わなくなるというのは家康の実感でありましょう。武田信玄の上洛戦の際、若さくる慢心から家康は三方ヶ原に討って出て老獪な信玄の術中にはまって敗北します。城に帰って、自らを戒めるため、哀れな時分の姿を絵に描かせ、二度と同じ失敗をしないことを誓いました。物事に退屈し、不平・不満の40歳、家康は領国内を固めることに専念しました。その翌年に家康の堺見物の最中に、本能寺の変が起きました。伊賀越えして岡崎にたどり着きましたが、生命の危険を何とか切り抜ける逃避行でした。生涯最大の危機でした。これら三つの節目は家康を大きく成長させたのです。

3　嫡男信康の切腹命令〜家康の決断

　信長の後ろ盾を得て勢力の拡大を成し遂げた家康ですが、同盟の転機となる不幸な出来事が起こります。そもそも織田家との同盟は対等なものではありませんでした。ある時家康嫡男信康と正室築山御前が武田家と内通しているとの嫌疑を

かけられました。この時、酒井忠次が安土に呼び出され信長に信康の行状について詰問されますが、忠次は信康の弁明を十分にすることができなかったために、信長から信康と築山御前の処刑を命じられました。史実では家康は泣く泣くその命令に従うのです。強大な信長の命令を拒否し織田家との同盟を破棄して、信康とともに織田家と戦うか、命令に従うかでこの時家康は苦悩します。結果として嫡男信康を切腹させるのですが、もし、家康がこの切腹命令を拒否して織田家と決別していたら歴史はどう展開していたでしょうか？まず武田勝頼と同盟することで武田家は勢力を盛り返すことになります。そうなると、尾張と三河の境界に緊張が走ります。信長は東に徳川武田連合軍、西に毛利と強敵を二方面に抱えることになります。そうなっていれば、天下の趨勢は一時的には不安定化することになります。このような展開は信長が望むとは思えません。酒井忠次が、自らの命を引き換えにする覚悟をもって信康を守るための弁明をしていれば築山御前のみの処刑で、信康は蟄居謹慎処分となっていた可能性が高いです。築山御前は何かと今川義元の姪であることを鼻にかけていました。義元死後、夫家康が織田家と同盟関係となったことを不満に思っていました。そのため、実質的な夫婦関係は破綻していたようです。そうだとすれば築山御前がわが子信康を守るために、自らが犠牲になることを受け入れたでしょう。後日談として、家康が関東入部後家臣団の論功行賞の際、徳川四天王と呼ばれた中で酒井忠次の子家次のみが３万石、井伊直政12万石、本多忠勝と榊原康政が10万石と決まった時、忠次が苦言を家康に言いました。家康は「おまえも子は可愛いのか」と言うと、忠次はだまって引き下がったとあります。

こまむらかずひさ（兵庫・社会保険労務士）

参考文献　海音寺潮五郎著　武将列伝徳川家康　文藝春秋
　　　　　童門冬二著　戦国名将一日一言　PHP文庫
　　　　　楠戸義昭著　戦国武将名言録　PHP文庫

豊臣秀吉
戦国武将の経営と労務管理（人間関係論）
〜心優しい応用の天才

駒 村 和 久

1 配下をその気にさせる人情味

　信長が公平で冷静な観察眼で部下を見抜き、できる部下には次々と仕事を与える剛腕型のトップでしたが、秀吉は最初から心を開いて手の内をさらして、ふところに飛び込んでいくと、秀吉に従うものが喜んで肩入れしているという不思議な魅力をもっていました。秀吉は部下の心を強くつかみ、自身の持つ愛嬌と情がキーポイントでした。

　秀吉は鶴が好きでした。ある日、飼っていた鶴が番人の隙をついて逃げ出しました。番人は真っ青になり処罰されるに違いないとすぐに秀吉に報告しました。秀吉は「鶴は日本国内にいよう。ならばわしの庭にいるのも同じことだ。気にするな」そういって番人を処罰しませんでした。番人は秀吉の器量の大きさに感嘆したといいます。

　秀吉が次々と大きな仕事に挑むときどうして部下がついていくのか、その鍵は人望です。

　そういう労務管理をモットーとしたため非常に部下の信用が高いのです。秀吉の才覚はやはり特別な個性であるといえます。そのような秀吉であるので、主人信長の望むところを読み、命令される前に何を望んでいるかということを察して、いち早くやりきることができた、信長にも気に入られる才覚が秀吉の出世の最大の要因であったといえます。秀吉が配下の者に人望の厚い男であったのは、もって生まれた性格に加え最下層の出身であるがゆえに、下々の人々の気質を理解してかれらを大切にできたからでしょう。川波の土豪であった蜂須賀小六とその配下の人々はそんな秀吉を盛り立ててくれます。墨俣築城の大仕事のときに、

一体の土豪を織田方になびかせるために秀吉は命がけで臨みました。一時は捕虜になり殺されそうになりましたが、体をはった説得で土豪の心をとらえ織田方になびかせたのです。その時信長は土豪たちを殺せというのですが、いったん味方についた土豪を秀吉は信長に命掛けで殺さないでくださいと懇願しました。こうした真剣で誠実な男気が敵味方に信用されました。調略家の秀吉の誕生です。

2 人たらし秀吉

秀吉は腹を割って他人の懐に飛び込める特殊な才能がありました。それは本音と建前の使い分けを相手に打ち分けてしまうのです。

天正12（1584）年小牧・長久手の戦いの後、中々上洛しない家康がようやく大坂城で謁見することになった前夜、秀吉は宿舎に家康を訪ねました。「徳川殿、ようおいでくだされた。この秀吉礼を申しますぞ。そこで家康殿一つ頼みがある。明日諸侯列座の大坂城謁見の場面では、この秀吉貴公の前で尊大に振る舞う。そしてわしの陣羽織を欲しいと言ってくださらぬか。お願い申し上げる。」秀吉は家康に本音と建前を打ち分けて、翌日の儀式を成功させました。このような人心収攬術は秀吉の専売特許でした。他の誰もが照れくさくてできないことを平然とやってのけ、しかも憎めない天性の明るさこそ「人たらし」秀吉の特性でした。

3 太っ腹で部下を心服させる天才

秀吉は織田家中にて信長に対して恐怖心をいだかなかった唯一の家臣でした。信長に怒鳴りつけられても、ちっとも悪びれずに平気で怒られます。信長を尊敬し、こわがってはいましたが、いつもニコニコと信長の前に進みでてかわす術がうまかったのです。

秀吉は信長から猿と呼ばれていましたが、世間でそういう噂が立つと、笑って言いました。「俺が猿に似ているのではない。猿の方が俺に似ているのだ」皆は、当意即妙の秀吉のユーモアに感嘆したといわれています。

そんな秀吉は、弱者とか、能力のあまりない者にも希望を持たせる上司でもありました。どんな組織でも2・6・2の原則があるといわれています。2割が優秀で6割が並で2割がぶら下がり組。信長は上の2割のみを酷使し目いっぱい使いこなしましたが、秀吉は、大部分の6割の部下に、自分もちゃんと努力すれば、出世できるのだと夢と希望をと与えました。そして弱者や底辺の者にもやさしかったのです。現代の会社でいうところのレクリエーションで下の者を楽しませ

ることが好きだったのです。こういった人心収攬術は天下一でありました。また先輩にたいする配慮も忘れませんでした。信長から柴田勝家、丹羽長秀両先輩を差し置いて、先に城持ち（長浜城）となった際、羽柴秀吉などという両先輩から一文字づつ頂戴した改名をして先輩の自尊心をくすぐりました。

人の持つ嫉妬心の根深さを知り尽くしている秀吉ならではの処世術でしょう。

4　人使いのうまさ

秀吉は、川並衆の蜂須賀小六のような特殊技術集団を使うのも秀でていました。また格上の竹中半兵衛に対して三顧の礼で家臣に迎える際にも、その本質がうかがえます。秀吉は他人の才能に嫉妬しません。特に天下人になる前の秀吉は、自分にない才能のところには頭を下げて自分から頼みに行きました。「私を助けてください。」正直に自分の弱みを出しました。竹中半兵衛は言いました。「信長公の家来にはなる気はありません。しかし、秀吉様の家来には喜んでなります。」信長という人が参謀を必要としない人物であると、あるいは使いこなせないだろうと見抜いていたといわれています。

秀吉はいったん自分の家臣になった者でも、がんじがらめにしばりませんでした。「ここがいやになって、他に行きたいたいときはいつでもやめてよい。また転職先が思ったほどでもなく、もう一度戻りたいと思ったら、いつでも遠慮なく戻って来い。昔と同じ給料を出そう」そういうと、本気で転職していく者もいました。しかし、思うほどでなく条件も違えられ、おずおずと、「戻りたいのですが、」というと、秀吉は「すぐ、戻れ」と言いました。そして、戻ってきた者には約束どおり、昔与えていた給料を減額せず与えました。このあたり、秀吉の器量の大きさを物語ります。秀吉は若い時から放浪して苦労を重ねたので、相手の身になって、職場を選ぶ気持ちをよくわかっていました。このあたりの人心収攬の高さも秀吉の才覚の一つです。

こまむらかずひさ（兵庫・社会保険労務士）

参考文献　津本陽　江坂彰著　信長秀吉家康　勝者の条件　敗者の条件　講談社
　　　　　海音寺潮五郎著　武将列伝豊臣秀吉　文藝春秋
　　　　　童門冬二著　戦国名将一日一言　PHP文庫
　　　　　楠田義昭著　戦国武将名言録　PHP文庫

トラブル防止・文書作成

岡　本　勝　人

　労使間のトラブルが近年増加しています。これは働く側に権利者意識を持った方々が増えたことと、スマホ等の普及により、自身の労働条件について簡単に調べることができるようになったことが背景にあるように思います。労使間のトラブルの原因は多岐にわたりますが、ここでは中小企業の労務管理を担当してきた社会保険労務士として、しっかりとした労務管理担当部署のない中小企業の事業者様が、労使トラブル予防のため、最低限作成しておきたい文書について述べさせていただきます。

1　雇用契約書等について

　中小企業の事業者様には、労働者雇用時に雇用契約書や労働条件通知書等の書面を作成されていないケースがよく見受けられます。書面がないからといって労働契約が成立していないというわけではありませんが、後になって「言った」「言わない」のトラブルにならないよう、雇用契約書等を作成し、労働条件について使用者側と労働者側で共通認識を持つことが必要です。労働基準法及び施行規則にて採用時に文書で明示しなければならない労働条件が定められています。それらを網羅した労働条件通知書のモデルが厚生労働省のホームページからダウンロードできますので参考にしてください。

　雇用契約書等の作成時には、①転勤・職種変更の可能性、②試用期間と本採用になる条件、の主に2点に注意して作成しています。

　①については、過去の例として、営業職で雇用した正社員の営業成績が上がらず、顧客からの評価も芳しくなかったため、製造部門に異動を命じた時にちょっとしたトラブルになったことがあります。労働者側は「営業職」という職種限定

188

での雇い入れで、職種変更の可能性について聞いていないという認識でした。この相談を受けた事業所様は雇用契約書を作成されておりましたが、残念ながら職種変更の可能性の記載がなく、また就業規則の周知も十分とは言えない状況でした。この案件は数回の話し合いで説得して解決できましたが、これは事前のちょっとした準備で回避できるトラブルであり、職種や勤務地が「限定」ととらえられないよう、職種や勤務地の変更の可能性がある場合は、雇用契約書等にその旨をしっかりと記載してください。

　②については、試用期間満了時に本採用を拒否せざるを得ない場合に、トラブルとならないよう、最低限として雇用契約書等に

> 入社後○箇月間は試用期間とし、会社はその間、本人の人柄、知識、技能、勤務態度、健康状態、職務への適正など従業員としての適格性の審査を行い、従業員として不適格と認められた者は、採用を取り消し、本採用を行わない。

と記載していますが、本採用を拒否する場合に、どのような場合が「従業員として不適格」なのか、雇用契約書等と別に本採用とならない具体的な内容を箇条書きにした別紙を作成し、その文書にも労働者の署名押印をいただくようにしています。その文書の記載内容は「遅刻、早退、欠勤が複数回ある場合」といった具体的な判断材料を各々の事業所様と相談し、「どのような場合に本採用としないのか」を洗い出し、その文書に署名押印いただくことで、労働者との共通認識となるよう心がけています。試用期間満了時の本採用拒否は、本採用後の解雇に比べて、一般的に解雇のハードルが低いとされていますが、解雇であることは変わりなく、いざという時にトラブルとならないよう、事前の準備を行いましょう。

2　解雇に至るまでの教育・指導について

　労使間のトラブルで一番多く経験してきたのは、やはり労働者を解雇した場合のトラブルです。解雇は労働者にとって死刑判決といわれるもので、当然解雇権の行使は慎重に行う必要があります。しかし、勤務地・職種が一つしかない等、配置転換等で対応できない中小企業の事業者様にとっては、解雇せざるを得ない状況になることも十分考えられます。

　労働者に解雇を通知した場合に「私は今まで頑張ってきました」という言葉を耳にすることがあります。そこで感じるのは、解雇せざるを得ないとする使用者の評価と、頑張ってきたとする労働者の自己評価のギャップであり、このギャッ

プが大きいほどトラブルになる可能性が大きいのではないでしょうか。このような使用者の評価が労働者に伝わっていないケースが多々見受けられるため、解雇を検討する前に、まずそのギャップを埋める作業を行う必要があると考えます。

　そのギャップを埋めるためにまず必要なことが労働者に対する教育・指導です。使用者側が期待していること、労働者に不足していることをしっかりと教育・指導しなければなりませんが、中小企業の事業者様にはこの部分が一番不足しているように感じます。最初は口頭で教育・指導を繰り返し行いますが、それでも改善しない場合はいよいよ文書での指導となります。

　私が作成する場合は、「勤務について」といったような表題で指導・改善内容を箇条書きにした文書を作成し、一番下に労働者に署名押印いただき、それぞれ1部ずつ保管します。口頭での教育・指導は聞き流していた労働者も、文書による指導になるとさすがに「まずい」と思い、少しずつ業務が改善され解雇が回避できる場合もあります。しかしながら、この文書指導を数回繰り返しても改善されない場合に、解雇を検討することとなります。

　この文書指導はギャップを埋めてトラブルを予防するだけでなく、解雇が労使間トラブルに発展した場合にも、使用者として「これだけ指導したのに改善しなかった」ことを証明する客観的な証拠資料となりますので、大変有効性のあるものと考えます。ぜひ参考にしていただければ幸いです。

　　　　　　　　　　　　　おかもとまさと（京都・社会保険労務士）

内定辞退率
～AIと労務管理

岡﨑　隆彦

1　AIと労務管理

(1)　近時は「AI」（人口知能）の労務管理における活用も議論されています（「労務事情」1354号6頁以下の特集の座談会「AIの活用と今後の労務管理上の課題」［以下、「座談会」］）。座談会で論じられた論点について、人事労務領域でのAIの実際の活用例について（図表）にまとめておきます。今後急速に普及していくと思われますので、問題点に留意しながら活用を図るべきです。

(2)　新卒採用について、内定辞退率について利用したこと[37]が問題となったのが、リクナビ事件です。これには個人情報提供について同意を得るという基本的な手続を怠った初歩的ミスがあります。この点、内定辞退するような人かどうかは面接での質問で見抜けるはずという総務部長もおられるので、何でもAIに頼るという姿勢も問題ですし、内定辞退される原因を分析し改善することに力を注ぐべきでしょう。

2　AIの雇用への影響

(1)　膨大なデータを何らかの基準で解析し、抽出しようという仕事は確実にAIに代替されるので、それに従事している人の仕事が減っていきますが、

---

[37]　例えば、「内定辞退者のエントリーシートには、志望動機として「社会貢献したい」といった漠然としたことが書かれている。入社後も優秀な人材は、「この会社でこういうことをやりたい」と具体的に書いてあることが多く、明らかに差がある」ということが言われています。

AIは決断できません。人間は、人間しかできない仕事に移行していくことになります。

(2)　これからは単純な分析など、ファクトに基づく作業はAIが担い、人間にはファクトの裏にある背景や、概念を整理、想像、推測、分析する能力、さらには他者との協力、理解、説得、ネゴシェーションを含めたマネジメントの能力が求められる、その方向に働き方を変えなければならないでしょう。

(3)　AIの活用により、労働者のワーク・ライフ・バランスを可能にする、多様な働き方が実現できるようになります。AIを使って労働者を成長させ、雇用のマッチングを図り、新しい分野に労働者を適切に配置させる必要がある等が考えられています。また、介護や育児分野でのAIの導入により、男女を問わず社会復帰が早まったり、早期退職を避けられるプラスの効果が期待できますし、介護や育児にかかわる仕事は、人手不足になりやすいので、AIによる雇用代替は望ましいと考えられます。また、自社が求める人材像を記述化して、評価基準を定量化・数値化する、逆に定量化・数値化できないところは何かも明確にする作業が不可欠になり、どのファクターにどう配点するかという部分に、自社の哲学が反映され、それは社会にむけての自社のアピールにつながると考えられています。

（図表）人事労務領域でのAIの活用例

分野	目的	評価データ	教師データ	留意点
①採用	新卒採用選考に活用する	エントリーシート	優秀な人材、内定辞退者、早退離職者等の採用時のエントリーシート	エントリーシートをすべてAIに読み込ませる。そして、複数の「軸」による教師データによって、スクリーニングを行う。
	中途採用時の適性マッチングに活用する	応募者の職務経歴書や記述式ワークへの回答	中途入社で活躍している人材、活躍できなかった人材の選考時の回答、ならびに仕事の進め方など	まず書類選考で、AIが職務経歴書を読み取り、活躍可能性を点数化する。そして一次面接の前に、記述式ワークに回答してもらい、AIが採点する。
②昇進・昇給選考時の論文評価	管理職登用試験の論文審査に活用する	候補者が書いた論文	管理職として活躍している人材、活躍できていない人材の登用試験時の論文など	教師データについては、「会社を変革する力があるか」「広い視野があるか」など、複数の評価軸を学ばせる。5軸あれば、1つの論文を5つの観点からアセスメントする。
③360度評価の適性コメントによる人事評価	管理職層に対する360度評価に活用する	360度評価における本人へのフリーコメント（主として、部下が記入したコメント）	他者評価や総合評価の高い人に対するフリーコメント	他者評価の項目ごとの得点を計算しても、どうしても中心化傾向が出てしまうなかで、フリーコメントに含まれた評価要素を、AIで読み取ることにした。
④異動候補者の選定	異動候補者を選定の際に、様々な定性データを解析するためにAIを活用する	人事評価の上司コメント	当該部署のハイパフォーマーのコメント	上司・本人のコメント、育成計画、研修受講報告など、多様な文字情報をAIが得点化し、組織・個人双方のニーズに即した異動を目指す。

⑤現場マネジメント支援	育成経験に乏しい管理職のためのFAQシステムにAIを活用する	—	—	管理職同士の部下育成等に関するQ&Aシステムにデータを蓄積し、新規の質問について、AIが同様の質問と答えを抽出する。いわば、現場で伴走するコンシェルジュを作成して、現場を支援できるようにしようという試みである。
⑥退職の予兆の検知	早期離職者が多い企業の人事部による社員との面談記録から、AIが離職可能性の高い社員を抽出して早期にフォローする。	面談記録	過去の早期離職者の面談記録	人間が気づかないような退職の予兆をAIが見つけ出すことで、早期に検知し、早めに手を打つことが可能になる。たとえば、面談記録に「不安」「辞めたい」といったコメントが含まれていなくても、退職を考えている社員を、AIはかなりの確率で見つけ出すことができる。
⑦メールからのハラスメント検知	従業員のメール解析にAIを活用し、ハラスメントの兆候を早期に捉えようとするもの	（チェックしようとする）従業員のメール	過去にハラスメントの疑いがあったメール	夜間に自動的にバッチ処理で解析し、「ハラスメントの危険性がある」というものを抽出する。今後はメールだけではなく、おそらく音声も対象になる。たとえば、コミュニケーションロボットが管理職の席に置いてあって、管理職の言動を、音声や動画でモニタリングするといった時代も来るだろう。（メンタルヘルス不調者を早期発見するということも、技術的には可能である）

おかざきたかひこ（大阪・弁護士）

200年続く企業になるための労務管理

石　脇　智　広

1　石光商事について

　石光商事[38]は1906年に設立された食の専門商社です。創業以来取り組んで来たコーヒーなど飲料輸入のビジネス、現在売上を支えている食品輸入のビジネス、そして今後の成長が期待される飲料や食品の輸出のビジネスを3本柱としています。

　経営理念「ともに考え　ともに働き　ともに栄えよう」の下、3部門がそれぞれにミッションを掲げ、日々の業務に取り組んでいます。

・コーヒー・飲料事業　私たちはコーヒーや紅茶の輸入、加工、販売を通じて消費する側の「1杯の幸せ」をつくります。また、作物の特性上、発展途上国との関わりが深く、長期間にわたるパートナーシップの構築により、生産する側の雇用確保、技術向上に貢献します。

・食品事業　日本国内外で開発する業務用食材の販売により「食の豊かさ」を支えます。改良を重ねてきた数々のロングセラー商品に加え、共働き世帯に役立つ食材、歳を重ねてもいつまでもおいしく食べられる食材、自然災害による価格高騰から食卓を守るための食材など世の中のニーズを踏まえた商品の開発も進めています。

・海外事業　日本国内と海外子会社を拠点として、世界の人々に日本の食文化を届け、技術を伝えます。かつて私たちが日本に広めたコーヒーは、今や日常生活になくてはならない存在になりました。同じ可能性を信じて、誇るべき日本の食

38　http://www.ishimitsu.co.jp

材を世界に発信し続けます。

2　当社にとっての労務管理

2016年に社長に就任するにあたって、任期中のテーマを「200年企業の基礎づくり」としました。その中の主要な取り組みの1つが人材の人財化です。高い志と専門性を持った社員が安心して長く楽しく働ける会社にしようと決めました。そのために教育を強化するとともに、社員1人ひとりのライフステージに寄り添う会社の疑似大家族化を進めました。現在の当社にとって、労務管理にかかる手間暇や費用は削減対象とすべき経費ではなく、投資ともいえる位置付けになっています。

3　取り組み事例

これまでに200名程度の社員全員を対象とした面談を2回おこないました。その中で把握した社員の要望と行政の方針に基づいて制度設計を進めてきました。いくつか事例を紹介したいと思います。

⑴　フレックスタイム制導入　社員からの要望が一番多かったのがこれでした。コアタイムを短くすると会社として管理できる時間が短くなってしまう、長くしてしまうと自由度が低下してしまう、このバランスをどこでとるか？非常に難しい問題で、導入には反対する声も少なからずありました。しかし、社員のライフステージに寄り添うためには不可欠と考え、コアタイム実質2時間で運用しています。「業務に支障が出たら制度を廃止します」、社員に出した条件はそれだけですが、自由を享受するために社員が自主的に話し合い、全く問題なく運用できています。定期的に従業員満足度調査をおこなっていますが、これを機に一気に会社に対する満足度とロイヤルティが上がりました。

⑵　育児・介護・闘病支援　会社に来なくても働けるようにテレワークできる体制を整えました。その他、子どもが増えるにつれて家族手当を増額したり、有給休暇が足りなくなった場合に年間15日を上限に追加付与したり、希望者は全員自己負担なしに人間ドックを受けられるようにしたりもしました。また、全社員を集めて介護教育をおこなったり、社員1人ひとりについて、いつ突然長期休業になっても業務がまわるように対応シナリオをつくったりもしました。今のところ、育児、介護、闘病を理由に退職した社員はいません。

⑶　定年延長　これまで60歳定年で嘱託社員として最大５年間の延長をおこ
なってきましたが、定年を65歳に変更し、70歳まで働いてもらえるようにし
ました。会社勤めが終わると男性が社会から孤立してしまう社会問題を鑑
み、嘱託社員には最低週に一度のボランティア活動をお願いしています。

⑷　働き方改革　まずは残業時間のカウントを１分単位に変更した上で月20時
間以内を目標に取り組み、ほとんどの部署でそれをクリアしました。ただ、
残業しないことが目的化したり、やるべきことをやらずに帰ってしまうこと
が散見されるようになったりと、問題点も出て来ました。そこで今後は１人
ひとりの意思に委ねようと考えています。定時で切り上げて家事や自己研鑽
をがんばるのもあり、とことん仕事に向き合うのもありにします。大切なの
は目的意識だと思います。

4　おわりに

今後のテーマは健康経営です。メンタル面も含めて社員がいつまでも健やかで
いられるよう取り組みを進めていく予定です。ありがたいことに最近HRテック
の進化が著しく、ツールを活用しながらよりよい会社をつくっていきたいと思い
ます。当社の取り組みが何かの参考になれば幸いです。

いしわきともひろ（兵庫・石光商事株式会社　代表取締役社長）

認知症カフェ

北 村 拓 人

1　認知症カフェとは

「認知症カフェ」とは認知症の人や、その家族、医療や介護の専門職、地域の人などが気軽に参加し、交流や相談をすることができる「集いの場」です。公的な制度に基づくものではなく、別記「用語解説」にあるとおり自治体任せで、且つ積極的に動いている市でも予算も乏しいので、ボランティア的に事業所ががんばっているのが通常です。当社も大津市の協力の下に3年前から取り組んでいるので、その一部をご紹介します。

2　当社の取り組み

当社は認知症カフェを3年間運営しています（全体については当社のホームページをご参照）。そのうち2019年度の全10回の取り組みを図表に紹介しておきます。

3　事業所の感想と今後の議題

(1)　感想と工夫した点

開催3年目を迎え、今年度は参加者のリクエストに沿ったテーマを取り上げています。中でも、地域の駐在所のおまわりさんにお願いしている身近な犯罪への予防と対策の回は毎年好評です。

地域のボランティア活動をされている方々や、病院の看護師さんなどとの時間をもつことで、認知症の当事者の方やその家族の方々の思いを参加者の皆で支え合っていける場となり安心した暮らしにつながることを目指してい

（図表）2019年度カフェ・Deグリーン

開催日		内容（場所はグループホーム）（時間はいずれも14時〜16時）
第1回	6月25日（火）	〈型抜き染めを楽しむ〉講師を招いて型抜き染めを体験し作品を完成する。
第2回	7月23日（火）	〈小物を作って脳に刺激を与える〉かわいい小物を作成し、脳に刺激を与える。
第3回	8月27日（火）	〈豊かに暮らすための認知症理解〉講師を招いてゲーム等を通じて認知症についての理解を深める。
第4回	9月24日（火）	〈犯罪被害に合わないために〉講師を招いて最近の特殊詐欺などの犯罪の傾向と予防について講演をしてもらう。
第5回	10月22日（火）	〈ミニコンサート〉ボランティアを招いてミニコンサートを開催する。
第6回	11月26日（火）	〈認知症介護体験談〉講師を招いて認知症介護の体験談を講演してもらい、質疑応答を行う。
第7回	12月24日（火）	〈ハンドベル演奏会〉ハンドベル演奏を実際に演奏して、クリスマスを楽しむ。
第8回	1月28日（火）	〈太極拳を通じて健康づくりをする〉ボランティアを招いて太極拳を用いた健康づくりを体験する。
第9回	2月25日（火）	〈季節ごとに流行する病気について〉講師を招いて季節ごとに流行する病気について講演してもらい質疑応答を行う。
第10回	3月24日（火）	〈こころの健康づくり〉講師を招いてストレス予防について講演してもらい、質疑応答を行う。

ます。

　バラエティに富んだメニューを用意し、興味のある回に参加してもらえるように、またたくさんの地域のつながりをつくることができるようにと思っています。

(2)　従業員の受け止め方について

　年間10回の開催は、忙しい介護職員にとっては負担となることもありますが、自分たちが認知症の方や家族の方、また地域の方々に支えられていることを感じています。認知症介護は介護職員だけでできるものではありません。事業所で認知症カフェを開催するようになって、活動に賛同してくださるご家族や地域の方、講師の方々などのたくさんの力を感じながら、地域全体で認知症になっても暮らし続けられる地域づくりに取り組んでいこうとい

う思いをもつことができるようになりました。

(3) 参考にした事業所と今後の課題

　　たくさんのボランティアの方々や認知症予防についての活動をしておられ
る方々に出会い、勉強させていただいたことで、認知症の人の暮らしを地域
で支えることに可能性を感じています。

　　今後も地域の要望を少しずつでも叶えながら、地域にとってなくてはなら
ない事業所となれるように認知症カフェの運営を続けていきたいと思ってい
ます。

<「認知症カフェ」とは>

厚生労働省が示した「新オレンジプラン」で、設置推進が明記されていた
『認知症カフェ』は、運営に対して介護保険による報酬は無く、助成金の支
給範囲も自治体によってまちまちなため、資金難に陥っているところも少な
くないといわれている。認知症ケア先進国であるイギリスの「メモリーカ
フェ」や、フランスの「MAIA」、オランダの「アルツハイマーカフェ」な
どをモデルとしたものであるが、先進国に比べてスタートが非常に遅かった
だけでなく、政府の無策への批判もなされている。特に『誰が設置し、どの
ようなことを行い、その運営費をどうするか』について、白紙状態である。
要介護認定を受けた認知症患者に対する介護サービスは、各自治体に委ねら
れた「新総合事業」の中で行われるが、同事業と認知症カフェとの関連につ
いても、国は明確に定めておらず、カフェに対する助成のあり方は、自治体
によって大きな開きがある。

きたむらたくと（滋賀・株式会社六匠　代表取締役）

ネットワーク型デジタコ

川　崎　　　渉

1　当社渡辺精工社は、輸送事業者向けにクラウド型デジタコ（運行記録計）をはじめ、各種ICT機器の販売を通じて、安心・安全や環境にやさしい輸送の実現に向けたご支援を行っています。ここではトラックのクラウド活用＝ネットワーク型デジタコだからできること、すなわち「クラウド活用」のメリットについて説明させていただきます。

2　クラウドを活用することは、自社でコンピュータシステムを管理する手間が省けるだけではなく、全国からコンピュータセンターに集まったデータを適正な利用方法（ex. 個人情報の管理徹底、データ活用目的の明確化）によって、社会全体に貢献することができます。

(1)　コンピュータシステムの管理が大幅に削減できること

　　コンピューターを自社で導入すると、コンピューター本体のほか、電源や空調などの付帯設備の整備も必要になります。

　　また、今回のマイクロソフト社の「windows 7 のサービス提供終了」や、法改正対応などソフトウェアの管理・メンテナンスにも配慮する必要がでてきます。

　　クラウドを活用すると、自社では「インターネットにつながるパソコン」を準備さえすれば、システムに関する大部分の作業をクラウド側で管理するので、管理者がメンテナンスを意識するその日から業務を開始でき、専念することが可能になります。

　　以上のとおり、簡単に言うと、クラウド型のデジタコは、インターネットにつながるパソコンをご準備いただければ、1 台からでも使っていただくこ

201

とが可能です。渡辺精工社では「トライアルユース」も実施しています。

(2) 運行状況がリアルタイムに把握できること

　　トラックに搭載されている「ネットワーク型デジタコ」から1秒ごとに送られてくるデータにより、管理者はほぼリアルタイムにトラックの運行状況を把握することが可能になります。これにより、安全・確実な輸送品質を確保することができます。

　　取得可能なデータとして、現在位置、運転速度、運行状況（ex. 出庫・帰庫・休憩・荷待ち・高速…労務管理）、加速度（急ハンドル・急ブレーキなど）、前方車両との距離（ドライブレコーダー搭載時）、庫内温度（センサー搭載時）、アルコールチェック（センサー搭載時）などがあります。

(3) データの適正活用による安心・安全、渋滞改善、環境配慮など社会へ貢献できること

　　クラウドシステムに収集される全国のトラックの運行データを分析することで、トラック事業者はもちろんのこと、多くの市民へ情報を提供することで社会へ貢献します。

① 　急ブレーキ多発地点情報を提供することで、ドライバーへの注意喚起はもちろん道路管理者の改善への提言や市民への情報提供による交通安全への貢献に役立ちます。

② 　エコアンドセーフティー（燃費情報・加減速コントロール情報）を提供することにより、ドライバーの運転技術の向上へ具体的な指導をすることができます。

③ 　そのほか、大阪G20サミット開催時のデータ分析をもとに、今後のイベント時の交通状況を推測して対応策を検討する際に役立てる、また最適な輸送ルートのシミュレーションに活用するなど、全国十数万台のデータを活用することで、よりよい輸送を実現できます。

3　労務管理上の活用ポイント

(1) デジタコの運用を通して作成される運転日報のデータから「改善基準告示」で規定された拘束時間と、労働基準法に則った「残業時間」を自動計算するので、面倒な集計操作が不要です。

　　具体的には、「所定内労働時間」、「法定内所定外労働時間」、「法定外労働時間」、「休日労働時間」、「深夜労働時間」の管理が可能になります。

4 顧客（荷主）対応上のメリット（交渉力強化）

(1) デジタコから走行距離、給油量、ドライバーの勤務時間などのデータをもとに、輸送原価をより正確に把握することが可能になります。

　これに、事業者様の経費や適正な利益を加えた「根拠に基づく輸送費用（見積）」を荷主に提示することで、論理的な交渉を行うことができます。

かわさきわたる（東京・株式会社渡辺精工社）

ノーワーク・ノーペイ

岡﨑　隆彦

1　ノーワーク・ノーペイの原則について

（1）　ノーワーク・ノーペイの原則

　　賃金請求権は、労働契約に基づいて発生しますが、それは抽象的な基本債権であって、具体的な額を確定したものとして発生するわけではなく、労働義務が現実に履行されて初めて発生します。これをノーワーク・ノーペイ（no work, no pay）の原則といいます[39]。

（2）　原則の例外について

　　①　特約による排除（任意規定）

　　　　上記のノーワーク・ノーペイの原則（民法624条1項）は、民法の規定が任意規定（契約解除の原則規定として意味を持つもの）であるので、当事者間の合意によってその適用を排除することが可能です[40]。

　　②　賃金支払（危険負担）と休業手当の関係はわかりにくいところであるので、（図表）にまとめて説明しておきます。

　　　ア　労働者の帰責事由に基づく労務の履行不能の場合（例として労働者が故意・過失によって欠勤や遅刻をした場合）は、債務者である労働者本人に帰責事由があるので、これは危険負担の問題ではなく債務不履行

---

[39]　労働者が欠勤したり、ストライキを行った場合に賃金請求権が発生しないのは、この原則に基づくものです。

[40]　そこで当事者が賃金前払を合意することは可能です。また、完全月給制（基本給額を月額により決定し支払う制度。遅刻や欠勤に応じた賃金の控除は通常予定されていない。〔土田204頁〕）を採用することも可能です。

（労働義務違反）の問題です。反対給付である賃金請求権は原則として生じません（**図表の①**）。

イ　債権者（使用者）の帰責事由によって労務の履行が不能となった場合は、民法536条2項が、債務者（労働者）は反対給付を受ける権利を失わないと規定しており（債権者主義）、賃金請求権が認められます（**図表の②**）。この場合の例として、使用者の不当解雇が最も多い典型例です。

ウ　労働者が過失に因らない病気や近親者の病気など、自己の帰責事由なくして労務を提供できない場合は、当事者双方に帰責事由のない労働義務の履行不能として賃金請求権は発生しません（労働障害）（**図表の③**）。

エ　問題は、火事の延焼による工場の焼失や、原料・資材の不足のように、使用者の支配領域で生じた外部的事情に基づく経営障害によって労務の提供が不能となった場合で、民法536条2項の「債権者の責めに帰すべき事由」とは、故意、過失または信義則上これと同視すべき事由をいうため、外部的事情に基づく履行不能は、それが「使用者側に起因する経営、管理上の障害」（経営障害）であっても、使用者の帰責事由に当たらないと解されています。換言すれば、経営障害は、当事者双方の責めに帰すことのできない事由に基づく労務の履行不能（民536条1項）に該当し、賃金請求権は発生しないのです（**図表の④**）。

オ　以上のように過失責任主義に立つ民法の下では、賃金請求権の保護には限界があるため、労基法は、労働者保護の観点から休業手当制度を定めています（26条）。（**図表の⑤**）休業が当事者双方の責めに帰すことの

（図表）賃金支払（危険負担）と休業手当の関係

労働者（側）		賃金請求			
	有責	○債務不履行の問題であり賃金請求は不可①			
	無責	●賃金請求②（債権者主義）●休業手当⑥競合	○労働障害③ ⇒	○否定⑦	休業手当（労基法26条）
			○経営障害④ ⇒	▲60%保護⑤	
帰責事由		有責	無責		（○は使用者有利、●同不利）
		使用者（側）			

205

できない事由によって生じた場合は、経営障害を含めて、賃金請求権は発生しません（民536条1項）が、休業手当請求権は経営障害の場合も認められるのです[41]。

カ　休業が使用者（債権者）の帰責事由によって生じた場合は、労働者は賃金請求権（民536条2項）・休業手当請求権（労基26条）ともに失いません。この場合、賃金請求権と休業手当請求権は競合する関係にあり、労働者が休業手当を請求できる場合も、賃金請求権も認められます（**図表の⑥**）。

キ　判例は、部分ストのケースにつき、原告労働者の所属する組合が自らの主体的判断と責任において行ったものであり、会社側に起因する経営、管理上の障害による休業とはいえないとして休業手当請求権を否定しています。判例は、休業手当についても、その対象を経営障害に限定し、労働障害を保護しないのです（**図表の⑦**）。

　　以上は分析が難しいところですからよく考えて対応する必要があります。

おかざきたかひこ（大阪・弁護士）

41　労基法26条の「使用者の責に帰すべき事由」は、民法536条2項の「債権者の責めに帰すべき事由」より広く、経営障害を含む概念と解され、休業手当は、民法に基づく賃金請求権のうち60％に当たる部分を罰則付きで強行法に保障するとともに、使用者の帰責事由そのものを拡大した制度です。この結果、労基法26条にいう「使用者の責に帰すべき事由」は、「使用者側に起因する経営、管理上の傷害」であって、「経営者として不可抗力を主張しえないすべての場合」を含むものとなります。具体的には、原料の不足、資材の入手難、監督官庁の勧告等による操業停止、親会社の経営難による資材・資金の獲得困難などの「経営障害」がこれに当たり、労働者は休業手当を請求することができます。これに対し、台風・地震等の天変地災に基づく休業や、労基法33条2項に基づく代休命令など、法令を遵守することにより生ずる休業は経営障害ではなく、不可抗力による休業であり、使用者の帰責事由には当たらないとされています。

働き方改革

鈴 木 則 成

　当社では、「働き方改革の取組」を行った結果、「くるみん認定企業」「えるぼし認定企業」「ユースエール認定企業」になりましたが、その経緯・事情を紹介致します。

1　当社の「働き方改革」について

⑴　取り組みのきっかけは、①退職者が多く、離職理由を聞くと勤務環境への不満の声があったこと、②勤務環境の実態が企業理念と乖離していると私自身が感じていたことでした。

⑵　そこで実態把握のためのアンケート調査をした結果は以下のとおりでした。

　　①　子供が病気で出勤出来ないので、子育て世代への配慮が必要と考えた。

　　②　長期休暇取得の職員間の偏りへの不満があり、休暇制度の確立が必要となった。

　　③　研修に参加してもスキルが身につかないとの不満があったので、人材の育成に取り組む必要を感じた。

⑶　その後の当社の取り組みの事例について（図表1）にまとめました。

⑷　以上の取り組みの効果が具体的な数字として表れています（いずれも2007年→2018年の推移です）。

　　①　年次有給休暇の取得率が43％から61％へと18％アップした。

　　②　残業時間が月14.7時間から6.3時間に8.4時間減少した。

　　③　離職率が49％から11％に38％も減少した。

⑸　実際に従業員が当社のいろいろな制度を利用して良かったという声を出してくれているので、（図表2）にまとめてみました。

（図表1）当社取り組み事例

子育て世代への配慮	①産前産後休暇、育児休業取得促進（両立支援制度について、わかりやすいパンフレットを作成することで制度を周知した） ②時間単位有給制度（仕事の合間に短時間の用事をできる仕組みとし、ちょっとした学校行事や家族の用事に活用できるようにした（半日有給も追加）） ③短時間勤務制度（子育て世代には、短時間勤務制度（8時間→6時間）を推奨した） ④職場復帰支援プログラムの作成（育休取得中や育休復帰者の継続就労への不安を取り除くための支援プログラムを作成した） ⑤子どもを連れての出勤制度（夏休み、学級閉鎖、子供が体調不調時には、職場に連れて勤務可能にした） ⑥子どもを連れてのイベント参加（忘年会、懇親会、社内旅行には子供も参加可能（無料）にした）
長期休暇制度確立の取組	①連続5日の休暇制度（GW（4〜6月）、夏季休暇（7〜8月）は公休を利用して5連休として、連続休暇制度を導入した） ②年間休日125日（正社員の年間所定休日を年間110日から125日前後（土曜、日曜、祝日、夏休、年末年始休）に増やし、年次有給休暇と合わせて連続休暇を取得しやすくした（今年度は128日））
人材育成の取組	①資格取得講座開催（毎週、資格（介護福祉士、介護支援専門員）取得講座を開催。参考書の購入費用は全額会社負担。自宅で一人で学習するのでなく、会社にてみんなで学習。スキル向上の意欲を持つ職員を支援した） ②研修講師体験（外部研修の受講者に社内伝達研修の講師を行わせることで、外部研修受講時の習得意識を高めた）
その他の取組	①雇用延長70歳（常勤職員の雇用延長を70歳とし、非常勤職員の再雇用については75歳とした） ②退職者に係る再就職制度（育児・介護等を理由とする退職者に係る再就職制度を導入した） ③ノー残業デーの実施（毎月第2水曜日ノー残業デーを導入した） ④保活応援求人（4月雇用求人を入所申込み（前年秋）に行った）

（図表２）制度利用者の声（まとめ）

育児休業・短時間勤務制度（６時間短縮勤務）を利用して	Ｕさん（訪問介護）切迫流産で休養を強いられた際も、急な休みに快く対応していただけて、安心して休養し、出産・育児をすることができた。復帰してからも娘の体調によって休みをいただくことがあるが、その都度対応してもらい、とても助けられている。
男性スタッフ育児休業	Ｋさん（デイサービス）３人目の誕生を機に、男性職員として初めて育児休業を取得した。上の子どもの学校の送り出しや保育園の送迎など家事、育児で妻の負担を和らげることができた。
子育て支援制度	Ｔさん（訪問介護）この会社に入社してから、結婚・出産（２回）、続けて勤務している。まわりのスタッフの理解と協力もあり、産休・育休を取得し復帰することができた。仕事と家庭の両立は大変であるが、勤務時間短縮させてもらいながら働かせてもらっている。子供が熱を出したり、保育園から連絡があった時など、会社に連れて戻り、休憩室で少し休ませて、仕事を終わらせてから帰ることもあった。
	Ｈさん（デイサー・ビス）９才と６才の子育て中である。急な休校時などは、いつも子連れ出勤させて頂いている。家とは違う子供の姿を発見することもあり、喜んでいる。
パートから正社員への転換制度	Ｈさん（デイサービス）入社時は育児をしながらパートで働き始めた。急な学級閉鎖や夏休み中は子連れ出勤をさせてもらった事もあり、女性にとっては働きやすい職場である。年間休日も多く、有給休暇も使いながら働かせてもらっている。子供が中学生になったのを機に正社員になる事が出来た。家庭と仕事を両立出来るように頑張っていきたい。
時間有給休暇	Ｙさん（デイサービス）学期末になると２人の子供の保護者会、家庭訪問や授業参観が重なる行事に困っていた。でも、時間有給を使うことができ学校行事に参加もできて喜んでいる。仕事と子供の学校、家庭と充実した生活を楽しんでいる。
再就職制度	Ａさん（デイサービス）子どものライフスタイルの変化に伴い、仕事との両立が難しくなり退職した。落ち着いた頃、スタッフ募集があり、職場もスタッフも好きでいつか戻りたいと思っていたので再チャレンジする事を決めた。再就職制度があるので、退職時の待遇で復帰できたし、再就職を暖かく歓迎して頂いて安心して仕事を始める事ができた。
保活応援求人	Ｕさん（グループホーム）子どもを保育園に預けて働きたかったが、４月からの勤務は２月ぐらいからしか求人が出ないと言われ、探していてもなかなかなかった。そのような時、昨年９月に４月からの勤務の求人を見つけて、10月には採用決定いただけたため、10月末の保育園の申込みに間に合った。おかげで４月から保育園に子どもを預けることができた。４月からの勤務希望にも関わらず、10月に採用決定いただけたことは、とてもありがたかった。

2 普及（社会貢献）活動

(1) 以上は当社の取り組み事例ですが、有難いことに当社の若手社員育成の取り組みが評価され、滋賀県で13社目の「ユースエール」企業の認定を、また女性活躍推進の取り組みも評価され、滋賀県で4社目の「えるぼし」企業の認定も滋賀労働局にしていただきました。

(2) 私は現在（公の）「イクボス・働き方改革セミナー」において、当社の取り組み事例の紹介と取り組みの必要性についてお話をしているところですが、このような取り組みには「完成」というものはありませんので、さらに継続的により良いものに見直しの改善を続けて行きたいと思っています。

　　すずきのりしげ（滋賀・鈴木ヘルスケアサービス株式会社 代表取締役）

発達障害者

岡　﨑　隆　彦

1　発達障害の意義と実情

「発達障害」とは、ADHD（注意欠陥・多動性障害）、LD（学習障害）、広汎性発達障害（自閉症・アスペルガー症候群など）の総称です。（特性については図表参照）。

国策としての支援制度を前提として、使用者としてどのように対応するのかを考える必要がありますし、発達障害の診断はないものの、同じような特徴的な行動パターンをとる労働者に対する対処法にも参考になるので、ここで取り上げることとします。

2　想定されるトラブルと対応法

(1)　職場における発達障害者に関するトラブルの原因となる事例には多くのも

(図表) 発達障害の種類と特性

種類		特性		
注意欠陥・多動性障害 （ADHD）		・不注意（集中できない）・多動・多弁（じっとしていられない） ・衝動的に行動する（考えるより先に動く）		
学習障害（LD）		・「読む」「書く」「計算する」等の能力が、全体的な知的発達に比べて極端に苦手		
広汎性発達障害	自閉症	・言葉の発達の遅れ	共通点	・コミュニケーションの障害
	アスペルガー症候群	・基本的に言葉の発達の遅れはない。 ・言語発達に比べて不器用		・対人関係・社会性の障害 ・パターン化した行動

のがあります。

　例として、①些細な質問を繰り返す、②ルール違反を指摘する、③噂話を黙っていられない、④他の社員についてのネガティブな情報に動揺してしまう、⑤自分への評価を知ってショックを受ける等が挙げられています。

⑵　コミュニケーション、協調性の欠如についても深刻な問題です。

　①曖昧な表現が理解できないこと、②相手の気持ちが読めない、空気が読めないこと、③以上のことが社内で行われても大変ですが、外部の人間との間で行われると、トラブルが多発します。外部の人間は当然一定レベル以上のコミュニケーション能力を前提に行動しますから、トラブルはより深刻になり、取引中止、担当の交替要求等の企業の信用問題になります。

⑶　障害者虐待防止法（2012年10月1日施行）に定める虐待行為には身体的虐待や性的虐待の他に「心理的虐待」や「放棄・放置（ネグレクト）」があり、心理的虐待の中には「怒鳴る」「ののしる」「無視する」等があり、対応を誤るとこれらに該当するとの異議申立てや紛争が発生したり、外部通報がなされたりする危険性もあります。

⑷　受入組織の準備と覚悟

　①　発達障害者が活躍できるかどうかについては、①基本的な考え方として、発達障害を1つの個性の延長と考え、多様性の1つとして理解する必要があること、②適性に合った仕事と特性に合った環境（ジョブマッチング）が揃っていることが必要です。入社後に様々なトラブルが発生することが想定され、トラブルの処理ができなくなることも危惧されますから、問題の十分な理解と準備、特に担当者任せにしない組織的対応が必要となります。

　②　受け容れには周到な準備と覚悟が必要です。

3　併存疾患問題

　「うつ」との併存疾患が近時指摘されています[42]。「うつ」と診断されても実際には発達障害があるかもしれず、使用者の対応法が異なる可能性があるので、この点も特に留意が必要であると考えます。

おかざきたかひこ（大阪・弁護士）

42　岩波明「発達障害」文春新書73—74頁

パワハラ研修

岡　﨑　隆　彦

1　アークレイファクトリー事件判決

(1)　パワハラ防止のための使用者の上司に対する選任・監督責任についてアークレイファクトリー事件の高裁判決（大阪高判平25.10.9労判1083号24頁）は以下のとおり判示しています（この件では指導の違法性を肯定）。

①　監督者が監督を受ける者を叱責し、あるいは指示等を行う際には、労務遂行の適切さを期する目的において適正な言辞を選んでしなければならないのは当然の義務である。

②　監督者において、労務遂行上の指導・監督を行うに当たり、そのような言辞をもってする指導が当該監督を受ける者との人間関係や当人の理解力等をも勘案して、適切に指導の目的を達しその真意を伝えているかどうかを注意すべき義務がある。

③　パワハラ行為を行ったとされる従業員らは業務上の指導の際に用いる言葉遣いや指導方法について、同人らの上司から、指導や注意および教育を受けたことはなかったことから、会社に従業員らの選任・監督について、その注意を怠ったものと認めるのが相当である。

(2)　この判決を参考にすれば、①部下を持つ指導的立場にある者の選任には言語を上手に使えるコミュニケーション能力の高い者を充てるべきであり、且つ②言葉遣いや指導方法についての「管理職指導・注意・教育」が必要であることがわかります。

2 あるべき研修の内容について

(1)　研修は、パワハラにならないためのリスク対策やタブーを教示するだけでなく、上司・管理職としてのあるべき指導、教育のあり方を考え、教育する内容にします。

(2)　そして、以下の点を研修内容に含めるように検討すべきです。

　　①　「パワハラ」になる行為の認識について、①パワハラの行為類型を理解する。②パワハラとなる事例について裁判例から教訓を学ぶ。③総合判断の枠組みを理解する。

　　②　部下とのコミュニケーションのとり方について

　　　ア　部下の心理的負荷について、労災認定のストレス評価表等を利用して教育する。

　　　イ　「命解援」（**別項「命解援」** 参照）について理解する。上司である自分にも問題がないかどうかを自省し、双方性コミュニケーションが十分になされるよう心がける。

　　　ウ　意思伝達手段（面談、電話、メール、手紙）等の選択について理解を深める。

　　　エ　活性化の試みについて、他社の成功例も参考にし、様々な工夫をする。

　　　オ　「うつ」その他の精神症状とその特色、「うつ」の主訴にかくれて診断されにくい「発達障害」の問題についても理解をする。

　　　カ　部下の個々に異なる個性を十分理解し、部下にふさわしい指導方法を考える。

　　　キ　「適切に指導の目的を達し、その真意を伝えているかどうか」という上記判決の考え方を基に、部下が上司の言うことを理解しているか、1つ1つ確認しながらコミュニケーションを行う。

(3)　最後は単なるノウハウではなく、心の問題であり、部下を大切に思う心、立派な職業人、人間に育ってほしいという「温かい心」を持つことを強調する。

おかざきたかひこ（大阪・弁護士）

パワハラ防止研修

西　川　伸　男

1　「パワハラ・いじめ職場内解決の実践的手法」（金子雅臣氏著）によると典型的なパワハラ上司として労働相談や裁判に繰り返し現れるのは次のタイプの上司です。
　⑴　プレイヤーとしては優秀。
　⑵　自分の実績への人並み以上の自負がある。
　⑶　しかし、プライドが高く周囲のアドバイスを受け入れない。

2　このような上司が問題となるのは次の理由によると考えられます。
　⑴　自らの優秀さや華々しい業績は、とかく自分の能力過信となりやすい。
　⑵　自分が頑張ってやってきたという自負は「誰だってやればできるハズ」という思いにつながりやすく、部下の努力や頑張りを認められないことになりがち。
　⑶　プライド（信念や経験則）が邪魔して相手の意見を受け入れられない、相手の立場を認められない独善性が問題となる。

3　私は、企業には安全配慮義務、賃金支払義務と同時に「注意指導義務」があると考えています。よく問題となるのは、部下指導のマネジメントを身につけていない管理職たちがパワハラを起こしがちである現状についても検討してみなければなりません。

4　それ故に企業のパワハラ防止研修は、管理者のマネジメント能力向上を具備したものでなくてはなりません。何故ならば、人間がイライラするのは誰でも

心の中に、自分の「枠」（価値観、常識、固定観念、想定、期待）をもっているからです。

5　過剰な期待を受けた部下がパワハラの被害者になる事例は多々あります（中部電力事件等）。

6　その為、研修では多くの事例を学んでいただくと同時に部下とのコミュニケーション能力を演習等で学んでいただく必要があります。私はパワハラ研修では「上司と部下の会話」をペアワークで入れています。

【上司が注意と称してダメ出しして感情的になる例】

上司　「この企画書だけど、どうなってんだよ！」

部下　「……といいますと」

上司　「は？　自分でわかんねーのかよ。内容がめちゃくちゃなんだよ、メチャクチャ！　小学生以下なんだよ」

※　会話例はインターネット情報より抜粋※

7　そのような点に留意して企業研修（パワハラ防止研修）を行った事例を次に記載します。

【パワハラ（ハラスメント）研修例】

第1章 職場のストレス要因とハラスメント要因	・ハラスメント等がなぜおこるのかを考えるとき、現代のストレス社会が与える影響を考えざる得ません。（企業環境はストレスの山） ・それ故に職場の人間関係がギスギスしては快適な職場環境づくりなどできるはずがありません。 ・「上司は最大の職場環境」＝「ストレスの最大要因」といわれています。職場では気兼ねなく話せる関係構築が必要です。 ・人間は成長しているときには他人に対してもオープンな関係を築くものと考えます。お互いがオープンなこと、これが快適な職場環境づくりの出発点と考えます。
第2章 パワハラ防止の具体策	・私はハラスメントは加害者側の「感情コントロール」の要素が強いと思っています。それ故に、管理者の（職場の）ストレス要因除去も研修の中に盛り込んでいます。 ・管理職にはストレスのあまり、好き嫌いの負のパワーを多分に持つ人がいます。ただ、これが業務に悪影響を及ぼしては結果は重大です。 ・パワハラか否かは「業務上の適正な範囲か否か」が問題となります。 ・業務と指導の境目は何かを事例等で認識してもらうことが重要です。 ・熱心な上司は熱血指導上司になりがちです。 ・指導の時に考えていただきたいのは次の3つの要素です。 ①合理的な理由の有無→客観的な業務上の必要性があるか。 ②相当性（表現、回数、態様：やり方）の有無→やりすぎはダメ！ ③普段の人間関係ができているか ・パワハラ上司にならないようにする心得やパワハラ撲滅の心得をしっかり学んでいただき、上司と部下の会話例で実体験してもらいます。
第3章 現代の組織運営の考え方のポイント	・高度成長期は企業が望む人材を集め猛烈集団をつくることができました。しかし、現代は違います。多様な人材が各々の個性を発揮しながら協同して働くことが必要です。 ・その上で、部下は上司の期待に沿って育つということを前提に人材育成を行うべきと私は考えています。経験上しっかり上司の目を見て話しを聴く部下は必ず育ちます。信頼できる部下を一人でも多く育てるのが上司の使命です。上司になって一番悩んだことは「ストレスマネジメント」といわれています。管理職自身のセルフケアのためにも多様な人材が助け合って働ける職場環境づくりが肝要です。
第4章 やる気を出させる労務管理のポイント	・この研修では部下の心を掴むコツや部下の話に口を挟まず黙って聴くことを演習を交えて学んでもらいます。 ・なぜかというと、「やる気を出させる職場環境」とは、役割分担が明確で、責任の所在も明確で、仕事の目的も明確な職場です。このような職場では全員が大事な仕事は要領よく優先順位もつけて必ずやるという習慣がついています。 ・風通しの良い職場環境は、従業員が活発なコミュニケーションをとっているものです。そこには「報告」「連絡」「相談」のシステムが自然に出来上がっています。 ・上司に求められる（部下も）コミュニケーション能力は「黙って人の話を聴く」ことに尽きます。これができれば部下は自然と安心して相談にやってきます。 ・繰り返しになりますが、ハラスメント防止（セクハラもパワハラも、モラハラも、マタハラも）には職場環境改善（コミュニケーション活性化）がもっとも有効です。それを企業目標として日常の労務管理に取り組んで頂きたいと思います。

にしかわのぶお（大阪・社会保険労務士）

評価者研修

西 川 伸 男

1　この社員研修は、管理者教育での評価者研修で、ある企業に提案した教育体系の一環として実施しました（下図）。

区分	能力体系	研修内容等
管理能力	1．マネジメント能力	管理職研修
	2．リーダーシップ	リーダーシップ研修
	3．人事評価	評価者研修
	4．人材育成	OJT研修
	5．リスクマネジメント	危機管理・交渉実務研修
実務能力	1．労務管理能力	服務規程の運用研修
	2．組織運営能力	組織運営・時間管理・文書管理
	3．計数管理能力	計数管理・業務マニュアル研修
	4．安全管理能力	安全管理研修
	5．職場環境保持能力	メンタルヘルス研修
	6．論理的思考	マーケティング研修
	7．ビジュアルコミュニケーション能力	図解思考研修
基礎能力	1．コミュニケーション能力	コミュニケーション研修
	2．マインド力・行動力	脳力開発研修
	3．自己分析力・自己革新力	自己啓発研修
	4．ビジネス・マナー	接遇マナー研修
	5．キャリア形成力	ライフプラン研修、キャリア形成研修

2　区分は管理能力研修になりますが、第1弾はリーダーシップ研修を実施しました。

3　それを受けて第2弾として、**部下を育成するとき、育成ニーズを評価者の視点から捉えてもらうことを学んでもらうための研修を実施しました。**

4　評価には冷静な観察眼と日常のフォローアップがなければなりません。→人間は半年間の部下の行動をメモや指導記録なしに思い出すことはできません。

5　思い出せないから→中心化志向や自分の基準に合わない者を排除するなどの公平・公正とは言えない評価を行ってしまう結果になります。

6　主眼は、第1章の評価の意義・目的とリーダーの職務、第2章の業務分担（仕事の割振り）の目的と目標設定、第3章のコンピテンシー評価、第4章の仕事の任せ方と適切な管理です。

7　第5章に入れた管理職のためのパワハラ・セクハラ防止基礎知識は、従業員への注意指導義務のあり方について、注意指導とパワハラの境目を学んでもらうために入れました。

8　第6章では、キャリアアンカーを入れましたが、自分のやりがいや満足感はどこからくるのか（自分の価値観等）を知ることにより、本当の自分を知り職業人生の成功への鍵を知ってもらうために入れました。

9　以下に主要な章の概要を記載します。

章区分	主要なテーマ等
第1章 評価の意義・目的とリーダーの職務	1　この章の主要シートは「人事考課制度に関連した人材育成の考え方」です。 2　人事考課制度の目的として求められる役割・能力・目標を具体的に示し→能力開発の動機付けを行い→組織の活性化と成長を図り→管理者のマネジメント能力を向上することが目的です。 3　そのことにより、目標の連鎖として、自分が所属する組織より上位の「組織目標」が、自組織にとっての「組織目標」につながり、その実現に向けて、さらに自己の目標を設定する、という関係がトップから一般社員まで出来上がり、社員全員が同じ方向を向いて努力していく状態を作り出す効果がでます。
第2章 業務分担の目的と目標設定	1　この章の主要シートは「部下を正しく評価し、育成する」です。 2　個人別目標と業務分担を行うと、各自は業務を遂行します。 3　その時に管理者は→モニタリングをし→必要な支援をして意思決定を促します。

	4　業務が完了すれば結果評価をしますが、その結果評価（記録）をフィードバックすることにより更なる成長を促します。 5　ポイントとなることは次の通りです。 　①　業務分担を行った仕事は、評価をして終結する。 　②　人的プロセスの管理は、評価を含んでいる。 　③　結果評価とフィードバックは人材育成のチャンス！
第3章 コンピテンシー評価	1　この章の主要シートは「コンピテンシー評価の活用」です。 2　部下の業務遂行等の結果はコントロールすることは難しいが→コントロールできるのはプロセスです。 3　目標管理だけでは全ての貢献を評価できません。 4　そこで大切なのがコンピテンシー評価です。 　①　部下指導とは、結果に対してだけでなく、プロセスに対して行うもの→これにはコンピテンシー評価が有効 　②　コンピテンシーは、高業績者が成果を生み出すための標準的なプロセスが明示されたもの→行動のテンプレートとして活用が可能 このような評価方法について学んでもらいます。
第4章 仕事の任せ方と適切な管理	1　この章の主要シートは「部下を信じて仕事を任せる」です。 2　ポイントは部下の現在までに達成したレベルに応じて仕事を任せることです。できるであろうレベルが 　①　申し分ない→権限移譲 　②　少し不安が残る→適度にチェック 　③　心もとない→常にモニタリング＆声かけ 3　権限移譲の仕事例は次の通りです。 　①　必ずしも上司がやる必要がない仕事（時間ねん出） 　②　情報収集や報告書の作成（目的を明確化して） 　③　反復的な仕事（データの要約、品質の追跡等） 　④　部下のスキル開発に役立つ仕事

にしかわのぶお（大阪・社会保険労務士）

フォローアップ研修

西　川　伸　男

1　このフォローアップ研修は、私が入社後2～3年の社員（入社時に新入社員研修受講済）対象に行ったものです。

2　主旨は、これまでの仕事を通じての経験を振り返って、自分の課題を見つけ、更なる成長を促すものです。ある意味コーチング手法の考え方も取り入れて研修をしました。

3　研修受講者自身が体験によって気づいたことを（講師が示した内容をヒントに）振り返って、新たな発見をしたり、疑問点を確認することです。振り返りの原則は、受講者が自らを洞察することです。

4　今の仕事で役立っていること、今やろうと思っていること、について講師が尋ねた時の受講者の反応は概ね次のようなことでした。

⑴　仕事の要領が分かると任される仕事が増えてくる。もっと学ぶことがある。

⑵　仕事に必要な資格にチャレンジしたい。時間をどうするか。

⑶　効率良く作業を進めていきたい。その手法を学びたい。

⑷　人との交流の大切さがわかってきた。今後どのように自分らしさを認めてもらうか。

※　とても意欲的な反応で、講師が感激しました。

5　この研修で学ぶビジネスパーソンとしての成長に必要なスキル等を次に解説します。

221

第1章 ビジネスパーソンとしての成長	1．この研修では、ビジネススキルとして問題解決力を得るためにまず、自分に何が必要かを学んでもらいます。そして、自分自身がこれから目指す（学ぶ）方向は何かを理解することを促します。 2．それがビジネスパーソンとして成長するためのビジネス基礎力です。その中身はコミュニケーション能力、アクション力、レベルアップ力です。 3．中でもコミュニケーション能力は大切です。如何にしてお客様のお話を黙って聴くか、お客様に忌憚なくお話いただけるかを主眼に学んでもらいました。
第3章 自分のもやもやを解消する方法	1．人は多かれ少なかれ「ストレスの水（不安、不満、圧力）」を心の中に貯めています。→何かモヤモヤする状態に。 2．大切なことはストレスの水をうまく吐き出すことです。それが出来ないとメンタルヘルス不全になる可能性があります。 3．ストレスの水の溜まり具合を見るのがストレス耐性チェックです。（ストレスチェックも基本は同じです。） 4．自分のモヤモヤを解消する方法で一番効果的なものは、気になったことをその都度付箋などで書き出し、まとめておくことです。（書くことにより冷静になり解消されるものもあります。） 5．これは悩みの「見える化」につながります。 6．それを3か月ないし6か月後に見直すことにより、こんなものに悩んでいたのかなど自分の成長を感じられます。 7．ビジネスパーソンとして大切なことは、仕事モードから解放モードへの切り替えが素早くできることです。また、自分ばかりではなく、他の人の過緊張もほぐすことで、自分が過度な緊張モードに陥らずに済みます。
第4章 仕事のピンチ・失敗を乗り切る	1．失敗には4種類あります。→①許される失敗②許されない失敗③避けられる失敗④避けられない失敗があります。 （「仕事のピンチ・失敗は見える化で乗り切れ」参考） 2．ビジネスパーソンとして大切なことは失敗の原因を手順を踏んで調べ同じことを繰り返さないことです。 3．その為には、「学んでいないこと＝無知」や、「知らないことに気づいていないこと＝不知」は絶対にあってはなりません。 4．私たち社労士は頻繁な法改正に対応するため様々なところにアンテナを張り、情報収集に努め、失敗事例から予防策を講じています。この研修の受講生には基本的リスク（労働災害の発生原因や、ハインリッヒの法則、職場のヒヤリハット事例）を紹介し、自分自身の職場でどのような安全管理が必要か学んでもらいました。 5．リスクマネジメントには、事象→原因→対処方法→リスクマネジメントの知識化が大切です。

第5章 自分の意見 の伝え方を 覚えよう	1．ビジネスパーソンとして大切なことは人に寄り添いながら自分の意見をきちんと伝えることができることです。 2．それには自分の心の壁を取り払うことが必要です。 3．心の壁は4つあります。 　①自分の意見が間違っていたら嫌だ 　②自分より上司・先輩の意見を尊重すべき 　③意見をはっきり言うと嫌われそう 　④的外れな意見でその場の空気を乱したくない 4．意見というのは、人の顔と同じで人それぞれ違って当然ですが、その異なるものを受け入れることを演習で気づいてもらいます。（3つの○と一つの□） 5．その上で自分の意見の作り方（何を伝えるか、どう伝えるか）→信頼される5つの話し方→ビジネスパーソンとして求められる組織のコミュニケーションへとステップを踏んで学んでもらいます。でもそれが自分のストレスの元となっては元も子もないことになります。 6．受講生には、ストレスマネジメントの入り口として、「気持ちを高めるこの言葉」や「一日30秒でできる新しい自分の作り方（田中ウルヴェ京著　フォレスト出版）を全体演習で学んでもらいました。

にしかわのぶお（大阪・社会保険労務士）

福祉施設士の仕事術

堤　　洋　三

1　福祉施設士の資格をお持ちの皆さんは、理事長や施設長などの管理職、または複数のチームを束ねるマネージャー、場合によっては専門職との兼務で日々奮闘、活躍されていることと思います。そして、私が思うに皆さんに共通するのは「時間が足りない」ことではないでしょうか。マネージャーやミドル層の方なら、部下や他部署、他職種から急かされ、利用者や家族から、または取引関係先からも仕事のオーダーがやってきて急かされることがあります。予め日時が決定されているミーティングやカンファレンスに間に合わせるべく完成しないといけない資料作成、重要な会議へ向けては数値根拠ある資料作りが求められることもあるかと思います。

2　管理者・経営層の皆さんなら、予算の執行状況と対策資料、事業計画素案や課題解決の新プロジェクトの立案、組織各部署の人員配置を考えての人事案、新規事業のプラン、一からクリエイトしていく思考の時間も非常に大切です。私なら銀行からの借入に関し経営計画や収支計画作成に迫られることも多々あります。

　加えて、今春から施行されました「働き方改革関連法」では労働時間管理、とりわけ長時間労働の是正が最大のタスクとして示され、短時間でクオリティを保持し結果を出す仕事術が益々重要になってくると考えています。

3　こんなことがありました。外部関係者とのやりとりの際、私が「研修計画のたたき台をメールで送っておいてください」と伝えましたがなかなか届きません。しばらくして届いたのはファクシミリ…。確認してみると「実はメールが不得意で…」とのお返事。方法をお伝えしますからと何とか送信までこぎつけました。別の方ですが、「エクセル関数を使って会費集計をして、メールで送っ

ておいてください」と伝えましたが、送られてきたのはワードの表でした。多くの数値を一つひとつ電卓で計算し集計をしてくださったようでした（理由はエクセルのワークシートが苦手とのことでした）。

あまり多くはないケースですが、これらのことから考えられるのは、超多忙な中で使わなくてもいい時間と労力を割いておられるのではないかということです。非常に非効率的でもったいないこと、法人・施設にとっても有益なことではありません。電子メールの例ですと、メールが当たり前のようにビジネスに活用でされるようになって25年ぐらい経過していて、その間に自ら学ぶ機会はたくさんあったはずです。

仕事術に関するビジネス書は書店に行けば数多く並んでいて、参考になる著作も数多くあります。PCスキル・オフィスソフトウェアなどの一般入門系、エクセル・ワードのショートカット駆使・時短ワーク方法、グループウェアなどスケジュール共有・管理アプリ、Eメールやチャット系アプリやSNS駆使方法、タスク達成のための会議とその運営、会議などでのグラフックレコーディング手法、論点整理少人数ショートミーティングの活用、創造的な発想が可能なオフィス空間など、時代は恐ろしいスピードで動いています。営利・非営利問わず現代社会では、確かな結果が求められますので進化するのは当たり前とも言えます。

4 私たち福祉施設士は福祉専門性では生涯にわたり学習する達人です。でもそれ以外の仕事術は日々磨かれていますでしょうか。もしかしたら「福祉」に仕事術的視点は関係ないと思っている方がおられるかもしれません。私は福祉業界も時代の潮流から逃れることはできないと思っていますし、地域福祉の援助場面やケア現場へ日々進化する仕事術的視点が溶け込んでいけばクライアントへのサービスの質も向上すると考えています。

5 ネット環境の進化で、職場内及び関係者間での情報共有はこの20年で圧倒的に便利になり、フィジカルな郵便物での連絡はかなり減っています。ペーパーが必要な時も勿論ありますが、デジタル技術の恩恵は、想像以上です。

人手不足感の強い私たちの業界、これらの視点やツールを駆使することで効率性を追い求める普通のビジネスパーソンや今後シュリンクが加速する金融業界など他業界からの人材参入が増えれば、全国あちこちで福祉の新しいチャレンジも生まれる、そんな気もしています。

つつみようぞう（滋賀・社会福祉法人六心会　理事長）

福祉のまちづくり
～保育・障がい・介護分野が連携した福祉のまちづくり

村　井　幸之進

1　はじめに

　団塊の世代が75歳（後期高齢者）になりきる2025年問題、さらには2040年問題が、介護福祉ではリスクターゲットとして論じられている。一方、医療の発展により難病、あるいは重度心身障がいがあっても生命が維持されるようになってきた。将来を担う子供たちの子育てにあっては、児童虐待が問題となっており、地域が一体となり支えていかなければならない。くわえて、LGBTなどそのライフスタイルは認められるべきであり、まさに、「人としての尊厳」いわゆる「自分らしい生き方」を認め合う人権の時代に向かいつつある。

　一方、近江八幡市の農村部においても、家族構成員がますます少なくなり、家庭や地域の粘着力も希薄化する中、家庭や地域での解決機能は明らかに低下しており、専門職との連携の中での家族単位での支援が必要となっている。

2　社会福祉法人のミッション

　私たち社会福祉法人は、課題のある方や家族に対し直接支援を行う最前線に位置しているといえる。また多種多様な職種で職員が構成されており、その強みは地域を支える力として期待が寄せられている。改正社会福祉法第24条第2項に社会福祉法人の地域での公益的取り組みが責務とされ、さらに法人経営の見える化が求められており、社会福祉法人は、その存在意義を高めるチャンスととらえることができる。

3　おか・きた安心ネット連携協議会の取り組み

　さて、社会福祉法人サルビア会特
別養護老人ホーム水茎の里が立地す
る近江八幡市岡山学区・北里学区
（2つの小学校区で人口は約1.2万
人）で保育（2）・障がい福祉
（2）・介護福祉（3）を営む7つの
社会福祉法人が協働して地域貢献に
取り組もうと、「おか・きた安心
ネット連携協議会」を平成29年2月
に発足させた。設置の目的は、行政

施策の隙間に置かれ生きづらさを感じている家族や個人に寄り添い、相談、支援
を行うことである。推進にあたっては、各法人から人材を出し合いワーキング
（W）チームを結成し、まずは地域の課題掘り起こしに向けて「なんでも相談会」
開催検討から進めた。具体的には、自治会などの小地域単位で開催を計画し、各
学区の民生委員児童委員協議会や自治連合会などに趣旨を説明し協力を求めた。
しかしながら、民生委員等は、市社会福祉協議会や行政とのつなぎ役という意識
が強く、「おか・きた安心ネット」が地域を支える新たなツールという意識は当
然なく、また何か負担を求められるのではないかという不安を抱かれるような状
況であった。

　その問題をどのように解決していくか試行錯誤が長く続く中、地域との関係性
の希薄さを改めて感じ、事業の変更を行うこととなった。つまり、地域と顔の見
える関係づくりが重要であり、まずは信頼関係の構築から始めることとした。民
生委員さんとの協議の中でも出たが、私たちの組織が地域にどのような福祉サー
ビスなどを提供してくれるのか、例えば地域での健康サロンに看護師が同席する
とか、認知症研修会に講師を派遣したり、在宅介護や障がい者と同居する家族に
対し、介助の仕方や車いすの使い方を実践方式で教えるなど、具体的な取り組み
を期待されているのである。

　そのことを踏まえながら、最初に取り組んだ地域貢献事業が、私たちと共に、
地域を支える人材を育成することを目的とした「地域共生型ボランティア養成講
座」である。地域には、まだまだ福祉は敷居が高いと感じている住民が多く、ま

ずは、私たち法人の施設を知って
頂くことや、福祉ボランティアの
きっかけづくりとしてこの講座を
受講いただきたいと考え、「暇が
ある！ボランティアは考えていな
いが福祉を学びたい！生きがい、
やりがいを見つけたい！」等々
のような動機でもよいとして募集

した。その結果、高齢者が中心であるが、33名の応募があった。

　講座内容は、おかきた安心ネットの目的や施設の役割をまとめた紹介ビデオ研修を主とし、口頭説明を少なくしたため座学は2時間程度で終了し、実践講座は14日間設け、受講生が自分の空いた時間に自由に参加できるよう配慮した。

　各施設での実地研修は好評であった。ある受講生が、障がい者施設に訪問した時、いきなり利用者が私の手をつかんだのでびっくりしたけど、施設長さんからそれは「おはようのあいさつの印です。」と説明を受け、障がいのある方の特徴を前向きに捉えるなど参加者に多くの気づきがみられたことは成果であった。

4　未来に向かって動き始めたワンチーム

　今後の展開として、地域の商店街と連携し、ボランティア時間をポイント化し、飲食や買い物に使えるような仕組みを構築していきたい。つまり、福祉のまちづくりに発展させていこうと考えている。

　まだまだ、おかきた安心ネットの取り組みは、始まったばかりだが、今日まで全く連携がなかった保育園・障がい者施設・介護福祉施設職員が、お互いの施設の顔が見えるまでに関係性が深まったことは、地域を支える社会福祉法人という10年・20年後の目標を考えた時、素晴らしい取り組みがスタートできたと感じる。

　Ｗメンバーから、「Ｗチームを2つに分けて取り組んでいきましょう。」あるいは、「ボランティア養成講座は5年は続けなければだめですよ。」など積極的な発言がでるなど、楽しくＷ会議ができる雰囲気にもなってきた。

　今では、福祉分野の横串を刺した「ワンチーム」の連携した取り組みは、色々な面で新たなモデルケースを生むことができると確信している。

むらいこうのしん

（滋賀・社会福祉法人サルビア会「水茎の里」施設長）

富士山のたとえ

岡　﨑　隆　彦

1　「トラブルフリー」の経営

(1)　「トラブルフリー」とは「トラブル」をよせつけない、万全の経営体質を目指して日々努力していく姿勢を言います。トラブルは企業に落度のない場合にも発生することがありますので、100％トラブルをなくすことは不可能ですが、努力によりトラブル発生の確率を少なくすることはできます。それが「経営」というものです。日々努力をする企業とそれを意識せずに放置する企業では日々格差が拡大していき、存続確率にも大きな差が生じます[43]。

(2)　特に生存のためのハードルが年々高くなって行くので、日々改善の経営努力を続けていくことが必要です。

2　富士山のたとえ

　頭を雲の上に出し　四方の山を見おろして　かみなりさまを下に聞く　富士は日本一の山

（文部省唱歌。作詞巌谷小波。作曲不詳）

---

[43]　トラブルを防止する努力をするのであれば、全面的に見直すことです。1つのトラブルが発生したとき、1つのトラブルの原因を究明し、その問題の再発防止に努めるということが一般ですが（それでも何もしない所に比べて立派ですが）、1つの教訓からの応用として、他の問題も推測、想定し、同種の、また進んで予想される他の問題についての対策・改善にも積極的に取り組むことをおすすめしています。よく考えた「システム」をつくり適切に運用すればリスクは必ず減少するものです。特にトラブルになって損失が発生し「高い授業料」を払う必要のある時にはこのようにしないと「もったいない」です。

雲やかみなりさまを「トラブル」と考えると、リスク対策のシステムを整えた企業は富士山のようにトラブルとは無縁に悠々と着実に利益を上げて永続していく。その姿は外部からみても素晴らしく内部の者も自信と活気にあふれている。トラブルフリーの経営とはこのようなイメージで考えるとわかりやすいと思います。

（図表）富士山のたとえ（イメージ図）

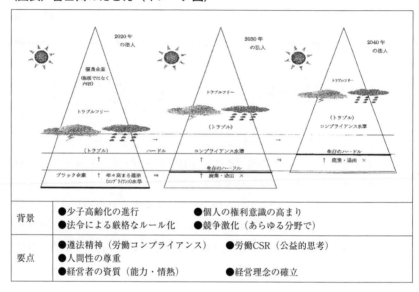

背景	●少子高齢化の進行	●個人の権利意識の高まり
	●法令による厳格なルール化	●競争激化（あらゆる分野で）
要点	●遵法精神（労働コンプライアンス）	●労働CSR（公益的思考）
	●人間性の尊重	
	●経営者の資質（能力・情熱）	●経営理念の確立

　　　　　　　　　　おかざきたかひこ（大阪・弁護士）

文書主義

田　中　理　司

1　文書作成の意義〜行政文書を例として

　文書はなぜ作成され、保存され、読まれるのでしょうか。目的があって作成される文書は、その目的に従って作成されます。時間を経て当時の情報を得ることが可能です。また、文書から客観的な情報を得ることも可能です。そして、証拠力として高く評価されます。

　地方公共団体においては日々の業務において、多くの文書が日々作成されています。地方公共団体において職務上作成される文書は公文書と呼ばれています。文書の取り扱い上、主なものに起案文書、合議文書、決裁文書などがあります。口頭ではなく、当然のように文書を作成し、記録を残し、保存することが行われています。こうした文書化する作業が、日々行われる地方公共団体が通常取り扱っている業務において行われているのです。一般の人が持つ地方公共団体が作成する文書に対するイメージは、行政用語が理解しにくいこともあって、決して理解しやすいものではなく、「理解しにくい文書」とのイメージをお持ちのことと思います。

　地方公共団体は日々多くの業務を取り扱い、その業務において必要経費を予算化し、事業を執行します。その過程においてそれぞれの事業執行の内容を文書化します。まず起案を行い、事業を始めることを文書化します。事業の過程において行われる数々の協議における協議録を作成します。予算と執行経費に乖離が生じた場合はその理由を文書化し、事業経過の報告書を作成します。最後に事業が終了すると一連の事業内容や予算執行の状況をまとめます。こうして作成される文書については、保存年限が定められ、適正な管理がなされることと成ります。

231

このように日々の業務が文書化され、公文書として適正管理が地方公共団体において成されることで、地方公共団体の一つひとつの仕事が、何年、何十年後においても検証できるのです。このような文書が存在することで、後年度において過去の事業を多面的、重層的に分析し、新しい事業政策の立案等においての参考とし、その経験から学ぶことができる仕組みとなっています。

　また、情報公開制度の整備により、地方公共団体が保管する公文書等は公開請求の対象となることから、住民にとって公文書の適正管理と情報公開制度の適正利用は非常に意義のあるものとなります。日本では公立図書館の価値が非常に高く認められ、多くの人が利用し身近に感じ、その存在を大切にされています。地方公共団体によっては、重要な公文書等の保存と利用について公文書館を整備し、歴史資料として管理しようとするところもあります。

2　人事労務管理に関する文書作成

　会社と従業員が定められた就業規則で同一の理解をし、同じ目的意識をもって仕事をするには、どのように仕事の内容を説明するのが良いのでしょうか。雇用契約書などはその手段の一つで、雇用期間、就業時間、給与額など法令に従ったシンプルな文書化を行い、誤解のない説明をすることが基本と考えます。

　業務で作成する文書については、誰が作成しても同じ質を保ち、同じ内容を記載するには、5W1H「いつ、どこで、誰が、なにを、なぜ、どのように」が基本となります。

　例えば、社内で従業員同士のトラブルがあり、ヒアリングすることになったとしましょう。それぞれの所属で、それぞれの様式で、それぞれの従業員に、それぞれの担当者がヒアリングすることは良くありません。初期段階から最終段階までを見据えて、原因、過程、課題が首尾一貫して把握できる最初から最後までの関連性が保てる様式を工夫することです。また、細々とした内容は別に用意したメモ様式を使用、主たるヒアリングは簡潔明瞭になるように記載し、誰がヒアリングしても相応のヒアリングレベルが保てるように日頃から文書化を工夫することです。まず、様式から取り組む事です。

　様式が固まれば、ヒアリング内容は事実関係を中心とした5W1Hを基本とした内容で箇条書きします。従業員の思い、ヒアリング者の意見等は別に用意したメモ様式を使用します。大事なことは、担当者が様式を勝手に作成しないで、5W1H「いつ、どこで、誰が、なにを、なぜ、どのように」をまとめる事です。

ヒアリング様式が定まっていない会社では、ヒアリングをしなければならない事案が発生するごとにばらばらの様式が使われます。質にばらつきが出るのとまとめるのが大変な作業となります。

　私が相談を受けた時は、ヒアリングシート、注意書、業務改善指導書等について統一した様式を提供し、原因、過程、課題の掌握が容易に把握できるようにしています。また、メモ用紙の様式はヒアリングシートに合うように作成しています。

　次に日常業務についてですが、保存を目的とした本格的な文書は必要ないのですから、グループウエアーなどの製品化されたデジタルツールの活用で効率的に作成し運用することが出来ます。様式が統一され形式化されたものはビジネスツールと親和性が高く、日常業務においては、昨今のバックオフィスのデジタル化、クラウド化によるデジタルツールを利用することで、多くの業務について容易に文書化が可能です。業務の開始・終了、業務報告、業務引継など多くの業務でそれぞれの様式が必要と考えるかもしれません。様式を増やさない工夫と統一化を進め、現場からクラウドファイルへ格納し共有化し、写真添付など視覚化することで理解促進と手入力の業務量を減らすことなどが可能です。デジタルツールの利用で業務内容の見直しを行い、工夫することで情報が共有化され、業務内容の理解の促進が図れ、業務の効率化も取り組み次第です。

　トラブル予防の観点からも業務内容を文書化することは大切です。文書化することで、業務内容の目的を明確にでき、客観的に見直すことができます。大きな課題になる前に課題の芽を発見することが可能となり、初期対応ができるなど文書化することへの取り組みが大切です。情報共有だけならLineやSNSの利用でも可能でしょう。SNSでの記載様式の統一、記載内容の統一などルール化することで事足りるかもしれません。

　目的と効率で文書化する手段にも工夫ができる時代です。デジタルツールの活用は不可欠です。

3　日常の文書化作業

　日常業務の文書化は、マニュアル作成にも役立ちます。散髪屋さんでお客さんの情報を散発終了後、一定の内容、一定のルールで記載したとしましょう。いわゆる顧客情報を集積し、集客方法、補充品発注、髪型の傾向、勧める髪型やカット、来店サイクルなどが蓄積されてきます。これにより顧客に対するサービス提

供内容やサービス提供時間、そこから発生する収益などを考察することが可能となります。

　こうした情報が労務管理に対しても役立つこととなります。例えば来店情報がある程度把握できるようでしたら、スタッフの休暇取得方法や時期を柔軟に検討することが可能となります。また、予約システムの活用で、ワークライフバランスを意識した時差出勤を導入することも可能となります。これらは日常の意識、積み重ね、組織的な方向性の一致が必要となります。

　トラブルやクレーム処理に関しては、その報告、対応方法、再発防止策などの手順やマニュアル化され、実行に移されていることと思います。日常業務を文書化することで、業務の中に存在している労務管理そのものや経営のヒントが客観視することができます。出社、退社時間を明記する。業務内容を記載する。こうして客観視した事実こそがいざと言うときに非常に有効で、プラスに働くことになります。

　裁判を想定してみましょう、その時点、その時点で記載された事項は、後日脚色することはできませんし、事実関係を聞き取り調査し、それをもとに記載されたものではありません。その時点を最も適切に物語るものと言えます。

4　文書の証拠としての意味については、本書の「**文書の機能**」の項もご参照下さい。

たなかさとし（滋賀・社会保険労務士）

文書の機能

岡　﨑　隆　彦

1　上司の指導の証拠化の必要性

(1)　「指示の内容が不明確であって何をすべきか解らないからです。はっきりして下さい。」等の反論・言い訳をさせないためにどのような行動に問題があるのか（改善点は何であるのか）、改善のためにどうするのかを具体的に指導して、改善のため行動を求めることが必要です。口頭での指示・指導は「そんなことは聞いていません」との言い訳を招くので、明確な内容の書面を作成し、交付することです。後日に指導した証拠になりますし、指示・指導の効果が強くなります。

(2)　業務命令として厳しく行う場合でも、単なる指導として行う場合でも、具体的に何をすべきかを明示し、何故それを求めるかの理由も明記し、期限も付します。その文書を出さざるを得ない過去の経緯（本人の不良な態度の数々）も念のために付記しておくと、本人も自分の置かれた立場を強く認識することになるはずですから有益です。

　　　誰が名義人になるか（代表者か、担当責任者か、直属の上司か）はケースバイケースですが、必ず文書を出す日付を忘れず、また、文書を受領したという証拠となるために2部作成し、1部を本人に交付し、1部に受領の署名（押印）ももらっておくべきです（受領日付欄も）。書式については上記の要素を入れているなら、特に問題はありません。何回か作成していると自然に書式はできてくるものです。

(3)　不利益処分を含む日常の業務の関係の資料を不利益処分に関して考えられるすべての場面で「セット」でしっかりと保存しておくべきです[44]。顧問弁

護士は、早く事件の見通しの判断がしやすくなり、勝てる可能性があると考えれば強気な対応が可能となります。

2　文書の2つの機能

(1)　労働者の行為規範形成上の有用性

　　口頭で指示等をすると伝言ゲームのように上司の意思が正確に伝わらず混乱を招いたり、指示の内容が不明確なものとなりがちです。組織を円滑に効率よく運営するためには文章で正確に表現された内容を多数の者に伝達することが必要です。このことは組織管理上重要であり、ピラミッド型大規模組織運営の基礎となるものです。

　　以上のことは行為規範として労働者の行為を規制していることを意味しています。

(2)　紛争解決時の裁判規範としての機能

　　この面での文書作成の意味は、裁判に勝つための有利な証拠作りとしての意味を持っています。訴訟では客観的証拠としての「書証」が重要であると言われていますので、重要です。

おかざきたかひこ（大阪・弁護士）

44　作成して保存すべき文書の例を以下に挙げておきます。

①会議を開催する場合（簡易な打合せでも）、必ず議事録を残す。

②会議の結果について上司に報告をする場合は文書（メールでも可）で行う。

③現実に注意指導を行ったら必ず記録をする（面談を行った場合は面談記録）。

④顧客からクレームがあった場合は必ずクレーム報告書を作成しておく。

⑤教育・研修を行った場合は関係資料（必要性を裏付ける情報資料を含む企画資料、開催に関する報告書・議事録・配布資料、参加者名、質疑応答の内容等）を作成し保存する。

⑥社内で連絡し合った内容についてのメールやメモを保存する。

⑦本人に交付した文書があれば必ず文書受領の日付と署名をもらっておく。

法化社会

岡 﨑 隆 彦

1 法化社会の到来と法的リスクマネジメントの必要性

現在日本では旧来の「ムラ型社会」から個人や企業の権利主張、自由な活動を
当然とする近代的な社会へますます変化しています。全てを法律と権利義務で解
決する「アメリカ型の訴訟社会」へ近づきつつある「過渡期」の日本社会を表わ
す言葉として「法化社会」が用いられています。

従来の個人や企業の権利の主張を抑圧してきた様々の規制がなくなる方向へ大
きく動いています。しかし、他方これは権利主張が活発となり、泣き寝入りがな
くなるので、法的トラブル、法的リスクが増加することをも意味しています。そ
の結果、従来のように法律や契約に無知のまま漫然と生活や事業をしていると紛
争にまきこまれたり、不測の損害を受けたりすることになります。

そこで法律や契約についての知識収得、トラブルにならないため、また不利な
扱いを受けたりしないための予防策が必要となっています。特に中小企業はこれ
らの点について全面的に準備不足ですので社会の動向を明確に認識して真剣に取
り組むべきです[45]。

2 （図表）で現代日本が法化社会といわれる意味と法的リスクについて説明し
ます。この図を見ると現状のまま意識と体制（システム）を変えないことにリ

---

[45] 顧問弁護士の役割は右のアメリカ型社会に近づきつつある状況の中で企業に考え方の
変更を助言し、時代に応じてレベルアップを図り生き残る企業づくりをお手伝いする
ことです。

（図表）法化社会の到来と社会構造の変化

		旧来の日本社会→	現在の日本→	アメリカ型社会
社会		ムラ社会→	法化社会→	訴訟社会
		法による権利擁護不十分（勝つべき弱者が法やルールで守られない）なれあい・妥協・強者優位	移行期（新旧いろいろな考え方の人間が混在して生活しているのでトラブルになりやすい）	「法の支配」ルールに基づく「公正」な解決自己責任の原則＝民主主義
ルール		内部規範が優先→タテマエとホンネの二重構造でホンネ重視//「お上」意識	コンプライアンス（遵法）強化→ルールを守れない企業は脱落するという流れが加速進行する。	法律・契約がルール（行動準則）①契約（自ら内容決定）②法律（自らの代表による決定）
	契約	薄い契約意識。契約書は作成しないか、作成してもあまり内容のない（薄い。条項も少ない。）単なる「お守り」のようなものにすぎない。本来の「契約」の意味がない。	契約意識が高まる。契約書は徐々に内容のあるものに、条文は多くなる。一方に有利なものを起案して相手方に提示する傾向が強まる。	厳格な契約（遵守）意識。契約違反には厳しいペナルティ。契約締結に向けて厳しい交渉を繰り返し合意に至る。
	法律	法の軽視→（法律などなくてよいと考えている）	遵法（コンプライアンス）の動きが急速に進行している→	遵法（コンプライアンス）重視→
		内部告発＝（身内の裏切り）をすれば村八分。	＜180度転換＞→内部告発者保護法制定	内部告発＝あるべき姿
背景		個人の主張を押えるシステム社縁・血縁・地縁（業縁）の中間的共同体の支配力がある→	一崩壊→同業団体の崩壊一押えてきた競争の解禁→「真の競争力」が問題となる。	独立した個人（個人主義の徹底）個人の尊厳（基本的人権の保障）
		身内意識・突出・不規則行動は仲間はずれ（村八分）。リスク感覚なし→争いごとはあってはならない。	突出・異色（差異）の容認・評価自己主張の時代→トラブル激増	厳しい自己防衛意識・リスク感覚・高い権利意識。トラブルはあって当然。いかに上手に解決するかが問題。

スクがあることがわかっていただけるでしょう。

おかざきたかひこ（大阪・弁護士）

ホワイト企業

岡　﨑　隆　彦

1　ホワイト企業の認証制度

(1)　ホワイト企業とブラック企業

①　現在「ブラック企業」問題が社会問題化しています[46]が、国も平成25年8月以降、問題への取り組みを強化する方針を発表しています[47]。

ネットの世界では「ブラック企業」と批判されるのも仕方のない企業の他にまともな企業まで「ブラック企業」であるかのように批判的な書き込み（ブラック企業のレッテル貼り）がなされることもあります。

②　ブラック企業と対照的な優良企業（いわゆる「ホワイト企業」）と認定される制度に「くるみん」等の認証制度があります。企業のイメージアップになり、社員の定着率やモチベーションの向上、法的リスク対策の他、採用募集面で有利になることから、「くるみん」等の認定やその認定基準のレベルを目指すことは好ましいことです。

---

[46] 「ブラック企業」の定義は明確なものはありませんが、サービス残業など違法な時間外労働がある企業が、若者を物のように使い捨てる企業というイメージで使用されることが多いようです。

雇用の安定の保障もなく使い捨てるような働かせ方が批判を集め、厚生労働省も2013年9月には若者の「使い捨て」が疑われる企業等への重点監督を実施し、2015（平成27）年制定の青少年雇用促進法（若者雇用促進法）でも、ハローワークはこのような企業の求人を受理しない等の対応がとられています。

[47] ①長時間労働や、②パワハラの予防解決を中心として、無料相談や労基署の指導強化を図るものです。また、「若者応援企業」を宣言するための7つの基準（宣言基準）を挙げて、積極的にマッチングやPR等を行う事業を始めています。

(2) 各種認定制度

　　① 日本では優良企業の認定制度として「くるみん[48]」「プラチナくるみん[49]」「えるぼし」「ユースエール」があります。これを（図表）にまとめ

（図表）各種認定制度の概要

認定	根拠法令	制度概要	労働時間	認定マーク
くるみん	次世代育成支援対策推進法	従業員の仕事と子育ての両立のための行動計画を策定・実施し、その結果が一定の要件を満たした企業を認定する制度	①フルタイムの労働者等の法定時間外・法定休日労働時間の平均が各月45時間未満かつ②月平均の法定時間外労働60時間以上の労働者ゼロ	
プラチナくるみん		くるみん認定を取得しており、さらに両立支援の取組みが進んでいる企業が一定の要件を満たした企業を認定する制度	①フルタイムの労働者等の法定時間外・法定休日労働時間の平均が各月45時間未満かつ②月平均の法定時間外労働60時間以上の労働者ゼロ	
えるぼし	女性活躍推進法	女性の活躍推進に積極的で、取組みの実施状況などが優秀な企業を認定する制度	見直し・変更なし	
ユースエール	若者雇用促進法	若者の採用・育成に積極的で、雇用管理の状況などが優良な中小企業を認定する制度	①正社員の所定外労働時間月平均が20時間以下かつ②月平均の法定時間外労働60時間以上の正社員ゼロ	

48　くるみん認定を得た企業は、認定マーク「くるみんマーク」を広告等に表示できるなどの優遇策があります。

49　「プラチナくるみんマーク」を広告等に表示し、より高い水準の取組みを行っていることをアピールできます。

ておきます。これらの認定制度を利用して自社のPRすることが必要です。このことは当然会社のレベルアップになります（「**働き方改革**」参照）。

② 中小企業における取り組みについて

　非公開同族企業・中小企業においては、①金融機関がこれらについて好評価し、有利な融資条件を提示することが考えられます。また、②取引先の大企業が取り組みのおくれた中小企業に対して選別・取引停止の動きをすることがみられ、この動きが拡大しつつあります。この意味では取り組むことが生き残りにもつながります。また、③社会貢献企業に対して社会の評価が高まると、ネットワークづくりや、商取引の準備活動が容易になるメリットがあります。以上のことから、中小企業でも、できることから且つできるだけコストのかからないやり方も工夫しながら、自らのレベルアップにつながると信じ、また広く自社PRの一環として考えて積極的に取り組むべきです。

③ ホワイト物流

　ホワイト物流とは、持続可能な物流の実現に向けた自主的行動を国が推奨し、それを認証することで、「ホワイト物流」推進運動と呼ばれています。現在物流会社の中で有力企業の取り組みが始まっている段階ですが、将来に向けての良い取り組みですので、将来トラック会社に対する特例がなくなる事態に対応するため、今から積極的な取り組みが必要です（「**ホワイト物流**」参照）。

2 「SDGs」の取り組みについて

　以上のホワイト企業の良い取り組みについて、さらに世界的にオープンなものとして国連の提唱する「SDGs」（持続可能な開発目標）（「**SDGs**」参照）があります。

おかざきたかひこ（大阪・弁護士）

ホワイト物流

山　本　外志男

1　ホワイト物流

　ホワイト物流とは、読んで字のとおり、商品を生産者から消費者へ運ぶドライバーの労働環境を改善することです。以前より運送業界は、「ブラック」であると指摘され続けてきました。この証左こそ、国土交通省が「ホワイト物流」を推進する所以であります。

　国土交通省は、次のように定義しています。

　近年、働きやすい労働環境が「ホワイト」と表現されるようになっています。「ホワイト物流」推進運動は、トラック輸送の生産性向上・物流の効率化や、「より働きやすい労働環境（より「ホワイト」な労働環境)」の実現を目指す社会運動であるため、名称に「ホワイト物流」という表現を用いることと致しました。

2　当社の取り組み紹介

　弊社、1967年3月、石川県白山市（旧美川町）にて設立しました。上場企業の危険物・毒劇物運送の専門事業者として生業し、年代順に、手取産業㈱　製造業請負業、㈲美川物流　物流請負業、㈱川北産業　倉庫業が加わり、みなとグループを組成するに至りました。グループ経営理念は、「常に顧客の立場を第一に考え、誠意と行動力で信頼を築いていく」「環境と安全に配慮し、健やかで明るい未来を創造する」「産業の発展と社員の幸福を追求し、地域の活力を生みだす」ことです。

　悲しいかな、運送業はこの世になくてはならない産業であるにもかかわらず、かなり低い地位に甘んじています。私は、北陸三県のトラック協会青年部の志あ

（図表1）みなと梱包運送㈱ 「ホワイト物流」推進運動の取り組み

取組 （宣言内容）	①取組方針	事業活動に必要な物流の持続的・安定的な確保を経営課題として認識し、生産性の高い物流と働き方改革の実現に向け、取引先や物流事業者等の関係者との相互理解と協力のもとで、物流の改善に取り組みます。
	②法令遵守への配慮	法令違反が生じる恐れがある場合の契約内容や運送内容の見直しに適切に対応するなど、取引先の物流事業者が労働関係法令・貨物自動車運送事業関係法令を遵守できるよう、必要な配慮を行います。
	③契約内容の明確化・遵守	運送及び荷役、検品等の運送以外の役務に関する契約内容を明確化するとともに、取引先や物流事業者等の関係者の協力を得つつ、その遵守に努めます。
取組項目	①物流の改善提案と協力	待機時間をデータ化・分析し、荷待ちコストの削減提案を行うことで、運転手の拘束時間を削減します。お取引先（荷主）だけでなく、地域のお届け先とも関係を深め、積極的に対策を提案しています。
	②働き方改革等に取り組む物流事業者の積極的活用	働き方改革や輸送の安全性の向上等に取り組む物流事業者を積極的に活用します。
	③異常気象時等の運行の中止・中断等	台風、豪雨、豪雪等の異常気象や災害が発生した際やその発生が見込まれる際には、無理な運送依頼を行いません。また、運転者の安全を確保するため、運行の中止・中断が必要と物流事業者が判断した場合には、その判断を尊重し、運送依頼主と協議します。
	④職場環境の改善	多様な意見を取り入れる為に、多様な人材を採用します。女性の意見も積極的に聞き入れます。職場環境の改善に取り組んでいます。
	⑤物流センターの活用	関連会社の、県内最大の一般物、危険物、毒劇物倉庫を活用することで、スムーズな入荷・出荷に対応します。倉庫の増設を行い、お取引先の流通機能をより効率化し、当社の集荷能力、効率を高めます。
	⑥地域社会とのコミュニケーション	七ヶ用水、近隣道路、公園の清掃、除草を行い、地域とのコミュニケーションを深めます。

るメンバーと共に、地位向上に尽力しています。それが、私のpassion（情熱）、mission（使命）だからです。一方、私の真の仕事、社長としての責務は、サービスや組織を率先して創造することです。経済社会が大きく変化する中、ライフスタイルの多様化は時代の必然であり、働き方改革を進めていきます。

　2019年11月22日、役員、従業員の更なる人格の向上、更なる社格の向上、かつ、社会的責任（CSR）を果たす一環として、同運動に参画致しました。

3　当社の事業紹介

　創業者は、故山本邦雄（実父）、二代目　山本邦彦（実兄）、私は三代目です。2013年３月に代表に就任致しました。創業以来、当社には、連綿と続く、歴史と伝統と文化があります。それは、従業員を大事にする、従業員を思いやる心です。

気付きの経営（私の経営方針）

　私が、採用面接に立ち会わせて頂いた際に、必ず言うことがあります。
　ⅰ 従業員が、働きやすい会社にしたい。
　ⅱ 従業員に、働いて良かったと言ってもらえる会社にしたい。家族に誇れる会社にしたい。
　ⅲ 良かったら、いつまでも働いて下さい。
　お陰様で、従業員が従業員を呼んで来てくれて、運転手の平均年齢は53歳、平均勤続年数は14年となりました。平均年齢が高くなってしまったから、定年を60歳から65歳に引き上げて、就業規則を改定します。人生100年時代の到来ですから、働く意欲のある人達に、就業機会をより多く確保していきます。

　私は、「安全・安心」以外に、指示をしたことがありません。売上目標等、口にしたことがありません。しかしながら、決して「なれ合い」でありません。従業員が、自ら考えて、自ら働く組織を目標に、命がけで経営をしています。「おごる三代目は久しからず」を信条としています。図表２の班体制も、意識の高い従業員らが発案したものです。自主的会議、①毎週土曜の会議終了後、各人に100円を配布（これは、会議終了後、各班ごとに談笑する時のお茶代です）。②各班談笑後、希望者全員でランチミーティングを開催します（ランチ代も支給）。運送業というのは、多分に物を運ぶだけでありません。安心、安全、そして付加価値を付けなければ業として成り立たないわけです。その「付加価値」とは、どれだけ沢山の人のことを思いやれるか、自分の心で決まると思うのです。仲間と会話をすることで、共通した想い、グループ経営理念を心で理解してくれること

（図表２）　自発的な班体制

ドライバー班体制（安全教育）
リーダー：○　2020年（1月～6月）前期　班体制　＊毎朝　安全朝礼
サブリーダー：○

①班長	②班長	③班長	④班長	⑤班長
○	○	○	○	○
○	○	○	○	○
○	○	○	○	○
○	○	○	○	○
○	○	○	○	○
○				
1月川北清掃	2月川北清掃	3月川北清掃	4月川北清掃	5月川北清掃

＊毎週土曜　安全会議

＊毎月第一土曜　全体安全会議

＊当番制　毎月清掃（ボランティア）
＊夏：バーベキュー
＊冬：忘年会
＊随時：歓送迎会

を期待しています。言葉でなく、「気付き」で仕事をして頂きたい、感性で人生を豊かに生きて頂きたい、それが私の想いです。

4　最後に

　当社から、霊峰　白山が綺麗に見えます。亡父は、「白山に登る志を持った男」として「としお（外志男）」と命名してくれたのかと思う時があります。いつも、「白山」という大自然があって、美しいもの、人情があって、愛があって、心を温め癒してくれるものがこの世の中に一杯あります。白駒の隙を過ぐるが如し、新しい令和の時代に即して、礼節を持って、生き生きと仲間と働いていきます。

以　上

　やまもととしお（石川・みなと梱包運送株式会社　代表取締役）

町のかかりつけPT

安 倍 浩 之

PTと開業権

　PTは、理学療法士（米国Physical Therapist又は英国Physiotherapist）の略称で、リハビリテーションチームを構成する医療従事者として、医師の指示の下で診療補助に携わっている国家資格を有する専門職です。PTは、運動器の諸症状に対して、運動を治療手段として、運動機能を維持改善させる知識と技術を習得しています。多くの先進国では、PTの医療保険診療における開業権が認められていますが、日本では認められていません。従って、PTの90％以上が医療機関に勤務しています。

社会保障費抑制とグレーゾーンの撤廃

　さて、日本における平成30年度現在の高齢化率（総人口における65歳以上人口の割合）は、27.7％です。今後、2040年頃まで人口の高齢化が更に進みます。国は、膨張する社会保障費の抑制は喫緊の課題とし、医療・介護などの様々な制度改定を行っています。とりわけ、介護予防は医療給付費や介護給付費の削減の観点から重要な施策の一つとしています。

　そんな中で大きな出来事がありました。平成25年11月、厚労省医政局は、医師の指示についてグレーゾーンとされていた介護予防について、「PTは、医師の指示がなくても、身体に障害のない者に対して理学療法を提供できる」と解釈通知を出したのです。すなわち、これまで医師の指示がなければ何もできなかったPTが、医療機関以外で健康づくりや介護予防に資する理学療法が、事実上解禁となったのです。

PT配置の多様なコミュニティーづくり

　私どもは、社会保障費を使わない互助力・自助力を活用した介護予防や健康づくりの拠点づくりを進めています。以下に、現在行っている事業を示します。

　平成15年3月、小浜市に「フィジオテラピースタジオ」を開設しました。PTと健康運動指導士がサービスを提供しています。高齢者の介護予防のための会員制のトレーニングジムです。マシントレーニングを軸に、ストレッチ指導や身体を守る動き方指導などを行っています。高齢者は、要介護状態や病気への不安を抱えていますが、家庭問題や近所づきあいなど人との悩み事なども抱えていて、言わば、よろず相談所となっています。

　平成18年12月、京都市に開設した「足の健康専門店メディゲイト」。ここでは、PTとシューフィッターがサービスを提供しています。足や身体の評価をして、一人ひとりに適したインソールを作製し、販売しています。抱えている足を中心とした身体の悩みを持って来ます。中には、医療機関で治療を勧めなければならない方もありますが、多くの方の場合、インソールの提供や靴の選び方、簡単な生活指導やセルフトレーニング指導を行うことで、悩みが解消されます。

　平成25年3月、名古屋市に開設した「The Running School & Movement School」。ここでもPTがサービス提供をしています。子どもの頃から、多くの方は走り方を学んだことがないので、ランニングによって様々な怪我をします。ランニングや身のこなしを分析し、より速く、より美しく、より効率的なランニングを習得していただきます。ランニングフォームの指導、筋トレーニングやストレッチなどのセルフトレーニング指導によって、大概の痛みや疲労が解消されます。やはり、中には医療機関を勧めなければならない方もあります。

　平成30年3月、藤屋旅館とガーム農園を開設しました。ガームでは、高齢者のピンポイント軽農作業と人との触れ合いの場を提供し、介護予防につながることを期待しています。また、藤屋は、関西・中京圏の要介護者の宿泊先としてご利用いただくべく改修をしています。要介護者が旅行によって、ふさぎ込んでいた暮らしに明かりを灯すことができることを期待しています。そして、地域の高齢者と都市部の要介護者とのコミュニティー形成による相乗効果を狙っています。

町のかかりつけPT

　私たちの目指すものは、「町のかかりつけPT」を全国津々浦々に配置すること

です。PTは、運動学、運動力学、運動生理学、運動病理学を基盤に、①生活機能低下の兆候や状態を速やかに察知、②生活機能低下の要因の特定と説明、③機能的予後予測と問題解決手法の提案と説明などを得意とし、また、医療機関での治療が必要な場合を鑑別できます。今まさに、このような専門性を生かしたゲイトキーパー的役割としての「町のかかりつけPT」が、社会的要請ではないかと考えています。前述した通り、欧米では開業権があり、PTクリニックへのダイレクトアクセスが可能ですが、もっと気楽に相談に訪れることができる地域の保健室のような機能があれば、社会保障費は劇的に抑えることができるのではないかと推察しています。

　上述した事業そのものは、決して経営的に安定しているものではないですが、戦略的社会的責任としての価値は高く、法人のイメージアップにつながっています。また、PTの働く場所が医療機関以外にもあることで雇用の安定にもつながっています。今後、時代の流れとともに、これらの事業が膨らみ、法人経営の安定に寄与するものと考えています。

あべひろゆき（福井・リリ・フィジオグループCEO
［医療法人三愛会／株式会社ふらむはぁとリハビリねっと］）

身元保証

岡　﨑　隆　彦

1　一般的な活用法

(1)　「身元保証に関する法律」は身元保証責任の範囲、限度を合理的なものに
制限して、身元保証人を保護するために制定されたものです[50]。

　　「身元保証」は最近ではあまり活用されなくなっているようですが、法的
リスク対策として、①損害賠償責任を履行させるための他に、②身元保証人
の存在と配慮により非行の抑止を図る意味があります。さらに③トラブルに
なった場合の仲介役になってもらえると期待できることもありますので、
もっと活用すべきです。特に近時トラブルが増えている精神疾患社員対応に
おいてメリットが考えられます。

　　尚、①の損失補填の機能としては、一部の責任しか認められないので限界
があり、保険料を惜しまず保険金での填補の備えをすべきです。これに対し、
②の非行抑止効と③トラブル解決への協力の効果については期待できますの
で、活用を図るべきです。

(2)　どのような場合に身元保証を考えるかというと、労働者全員でなくてもよ
く、重い責任の危険がある場合だけ（例えば経理・営業等）でもよいでしょ
う。また、後述のとおり、責任額限定をする（例えば上限を設定する）等の
方法も実際的に公平ですし、身元保証人になってもらいやすいです。

---

[50]　身元保証人は、「身元保証に関する法律」によって、その責任の範囲が限定されていま
す。身元保証法では、身元保証契約の存続期間を原則3年、長くても5年まで（更新
する場合最長5年）と期限を定めています。

2 特別な活用法

　下田118頁は、身元保証人との面会を重視する考え方の会社の規定を紹介しています。

　身元保証書をもらうときが、新たに採用する従業員の身内と会う絶好のチャンスと考え、身元保証書をもらうということを口実として身元保証人の自宅に伺うというルールを作っている例です[51]。

　狙いは2つあり、①身元保証人（親族）側に会社側の（会社の本業や考え方についての）説明で理解をしてもらい、安心してもらうこと、また、会社に対して良い感情を持ってもらえること、②会社の方でも、親族の方の気持ちや成育の背景を知ることができ、情が湧いてくる。このことでより愛情を持って指導することが出来る。

　この考え方は特殊ですが、上記(1)③を超えて、「④離職防止」の効果も期待出来ます。

おかざきたかひこ（大阪・弁護士）

51　①「どんな会社なのか」「どんな仕事をしてもらうのか」について説明をすることで、両親や配偶者など近親の方に安心してもらうということ。

　②周囲の人の気持ちが聞けるということ。たとえば、従業員のお母さんが身元保証人になった場合、お母さんに話を聞くことで、彼女が従業員を苦労して育て上げたことがわかる。すると、そこに情が湧いてくる。

　仮にその従業員があまり積極的に仕事をせず、出来が悪かった場合も、経営者や上司の情があると、「ちゃんと仕事をしろ！」という思いでも、その裏にある感情は、「あのお母さんを悲しませるな」という良心からくる思いだ。本人にもしっかりと伝わるし、言葉の迫力が違ってくる。

　また、面会することで、身元保証人の側にも情が芽生える。会社の人が挨拶にいき、直接、会社の内容を説明すれば、経営者や会社の考え方に理解を示してもらいやすくなる。その結果、仕事がつらくて本人が辞めたいと相談した場合に「あんな会社を辞めたらもったいない。しっかりと社長に育ててもらいなさい」「もっと周囲に受け入れてもらえるように自分が努力しなさい」という発想になってくる。

無過失責任

古　川　政　明

　労働災害（以下「労災」といいます。）とは、労基法第75条「業務上負傷し、又は疾病にかかった場合」をいいます。また、業務上の疾病というのは労働基準法施行規則第35条で「別表第1の2に掲げる疾病とする」とされ、疾病名が列挙されていますが、最後に「包括条項」という条項があり、この別表に列挙されていない場合であっても

　　①労働の場に危険因子が存在している・・・物理的、作業内容、病原体等

　　②健康障害を起こしうるほどの有害因子にさらされたこと・・量や期間

　　③発症の経過および病態が医学的に見て妥当であること・・・①②にさらされた後の発症

の3点を勘案し因果関係ありとされた疾病は「その他業務に起因することの明らかな疾病」として業務上の疾病とされています。

　ところで、労災とは、その傷病等の原因が「業務[52]」にあることが必要です。例えば、労働者が業務時間中に脳梗塞で倒れた場合でも、たまたま就業時間中に生じたということのみをもって、労災認定されるわけではありません。また過重労働がきっかけである場合でもいかなる労働者も多かれ少なかれ肉体的・精神的に疲労するのが通常ですので、使用者（企業）が労働者に従事させていた業務と傷病等との間に一定の明確な相当因果関係が存在することが必要とされています。これを「業務起因性」といいます。

　「業務起因性」は、労働関係を基に成立し、労働者が労働契約に基づく労働関係の下にある「業務遂行性」が前提条件となります。「業務遂行性」とは業務を

52　業務命令に基づく業務だけに限られるわけではないことに注意が必要

明確または黙示的に事業主の支配下で命じられた業務を遂行するという意味です。つまりこの「業務遂行性」が認められない、例えば休日の会社への入館を禁止されているにもかかわらず、これを無視し無断で入館した上、勝手に仕事をして負傷したようなケースでは、業務起因性を問うまでもなく「労災」と認められない可能性が高いといえます。

　また業務遂行性があっても、前述のように、何の原因もなく倒れたというようなケースもあり、それだけで「業務起因性」が認められるわけではありません。つまり「業務起因性」とは、「労働者が事業主の支配下にあることに伴う危険が現実化したものと経験則上認められる[53]」ものをいいます。言い換えれば、その業務に従事していなければ災害が発生しなかったであろうと認められ、その業務に従事していれば、その様な災害発生の蓋然性があるだろうと認められることが必要です。

　この場合の業務起因性存在の立証責任は労災保険の給付を受けようとするもの（被災労働者、遺族）が負います。では、どの程度の立証が必要かというと医療過誤における損害賠償事件の最高裁判決[54]の判断枠組みが用いられることが少なくありません。それは「経験則に照らして全証拠を総合検討し、特定の事実が特定の結果発生を招来した関係を是認し得る高度の蓋然性を証明することであり、その判定は通常人が疑いを挟まない程度に真実性の確信をもちうるものであることを必要とし、かつ、それで足りる・・・と解すべきである。」というものです。

　反対に企業としては、本人のうっかりミスで労災が発生した場合であろうと、企業側は危険性を十分説明し安全対策を講じていた、或いはおおよそ怪我をするとは思えない作業工程で発生した労災であったとしても、労働基準法上の災害補償義務を負います。実務的には労災保険でカバーされますが、企業側に過失がなかったとしても発生した労災に対する治療費や休業補償等の災害補償義務を負うということから無過失責任があるといえます。ただし、労災が発生したら必ず企業側は民事上の損害賠償責任を負うというものではありません。言い換えれば労災に対する補償義務を発生させる無過失責任は非常に広い概念であるということができます。

　なお、労災の認定は事業場を管轄する所轄労働基準監督署長が行います。

　　　　　　　　　　　　ふるかわまさあき（滋賀・社会保険労務士）

53　昭和49.10.25基収2950号
54　東大病院ルンバール・ショック事件　最２小判昭和50.10.24民集29巻９号1417頁

命解援

岡　﨑　隆　彦

1　部下とのコミュニケーションを図る場合に、通常部下の「報連相」がないと非難することが多いようですが、部下を非難する前に上司として十分なコミュニケーションをとるためにすべきことをしているのでしょうか。この点についてわかりやすく指導のポイントを述べたものとして、中井嘉樹「はじめての部下指導の心得」（経営書院）があります。ここでは「報連相」の対となる「命解援」という上司側の行動が問題とされていて有益です（図表1）。重要なことは、部下に「報連相」を要望する前提には、上司側に「命解援」があるということです。

2　事例による説明として、前掲書では映画等における軍隊のイメージから「命

（図表1）命解援

部下		↔		司上
指示命令を受けたことに対して、その進捗状況、あるいは結果を知らせること	報告	↔	命令	適切な指示命令を出すこと
通報の必要性を察知し、自発的に状況、あるいは結果を知らせること	連絡	↔	解説	出した指示命令を遂行することが、いかに価値あることなのか、あるいは我々にとっていかに大切なことなのか、その目的や意義をきちんと解説し、十分理解させること
何かを決めるために、人の意見を聞いたり、話し合ったりすること	相談	↔	援助	出した指示命令を完遂するために、組織を挙げて支援をすること

（図表２）成功する命解援の具体例

部下		↔	司上	
今日のところは作戦通り順調に来ています。しかしながら、前方500mのところに敵が強力な防衛ラインを引いており、今後の苦戦が予想されます。	報告	↔	命令	1週間後の○月○日までに、△△高地の敵を殲滅し、占拠せよ。
一方、敵が補給路を断たれることを危惧し、今朝から大量の物資移動を行っているもようです。	連絡	↔	解説	△△高地を占領すれば、敵の補給路を断つことができ、北部戦線における我が軍は優位に展開を図ることができる。これ以上の損害を出すことなく、北部戦線を終結させることが可能になる。
敵の物資移動が完了する前に、兵力を増員し△△高地占領を早めるか、あるいは、空軍に要請し、補給路への直接の空爆も考えられますが、いかがいたしましょう？	相談	↔	援助	この作戦はとても重要な作戦であり、そのためには空軍の支援も要請できるようになっている。必要があれば、いつでも空爆実施の用意がある。

解援」をわかりやすく説明しています。これを表にしたのが（図表２）です。

3　以上は、言われてみれば当然のことと理解できるものですが、実際にはなかなか実行できないものです。そこで無用のトラブル防止のため、また経営水準の引き上げのために、管理職研修の内容として教育テーマとすべきです。

おかざきたかひこ（大阪・弁護士）

面接指導

古 川 政 明

労働者の健康保持のためには、労働時間等の設定改善を行うことを提唱し、労働者の健康状態や生活など様々な事情を踏まえたうえで、労働時間等の勤務状況を把握して労働者各人への配慮すべき事情をつかみ健康保持に努めることが必要です。

特に健康の保持に努める必要がある労働者への配慮として、健康診断や面接指導の結果を踏まえ、医師の意見を勘案して、特定の労働者について特に健康の保持に努める必要があると認められるときには就業上の措置（労働時間の短縮、深夜業の回数の削減など）を適切に講じなければならないこととされています。

そこで、長時間にわたる過重な労働が認められる場合にはその労働が疲労の蓄積をもたらす最も重要な要因といえますので、医師による面接指導を受けさせ脳・心臓疾患の発症を予防する措置が必要なことから一定の長時間労働者などについては、医師（産業医など）による面接指導を実施することを義務付けています。

具体的に、面接指導実施義務がある労働者は

（ァ）時間外・休日労働が月当たり80時間を超えている

（ィ）疲労の蓄積が認められる

（ゥ）本人が申し出ている

のすべてを充たす労働者とされています。

しかしながら、真に会社の発展を願い健全な健康管理を果たすためには「（ゥ）本人が申し出ている」ことを待っていては不十分ではないかと思うのです。

例えば月20日勤務1日8時間が所定勤務の会社であれば、単純計算で1日4時間の残業で80時間となります。つまり1.5日分の勤務を毎日行っているに等しい

といえます。これの累積は心身ともに疲労を蓄積することは容易に想像でき、その疲労に対する耐久力には個人差があり、やはり会社の健康配慮として面接指導を受けさせるべきではないかと思うのです。

　受けた本人の安心感ももちろんですが、労働者の近くにいる家族も安心する、また安心させることがストレス社会に生きる現代社会においてますます配慮すべきこととなってくるかと思います。

　さらに、50人以上の常用労働者を雇用する事業場においてはストレスチェックが義務付けられていますが、事業者は、医師、保健士、厚生労働大臣の定める研修を受けた看護師、精神保健福祉士による「心理的な負担の程度を把握するための検査[55]」を1年以内ごとに1回実施しなければなりません。この検査を行った医師等は、検査結果を労働者本人に遅滞なく通知しなければなりませんが、医師等がこの検査結果について、労働者本人からその検査結果を事業者に情報提供することの同意を検査実施後に書面または電磁的記録で同意を受けていない限り、事業者へ提供してはならないことになっています。

　このような扱いにしているのは、この検査の目的が労働者自身のストレスに対しての気付きを目的にしていることにあります。ただし、労働者が事業者へ検査結果の情報提供を同意し提供された結果、ストレスの程度が高い者で面接指導が必要と医師等が認めた者であって、労働者本人が医師の面接指導を希望する場合には、医師による面接指導を実施しなければなりません。さらに、事業者はこの面接指導に関しての医師の意見を聴いた上で、労働者の実情を考慮して、就業場所の変更、作業転換、労働時間の短縮、深夜業の回数の減少等の適切な措置を講じなければならないのです。この様なことを事業者に義務付けているのは、労働者と事業者がともに命を守るということの重大さからであると思うのです。それゆえ50人未満の事業場においても一人の命の重さを考えれば面接指導については、是非とも実施されることをお奨めしています。

　　　　　　　　　　　　ふるかわまさあき（滋賀・社会保険労務士）

55　これを一般に「ストレスチェック」と呼んでいます。

メンタルヘルス

古　川　政　明

　仕事と生活の調和が目指すものは、人の心を取り戻すところにあると思います。昨今はインターネットの普及によりより身近に速いスピードで情報が手に入り、またSNSの普及はジャストオンタイムでの回答やサービスのスピード化が求められます。

　行政サービスにおいても「サービススタンダード」が打ち出され、行政サービスの迅速が追及され、サービス提供を受ける消費者や市民にとってはありがたいことである反面、それらの業務を担う人の心が、そのスピードの速さに人の心が追い付いているのかどうかを心配に思うことがあります。

　例えば、パソコン等の機械装置は、人が操作した通り機械的に処理してくれます。言い換えればボタンを押せばスタートし、ブレーキボタンを押せば停止するが如くです。もちろん最近では誤作動や、安全のために誤作動や危険を察知すると自動的に機械が停止することはありますが、一般的には人間が操作をすることを機械は忠実に動作します。

　ところが、人間は組織における上意下達で業務の指示があった場合には、労働契約上の義務として従うことになりますが、機械が行う作業と異なるのは「心」が伴うということです。業務命令は通常、能力向上をさせるため或いは指導のために能力向上に比例してその人に対する期待値は高くなり指示命令内容も高度なものとなり、かつ作業スピード向上も求められることもあります。それは職業人として成長していく過程では当前に予定されているものであるといえますが、それ以外にも現代社会においてはセクシュアルハラスメント、マタニティハラスメントおよびパワーハラスメント等様々なハラスメントが定義付けられ、それらハラスメント対策を講じる義務が企業には義務付けられています。

とくに、パワーハラスメントの一例としてあげられるような達成がそもそも無理な指示がなされた場合や、個人の能力に対して過度な命令又は過少な命令である場合（これらを一括して「無理な命令等」といいます。）には、本人さえ気がつかぬ間に心身を疲弊させることが想像できます。

　心が疲弊して気がつかぬ間に「心の病気」に罹患するということは、誰にでもあり得ることでよく「心の風邪」と呼ばれることがありますが、実際には風邪の様に数日の保温安静で完治するというものではなく、長期療養を余儀なくされたり、重篤な場合は自殺に追い込まれるようなケースも少なくありません。これらは社会の大きな損失であるといえます。

　心の病気は、個人の脆弱性によるところもあるといわれますが、職場で異変を気付いてあげることと、個人としての尊厳を守るという意識を持つことが肝要ではないかと考えます。またパワハラが原因として心の病気を罹患したり、自殺に追い込まれてしまった場合等に、企業が、パワハラが発生していることを認識していた或いは認識できる状況にあったにもかかわらず、何らその対策を講じなかったり、放置していた場合に民法上の「不法行為」または「安全配慮義務を講じなかった債務不履行責任」を請求原因とした民事訴訟を労働者やその遺族が提起するケースもあります。訴訟を起こされて慌ててその対策を講じても、それはその事件に対しての対応に過ぎないのです。常日頃から職場内でパワハラが行われないように組織として教育し、また一人の従業員を育てるという愛情を伴うところにあります。

　失敗を繰り返させないために叱責する必要も当然あり、また懲戒処分の一歩手前として厳重注意することもあるかと思います。これらは、その理由もしっかり示した上で教育という意味が注意を受ける側にも伝わります。その様な趣旨から外れた単なる「嫌がらせ」や「面白半分」等の行為、或いは注意すべき理由は存在していたとしても度を過ぎた注意や対応は、そもそもの目的が異なる或いは逸れてしまいますので、受ける労働者にはその理由が分からず、精神的にも追い込まれてしまう危険が高くなります。

　　　　ふるかわまさあき（滋賀・社会保険労務士）

毛利の両川
～吉川元春と小早川隆景
戦国武将の経営と労務管理（人間関係論）
～兄弟による本家補佐体制の確立

駒 村 和 久

1　毛利家とは

　鎌倉幕府創設の有力御家人大江広元を遠祖とする名門たる毛利家ですが、天下に名を知られたのは、戦国時代中国の梟雄毛利元就でした。元就には長男隆元、次男元春、三男隆景と三人の男子がありました。一族結束を懇請する元就の三矢の教えは有名です。元就は詭計謀略を駆使し、中国全土を手中に収めた名将で北に尼子氏、南に大内氏と大敵と接しながらも順次撃破し中国の覇者となります。山陰の吉川家に元春を山陽の小早川家に隆景を養子として両家を傘下に収めました。「毛利の二字、あだやおろそかに思い、忘却するようなことがあってはならぬ。事新しく申すまでもなく、三人の間に少しでも懸け隔てができるならば、ただただ三人とも滅亡と思い召されよ」と元就が言い残しました。

2　毛利隆元

　長男の隆元は大内義隆を烏帽子親として、父の影に生きてきたのですが、41歳での急死は毒殺疑惑の疑いもあり元就を落胆させました。生前、隆元は上に立つ者のあるべき行為をしたためています。「文をもって治め、武をもって守る。功あるを賞すれば、すなわち忠ある者が増える。罪を罰すれば、すなわち咎ある者は減る。賞を行うに躊躇せず。」

3　吉川元春

　次男元春の心構えは「小敵を侮ってならず、大敵を恐れてはならず」まさに武将の鏡でありました。元春は不美人で聞こえた勇将熊谷信直の娘を娶ります。元

春は忠実な家臣を得た結婚であったと喜んだといわれています。「われも信直が娘を醜いと聞き及んでいる。しかれども今、中国地方に熊谷信直に勝る侍大将はおらぬ。われが信直と親しくなれば、信直はいよいよ父上に対して忠節に励むであろう。この結婚は父上に対する孝となりましょう」元春の毛利宗家に対する思いが伝わってきます。後年、関ケ原の戦いで家康に味方して毛利本隊を押さえて、毛利家の滅亡を食い止めた吉川広家は元春と熊谷信直の娘の三男です。

4　小早川隆景

　三男隆景は分家の竹原小早川家から沼田本家小早川家の当主戦死後名実とも本家を継ぎ、隆景の先見力・知略に富んだ参謀の生き方は本能寺の変における対応で天下に名を轟かせました。後年秀吉の小田原攻めの際は歌舞音曲の宴の開催、北条に対しては徳川家康をたてるべし等の提言を行っています。思慮深さの際立つ隆景ですが、黒田官兵衛と比べられ「自分は考えに考えを重ね、ほかにもっと良い方法があるのではないかと熟慮に熟慮を重ねて結論を出します。官兵衛殿のように瞬時に閃く才覚はありません」と答えています。秀吉が九州を平定した直後、隆景は毛利輝元と一緒に呼ばれ、筑前筑後を毛利領とするので、隆景が現地を実行支配せよと命じられました。隆景は中国8か国の支配で手一杯と断りますが、秀吉は引かず、ならば豊臣家の直轄領とするのでその代官をせよと命じました。結局秀吉は、隆景を筑前筑後50万石の大名に取り立てました。隆景は「50万石はわれに過ぎたることだ。最近まで敵だった身に大国を与えられるとは、われを愛するにあらず。九州を手なずけるための仮のはかりごとよ」と側近に語ったといいます。天下統一に邁進する秀吉の真意を見抜き、筑前筑後の両国は自分領国ではなく豊臣家からの預り物の姿勢を崩すことなく管理しました。

5　秀秋の養子問題

　40歳になろうとする毛利宗家隆元嫡男輝元に後継ぎが生まれないことから、秀吉の養子となっていた秀秋を毛利家に送り込もうと秀吉がもくろんでいる話を聞き及び、隆景は一大事と、すぐ善後策を講じました。器量に欠ける秀秋が毛利家を相続しようものなら大江広元の末裔を自負する名門家は失墜します。毛利の血を守るために隆景は奔走しました。一族の秀元を輝元の養子にし、小早川家を犠牲にして秀秋を小早川家の跡目にと申し出たところ、秀吉は喜び、話はまとまったのです。隆景は筑前筑後を秀秋に譲り三原に隠居しました。これで懸案の筑前

筑後の領地を豊臣家に返せたと安心しました。後年、秀秋は小早川家の精鋭
1万5千の兵力をもって関ケ原に着陣。合戦の途中、三成の西軍から家康の東軍
に寝返り、結果として豊臣家の衰退を招くことになります。

6　隆景の人材教育

　隆景は常々、「急ぐことはゆっくり行いなさい」と話していました。隆景は勇
猛な武将でしたが、非常に慎重な人でした。決断する際、時間をかけてじっくり
考え抜くのです。数多くの選択肢を準備してそれから決断するのです。「おまえ
たちは、この隆景が何か指示すると、すぐにわかりましたと即答する者が多い。
もっとじっくり考えて、疑問点があれば素直に質問し納得したうえで初めてわか
りましたといいなさい」家臣に常々言っていました。また、隆景は家臣たちに
「自分の好きなことは自分にとって毒だと思え」とこの言葉を特に若い家臣に言
いました。「修行中の者は、自分にとって嫌なこと、理解するのがむずかしいこ
とに積極的に取り組みなさい。若者たちの人生は長い。山川を越えていくことに
よって自分を鍛えることになる。くれぐれも、自分の好みにあったことだけです
ませるな。むしろ、自分が苦手なことにこそ立ち向かうのだ」隆景の人材教育の
理念を示しています。

7　毛利家の命運

　もし、隆景が関ケ原の戦いの時点まで生きていたら？毛利家はどうなってい
た？
　元就の遺訓は、「毛利は天下を望まず。領国支配に徹せよ！」でありました。
隆景はその遺訓を守り本能寺の変の際、元春の主張する秀吉追撃に反対し、秀吉
との和睦をたがえることなく秀吉の天下に毛利の存在感を示す道を選びました。
そのような隆景ですから石田三成と徳川家康の対立の中でも5大老の一人として
両者の仲介の労をとり、一旦鉾を納めさせたのではないでしょうか？毛利家とし
て中立の立場をとったものと考えます。同時に家康の天下簒奪の意図を見抜いた
隆景は、どうすれば毛利家120万石を守ることができるか、この一点で考え抜い
たと思います。三成と安国寺恵瓊が輝元を家康打倒の旗頭として抱き込もうとし
ていることを察知した隆景は吉川広家と協力し、恵瓊を輝元から遠ざけるべく手
を打つでしょう。そして毛利宗家を守るため家康に味方する旨、広家を通じて徳
川家に伝えたものと考えます。毛利家が東軍となれば、西日本の諸大名の内、三

成に味方する大名は史実より激減するでしょう。関ケ原の戦いの様相は大きく変わることになります。結果、史実どおり家康が勝利します。毛利家は120万石を維持することになるでしょう。若干の加増もあるかもしれません。そうなると、幕末長州藩の尊王倒幕の気風が育つどころか、完全な佐幕派の大藩として存在したものと思います。近代日本、明治維新の夜明けは史実と大きく異なった展開を示すことになります。

こまむらかずひさ（兵庫・社会保険労務士）

参考文献　古川　薫著　毛利元就と戦国武将たち　PHP文庫

童門冬二著　戦国名将一日一言　PHP文庫

楠田義昭著　戦国武将名言録　PHP文庫

海音寺潮五郎著　武将列伝毛利元就　文藝春秋

有給休暇

坂　田　敏　彰

1　有給休暇に関して

(1)　労働者の権利とはいえ、業務・同僚などへの影響を鑑みない利己的な者（ブラック労働者）が増えてきたので、以下のような条文を設定し、今一度組織の一員であることを自覚させる必要があります。ただし、強制力はないので、日ごろの労務管理が重要なのは言うまでもありません。

> （規定例）年次有給休暇の取得の際には、顧客、取引先又は会社にできる限り迷惑をかけないことを念頭におき、業務の引継ぎや申し送り、代替要員の要請などを行うなど、正常な業務の運営を妨げないよう配慮するものとする。

(2)　長期の場合

また、長期の有給休暇申請は業務運営、同僚に与える影響が大きいため、通常の申請期限とは別に定めることも検討すべきです。

> （規定例）従業員が連続5日以上（所定休日が含まれる場合を含む）の年次有給休暇を取得するときは、原則として1か月前（勤務シフト作成前）、少なくとも2週間前までに、所定の手続きにより会社に届け出ければならない。

(3)　半日有給

働き方改革において、年5日間の有給休暇消化義務に対応するため、半日有給を活用することは非常に有効ですが、この「半日」は非常に厄介な問題

を引き起こす場合があります。例えば、始業時刻が9：00、終業時刻が18：00、休憩時間帯が原則12：00～13：00の事業場の場合、これまで半日は休憩時間の前後で区切って対応してきたケースが大半でしょう。このようなケースでは午前は3時間勤務、午後は5時間勤務となりますので、午前に有給を取るか午後に有給を取るかで勤務時間に差があったのですが、これまではこの点についての主張はあまり耳にすることはありませんでした。しかし、近時、この点を不公平だと主張するケースが増えてきていることに配慮し、あえて有給の半日付与に言及するとともに、これらの不満に配慮した条文にすることも可能です。

> （規定例）年次有給休暇の取得については、半日単位での取得を可能とする。この場合は、いずれも実働時間が有給休暇取得日の所定労働時間の1/2となるよう、午前に有給休暇を取得する場合は、本来の終業時間までで所定労働時間の1/2を勤務することとし、午後に有給休暇を取得する場合は本来の始業時間から所定労働時間の1/2を勤務するものとする。

　また、『有給休暇の不公平』については、1日消化なのか、半日消化なのかという点においても、従業員の誤解誤認に基づく不満が寄せられるケースが多くなっています。勤務時間が日によって変動するようなケースで、4時間の所定労働時間の日の有給休暇の消化日数について、使用者サイドと従業員サイドの認識の違いがあり、トラブルになることが多くなってきています。
　所定労働時間が4時間の日に有給休暇を取得すると、当然に1日分の消化となるのですが、0.5日分であるという認識の従業員が非常に多いことに驚かされます。8時間が所定労働時間の日に4時間分＝半日＝の有給休暇を取得している場合、0.5日分という認識であることは正しいのですが4時間＝半分という思い込みが強いのか、トラブルになることが多いので、この点にも配慮した条文設定も検討するべきなのかもしれません。

> （規定例）年次有給休暇は、取得する日の労働義務を免除する趣旨であるため、取得する日の半分を欠勤する場合は半日の取得、当該労働日の労働時間の半分を超えて年次有給休暇を取得する場合は、通常通り1日の取得として有給休暇の日数を管理する。

2 賞与の支給対象者の制限

(1) 使用者として、引継ぎも行わず、有給休暇を完全に消化して退職する者に最後に賞与を支給することに抵抗がある場合、以下の条文で支給対象者を制限することで不支給とする対応も理論上は可能です。

（規定例）賞与の支給対象者は、試用期間を除いて入社より1年以上勤務し、かつ、算定対象期間に勤務し、支給日に在籍している正社員であって、支給日以後も通常通り勤務することが確実な正社員とする。

---

(2) 本対応においては、上記のような悪質（有給休暇の完全消化については悪質ということはできませんが）な退職者に対しては有効ですが、反面、就業規則所定の退職手続きに沿って一定程度早めに退職届を出した者も支給対象者から除外してしまうことになります。この点、使用者の裁量で本来不支給であるところ、特別に支給する、という対応も可能ですが、当事者以外が不満不安を訴え、使用者とトラブルになることもありうるので運用おいては配慮が必要です。

そこで、誠実に対応した者まで不支給にする意図がないのであれば、以下のような条文を加えることで、誤ったメッセージとして伝わることを回避できます。

（規定例）〜〜。ただし、就業規則本則第〇〇条に規定のある退職に関する手続を順守し、第〇〇条に定める業務引継ぎを適切に行うなど退職に関して円満かつ適切に対応した者については通常通り支給する場合がある。

さかたとしあき（大阪・社会保険労務士）

熊魚庵たん熊北店

ゆうぎょあん くまきたみせ

宮　　慎　一

1　一年の方針

　毎年、今期の目標を全従業員に徹底する為に、経営計画手帳を作成しています。また、「社訓」の徹底のため、「経営理念」の毎日の唱和と「8大接客用語」の唱和を全店で確認しています。年間最優秀賞店、個人最優秀賞も表彰しています。

2　求人

　25年前より地方の学校へ求人に行っています。九州の高校で食物科、調理科のある学校を訪問します。この学校は卒業すると調理師免許（国家試験）取れる為、受験するときから、料理が好き、興味がある、将来の夢を見てる生徒が多くやる気のある生徒が多い。近頃和食の調理師希望が少なくなり、親が修業に出したくない家庭が多くなり困っています。進路指導の先生は将来のためと推薦して頂けるので、夏休みなど利用してインターンシップで職場体験をしていただき、慣れてくれるようにしています。寮生活になるので先輩と同室にして困ったことなどを相談できるように気遣いしています。

3　新入社員教育

　毎年入社式は4月1目にありますが3月28日より3月31日まで新入会員教育研修をしています。
1、会社の歴史、社訓の意味
2、人として守らなければならない事
3、ホテルの規則など

4、寮生活の規則、決まりなど

5、茶道教室，華道教室

6、健康管理、清潔の大事な事などを3日間で指導します。

　昼食などは、先輩社員に来ていただきみんなで一緒に作ります。コミュニケーションを大事にしています。

4　調理師の試験

　新入社員は毎年8月に試験をします。大根の桂むき、京巻きだし巻きのテストです。春から練習しているので結果が出ます。できる子はみんなの前で褒めます、出来ない子は悔しさを感じています。やる気を出すように指導して行きます。

　従業員には茶道教室があります、料理の基本であり、サービス係には、動作の基本があります。月2回、表千家宗匠に来ていただき厳しく指導していただいております。

5　食の地産地消

(1)　鯉恋米

　　京都南丹市2019年大嘗祭に使用されてる丹波キヌヒカリと同じ場所で同じ品種のお米です。昔お米の農法で田んぼに鯉を泳がして農薬をなるべく使わないやり方があると聞いて復活しようと始めました。田植えが終わった後鯉を泳がして、無農薬、天日干しのお米です。1年目は、鯉、天日干しの丸太、縄、コンバインのリースなど経費がかかり、普通の5倍位のお米になりました、毎年作ると作り方を変えながら、美味しくなりました。田植えの時、稲刈りの時従業員に来て手伝いをさせています。仕事の大変な事、有難さ、難しさを感じてもらっています。お米に感謝です。

(2)　泡醤油

　　創業明治三年竹岡醤油地元丹波産の大豆と国産大豆のみを使用した歴史ある本格醸造醤油の蔵元です。二年以上の長期醸造で、自然発酵に任せた天然醸造方式で醸造しています。又、波動理論を応用して醤油、もろみにモーツァルトの曲を穂かせている蔵元でも有名です。竹岡さんから、昔の醤油を復活しませんかとの相談があり、泡醤油があると聴き、祇園などで舞妓さん芸子さんなどがお刺身など食べるとき、着物に醤油が飛んでしまい、大変なことが起ったことがあった為に作られたそうです。

パッケージが大事なので、デザイナーに頼んで昔懐かしい形にして全店で販売しています。たまごがけ御飯にも合うのでおかかセットで販売しています。

(3) 丹波豆セット

丹波産の栗、黒豆等沢山の素晴らしい特産品がありますが、昔からの包装の仕方でとても美味しいのですが、中々売れないとの相談があり、パッケージを変えて販売をする事にしました。新しいタイプのデザインで作成して販売しています。丹波のブランドを大切にして行きたいと思います。

(4) 京のお酒　熊魚庵　純米吟醸

京都周山の羽田酒造の金粉入りの一合のお酒です。京都のお米、水を使い毎年杜氏さんが来て、お米を水に漬ける時間、お米の水を絞る時間などストップウオッチで測り流れ作業で寒い時期に仕込みます、辛口で料理に邪魔にならない味になっています。

6　重要実務チェックリスト

(1) 何回言っても聞かない、やらない、忘れてましたと言い訳する、などを繰り返していると、コンプレイン、事故がおこります。事前におこらないようにするにはどうすれば良いか。でチェックリストを作成して、毎月一回ミーティングをします。大事なのは担当者を明確にして責任者を決めることです。内容は以下のとおりです。

① 売上に対する意識付け（数値目標（担当責任者）の明確化、売上報告書掲示の実施、月次損益の報告と月次目標の提出など4項目）

② 衛生管理の基本の徹底（調理部門清掃の徹底手洗い遂行の徹底、身だしなみ管理など14項目）

③ 顧客満足度（朝礼、夕礼時の顧客対応指示の徹底顧客に対する指示の徹底、お客様の声対応、記録電話予約の対応と正確な記載など16項目）

④ 情報共有（月1回のミーティングの実施など4項目）

⑤ 品質管理（試食、献立説明会の実施アルバイト含む全員参加など6項目）

⑥ 営業目標の明確化（名刺獲得を推進新規顧客実績表発表など6項目）

(2) 毎月チェックシートを確認して責任追及をします。出来てない理由、どうして出来ないのかを話し合いしますが、社長が出席しないと出来ない事が問題です。チェックミーティングと言っていますが、始めて6か月くらいから、

売り上げが上がり、経費も削減出来ました、まだまだこれからですが、続けることが大切だと思います。

　　　みやしんいち（京都・株式会社熊魚庵たん熊北店　代表取締役）

40周年感謝祭

際 田 剛 志

1 弊社では、「40周年記念事業ファミリーバーベキュー会」についてご紹介致します。

　おかげさまで、株式会社大進は滋賀県近江八幡市において、警備業を中心に商いをさせて頂き40周年と言う大きな節目を迎えることが出来ました。これもひとえに、公私ともに日頃から格別のご高配を賜っておりますお客様及び協力企業様、大進従業員様、そして従業員様をお支えになられているご家族様、皆様お一人おひとりのお蔭で、株式会社大進が40周年を迎えられることが出来ました。

　お世話になった皆様に感謝の意を表し、蒲生郡竜王町の「妹背の郷」にて計3回にわたり、記念事業ファミリーバーベキュー会を開催致しました。総勢300名を超える方々に出席頂き、誠に感謝する次第で御座います。

2 過去からの取り組み

(1) こういった取り組みは記念事業だけでなく、平成2年から親睦会組織により、研修旅行を企画して頂いております。警備業の特性上、ローテーションでの勤務に加えて各警備お客様先への直行直帰となる為、皆様方とのコミュニケーション不足になりがちであり、士気高揚とコミュニケーションを図ることを目的とし、現在は春と秋の年に2回親睦会研修旅行及び新年会を開催し、「働いて頂いてありがとう」の感謝の気持ちで継続して開催しております。

平成2年5月　北陸山中温泉　平成3年4月　三重県鳥羽・知多

平成4年4月　南紀白浜　平成5年3月　越前加賀・芝政

平成6年6月　伊勢戦国時代村　平成7年6月　北陸芦原温泉

平成8年4月　熊本水前寺公園　平成9年4月　伊豆・箱根

平成10年4月　北陸山城・山下家　平成11年4月　和倉温泉宿泊

平成12年4月　東条湖ランド　平成13年3月　小豆島リゾートホテル

平成14年3月　伊勢志摩・鳥羽　平成15年6月　北陸山代温泉・芝政

平成16年5月　北陸芦原・芝政　平成17年5月　北陸金沢　山代温泉

平成18年11月　岐阜飯田　平成19年7月　神戸　中華街・アウトレッド

平成19年11月　若狭和田　むらみや（蟹三昧）

平成20年6月　長島スパーランド　ホテル花水木

平成20年11月　若狭和田　11月　むらみや（蟹三昧）

平成21年6月　ウッディパル余呉・黒壁スクエア　11月　愛知県知多半島　まるは食堂

平成22年6月　ウッディパル余呉・竹生島　11月　淡路島（南淡路）海鮮料理

平成23年6月　養老ミート　BBQ　11月　魚松と三重県モクモクファーム

平成24年6月　伊勢市　末広亭（海鮮料理）　11月　丹波篠山　老舗近又（ぼたん鍋）

平成25年6月　芝政ワールド　ジンギスカン　11月　若狭和田　むらみや（蟹三昧）

平成26年6月　箕面観光ホテル・ボウリング大会　11月　魚松　信楽＆モクモクファーム

平成27年6月　ウッディパル余呉・パターゴルフ　11月　若狭（下亟）ふぐのフルコース

平成28年6月　熊本地震の為、自粛　11月　京丹波　まつたけづくし

平成29年6月　淡路島　うにしゃぶ　11月　養老ミート　BBQ

平成30年6月　伊勢神宮　11月　ボウリング大会と琵琶湖魚の料理

令和元年5月　京都嵐山トロッコ列車と京料理

令和元年9月・10月　40周年記念事業ファミリーバーベキュー会

(2)　これからも45周年50周年と継続出来るよう、人を大切にする会社として研鑽を積んで参りますので、これからもどうぞご指導の程、宜しくお願い致します。

3　柔道との関わり

　私は地元道場の「近江八幡柔道連盟」にて３歳から弊社代表取締役CEOで近江八幡柔道連盟会長である際田博巳師範（六段）から指導を頂き、柔道と出会いました、柔道創設者、嘉納治五郎先生の「精力善用」「自他共栄」という言葉があり、自身の持っている良い所を社会に役立てよう、そして自身だけでなく他の人と共に栄え幸せになろうと言う教えであります。際田CEOは、その柔道精神の教えに感銘を受け、弊社の２階には「精力最善活用」と掲げ、十人十色それぞれ持っている良い所を最大限に活かし、この度、40周年を迎えられたのも、柔道の教えがあるからこそだと感じております。

　職業を通じて、教えて頂いた柔道の教えに感謝を込めて、私も引き続き地元柔道「近江八幡柔道連盟」の指導者として青少年健全育成に努めて参りたいと思います。

きわだつよし（滋賀・株式会社大進　代表取締役社長）

リガーレへの参画

堤 洋三

1 はじめに

(1) 私が理事長を務める社会福祉法人六心会は、1993（平成5）年設立、翌年から特養などの事業をスタートさせました。所在地は、滋賀県東近江市五箇荘（ごかしょう・近江商人の発祥地）で特養2か所、老健1か所を運営しています。

(2) 平成から令和へ時代が移るタイミングで福祉経営にも大きな影響を及ぼす法律の施行と議論[56]が続いています。

　働き方や外国人受け入れに関しては「人材」確保、社会保障や事業展開、実地指導に関しては「サービス、ケア」「事業」の先行きのことと整理できます。経営管理全般を担う福祉施設士としては、その内容をキャッチして、一定の理解の下、自法人や施設の課題解決の視点で法人の役員会や施設の経営会議等で議論し、タイミングを図りながら活用や導入へつなげるか、または自己の考えを整理する必要があると思います。

2 8つの法人の連携

(1) 「社会福祉法人の事業展開等に関する検討会」では、社会福祉法人の協働化や事業規模による効率化、統合、合併などの議輪がさかんに行われていま

---

[56] 「働き方改革関連法」施行、「2040年を展望した社会保障の在り方」に関する議論、新たな在留資格「特定技能」を新設する改正出入国管理法の施行、「社会福祉法人の事業展開等に関する検討会」での議論、「介護保険施設等に対する実地指導の標準化・効率化等の運用指針」の発出など。

す。ねらいは、事業の効率性やサービスの質向上ですが、地域に根差してきた社会福祉法人の多くが入口減少や人手不足により今後の事業継続が危ぶまれる事態になるのではないか、といった声も検討会設置の背景にあるように思います。

(2) 私の法人は2011（平成23）年から、社会福祉法人リガーレ（京都市）が事務局となり進めている法人間連携に参画しています（社会福祉法人グループリガーレ）。8つの法人が毎月一定金額を拠出し、経費を賄い、事務局を運営しています。グループの活動内容としては、3項目で、①ケアに関すること（スーパーバイザーの現場巡回や統一研修実施）、②人材に関すること（人材採用の共有化）、③経営・組織に関すること（財務情報共有、将来戦略、会議の在り方）など、福祉経営、若しくは福祉経営管理にまつわる全ての事項です。

(3) 私の法人がリガーレへ参画した経過を説明しますと、参画する少し前の2011年ごろ、2008年のリーマンショックで一時的に職員応募数は増加し、一時的に人材確保難は去りましたが、応募者の多くは製造現場からで、福祉現場で仕事をするには倫理観などの習熟に課題も多く、入職後の育成・定着に悩んでいました。加えて経営する施設（特養老健）の経営状態も低調で、法人全体を統合することにも課題を抱えていました。

その後、リガーレグループに参画することとなり、法人経営の課題整理手法、計画に基づき課題を解きほぐして解決へ歩む手法、研修の在り方、人材育成の在り方など、達成していないことも複数ありますが、多くの学びと悩みを繰り返し、法人としての実践を重ねています。

(4) リガーレでの活動当初、それぞれの法人の参加理由をグループ代表である山田尋志さんが5項目に要約しています。活動の方向性が見えますので紹介します。

① これからの厳しい経営環境へ立ち向かうための機能強化
② 1法人1施設等の規模では、福祉・介護職員の確保・定着に課題がある
③ 老朽施設更新・地域展開の戦略をたてる情報・人材が確保しにくい
④ 同規模の法人が共同で行うことへの安心感
⑤ 社会福祉法人へ求められる役割に対し、真塾に考える仲間と共同できる安心感

①～③に関しては私の法人にも当てはまり、必ず克服したい課題でもあり

ました。④に関して、社会福祉法人はそれぞれの地域でそれぞれの背景があり、地域からの信頼を勝ち得て今日まで歩んできています。連携する、或いは共同で何かを行う場合、それぞれの法人の事業規模は経営者の心情的な側面からとても大切で、吸収される、飲み込まれるといった危惧がないにこしたことはありません。

(5) 人材の採用に関して、グループ化したことでの飛躍的なメリットはまだ見えづらい段階ですが、階層ごとのチームが動き出しています。実働部隊として若手中心の採用チーム（リクルーターチーム）、その上位に位置する人材担当者会議も設置し人材採用に関してのオペレーションを担っています。採用に関しては、グループとして職員給与の水準を一定に揃えていくことも議論になっています。各法人は給与規程がありますから一足飛びにグループで統一ということは難しいのですが、グループとしてモデル給与を作成し、その水準とのギャップをどのように考えるか協議しています。

(6) 法人を越えての連携や統合に関して、昨今の地方銀行経営統合の潮流が想起されます。地方は人口減少と過疎化が進み、銀行としては利用者が減り、超低金利が続いているので、手数料などの収入だけでは事業継続が難しい。ネットバンキングなどもあるが、高齢者にとって実店舗は社会インフラであるため、事業の継続はマスト。そこで政府も各地銀の統合を促進する方向を打ち出しています。目的としては、支店を共同化、システムへ投資や支店維持費、人件費などの経費を削減、広域連合も進め、何とか事業体を維持するという方策です。

　金融の世界とは異なる事業ではありますが、全国津々浦々どの地域にも必要とされ存在し、地道に活動を続けてきたことは似ています。私たち福祉の業界も経営環境が激変していくことは想像に難くありません。地域性、法人の歴史もありますから、合併や統合ありきで考えるのではなく、自己の法人の未来戦略をどのように描くのか、施設経営者としてどのように事業継続したいのか、目指す方向性が近いトップリーダーと語り合う機会は非常に重要です。将来一緒に歩む新しいチャレンジが生まれるかも知れません。

　リガーレの活動目的も、合併を目指したものではなく、規模が小さくとも、一定の共同化を進めることにより、大規模法人に伍した機能を持ち、その役割をそれぞれの法人が地域へ果たしていくことにあります。グループ活動の

詳細は報告書としても公表していますので、興味がある方は参考にしてください[57]。

つつみようぞう（滋賀・社会福祉法人六心会　理事長）

---

[57] 『介護人材の確保・定着に向けた複数の社会福祉法人による共同事業報告書』

労働安全衛生

古 川 政 明

職場における安全と健康の確保は健康経営の大前提であるとともに、企業の発展のためには不可欠なものです。労働基準法にはかつて労働安全衛生についての規定が設けられていましたが、これだけでは労働安全衛生体制の確立には不十分であるとの理由から1972年（昭和47年）に独立して労働安全衛生法が誕生しています。

労働基準法が憲法の要請を受けて制定されています。そこから独立したものなので労働安全衛生法も憲法の要請を受けてできた法律であるといえます。

労働安全衛生法の主たる目的は、労働災害により生命の危険にさらされないよう安全面の最低基準を設けることですが、それとあわせて働く人が快適に過ごせるような環境の実現にあります。これは企業のみが努力して達成できるものではなく、働く人との協力が不可欠なので、働く人側にも罰則付きで義務を課しているところに大きな特徴があります。

具体的な働く人の義務というのは、例えば高い所で作業をする場合（具体的には地上から2m以上の高さ）には、墜落防止のための安全帯を着用することや、頭をぶつける危険がある作業や場所ではヘルメットの着帽等です。また、企業は安全に作業をしてもらうためまたは健康を害さないためにいろんな措置、健康診断や防塵マスクの着用を命じますがこれに従わなくてはなりません。この他にも建設現場では元請負、下請負、孫請負といった体制で工事を進めることが多いのですが、この様な場合には元請負人企業が下請負人や孫請負人企業に対して安全や衛生両面の指示を細かく行うこととされています。これらの指示にも従わなければなりません。

ところで労働基準法では「使用者」、労働安全衛生法では「事業者」という者

が登場してきます。労働安全衛生法は労働基準法から独立したのであるから、同じように使用者と呼んでもおかしくないのに敢えて「事業者」と言っています。これは、労働基準法において働く人の労働時間の長さや賃金の支払等について法規制を受ける人は、事業経営のために使用する人をいいますので、例えば、支店長や工場長等のその事業所ごとに労働者を指揮監督し、経営者のために労働者を使用していると判断できる人をいいます。それで「使用者」と表現しています。労働基準法は罰則付きの強制力をもった法律ですから、法違反の事案があれば株式会社等の法人においては、法人と「使用者」の両方が処罰対象となります。

これに対し、労働安全衛生法では「事業者」とよんでいます。安全と健康を事業を行う上で害さないようにということに主眼を置いていますので、「事業を行う者で、労働者を使用する者」として事業を行う者つまり「事業者」と表現しています。労働安全衛生法も罰則付きの強制力を持った法律ですので、法違反があれば法人であれば法人そのものとその法人の意思を代表する人（一般的には代表取締役）、個人事業であれば個人が事業者となります。

ところで、労働災害の発生防止と快適な職場を作っていくためには、それぞれの職場や事業場において積極的になおかつ体系的な安全と健康確保に対する取組みが必要です。そのため、労働安全衛生法では働く人の人数の規模が大きくなればなるほど責任者や産業医を選任することを義務付けています。

この他にも、働く人が自分がどの程度のストレスにさらされているかを測るためのいわゆる「ストレスチェック」の実施が常時働く人が50人以上の職場に義務付けています。この結果は本人には開示されますが、本人の開示請求がない限り事業者には開示されません。これはあくまでも本人による「気付き」を目的としていて、自らがストレスによる心身に支障を来さないための自己保健義務を遂行してもらうための一次予防手段であるからです。

また健康管理を行っていく上では健康診断が欠かせませんので労働安全衛生法では一般健康診断のほかに有機溶剤や化学物質等を扱う作業を行う人、粉じんが舞う環境、放射線を扱う業務または深夜業務を行う人等に特殊健康診断等を行わせることを義務付けています。

これらのうち特に粉じんが舞う環境で作業を行う人については「じん肺」障害を防ぐために、健康診断の結果「じん肺」の所見があると診断された人について、その結果証明書を都道府県労働局長に提出しなければならないとしています。これはじん肺健康診断の結果、管理区分として一定以上の値を示す人につい

て離職の際または離職後に本人の申請によりその業務に係る健康管理手帳を交付し、健康管理手帳の所持者への健康診断の費用負担等の措置を講じる等を行っていくためです。この措置は、がんその他の重度の健康障害を生ずるおそれのある業務に従事していた者で、一定要件を満たす人についても同じです。

ふるかわまさあき（滋賀・社会保険労務士）

労働時間

岡﨑　隆彦

1　労働時間の意義の認識

(1)　「労働時間」の管理を考えるにしても、まず何が「労働時間」かがわからなければ話になりません。ここは最も大切なところであり、多い裁判例で明らかにされているのに、一般には正確に理解されないままになっています。管理職研修において、この点の認識をしっかりすることが必要です。

(2)　労基法上の労働時間の判断枠組みは以下のとおりです。

① 労働契約上の労働時間が当事者の合意によって判断されることと異なり、労基法上の労働時間は労基法の立場から客観的に判断されると考えられています。最高裁は労基法上の労働時間性は「使用者の指揮命令下に置かれたものと評価することができるか否かにより客観的に定まるものであって、労働契約、就業規則、労働協約等の定めのいかんにより決定されるべきものではない」としています[58]。

② ここで重要であるのは、「使用者の関与」と「職務性」の２つの要件が考えられていることです[59]。使用者の立場からこれら２つの要件又は要素についてよく分析的に考えて労働時間管理を行う必要があります。

2　労働時間認定論の学習

(1)　厚生労働省は、始業・終業時刻の確認および記録を使用者に対して求

---

[58]　三菱重工長崎造船所事件・第１小判平12.3.9労判778号８頁　民集54巻３号801頁。一般に「指揮命令下説」と言われています。

[59]　有力説（荒木）による裁判例の分析による。

め、その方法としては、①使用者が自ら現認することにより確認・記録する
か、②タイムカードやICカード等の客観的な記録を基礎として確認・記録
することを原則としています[60]。

(2) 実際に客観的記録もなく、使用者の現認もない場合にはどうなるのかが問
題です。この点はリスクを管理するという予防的な考え方からも実際の労働
時間（労働実態）の把握が必要であり、裁判所の認定方法を採用しているの
かを知る必要があります。

① 判例は、時間外労働の状況について争いがある場合に、原則としてタイ
ムカード記載の時刻をもって勤務時間を認定するのが相当であるとしてい
ます。しかし、近時の裁判例では、労働者側がタイムカード、パソコンの
ログ記録あるいは本人の日記等をもって、一応の立証を行った場合、会社
側に労働時間性を否定する反証を求め、同反証が有効かつ適切なものでな
ければ、労働側の主張を認める裁判実務が定着しつつあるとのことです[61]。

② タイムカード以外の様々な資料を参考にする裁判例も多いです。例え
ば、日報類、機械的データ（①パソコンのログデータ［これを用いて時間
外労働時間の時間数を算定する方法は監督署の調査でも採用されていま
す］、②POSシステムに入力された出退勤時刻[62]、③トラックに装備され
ているデジタルタコグラフの記録、④GPSの記録、作業時間集計表等使用
者作成資料、メモ類、シフト表、メール）等があります。

3 実態把握の方法論

(1) タイムカードによる管理も含めて、使用者が把握したと考える労働時間数
と実際の労働時間の間にはかなりの乖離（かいり）があるので、常に実態把
握に努力する必要があります。

---

60 「労働時間の適正な把握のために使用者が講ずべき措置に関する基準」（平成13年4月
6日基発第339号）。
　平成29年1月には「労働時間の適正把握ガイドライン」が公表されました。これは前
記基準が内部通達であったのに対し、政府が過重労働対策を重視する考え方から、使
用者向けに作成して、遵守を求める意味があります。

61 一定の定例的行動を基準とする例もあります。開閉店時刻や金庫の扉の開閉時刻を基
準に考える例もあります。

62 POSシステムによる車両管理の事例として、大阪エムケイ事件・大阪地判平21.9.24労
判994号20頁。

(2) 毎日又は一定期間ごとに客観的資料や日報等により労働者と当日の残業時間を確認して、それを書面化しておくと現在多く提起されている訴訟等の争いは防止できます。ポイントは、**①日々の記録・確認**と、**②労働者側が確認・了承したという点**についての**証拠化**です。

① まず、日々の確認が大切です。

　ア　記録を基に終業後、労働者と上司等の使用者側責任者が当日の業務について事実確認をし、休憩時間とそれを控除した実労働時間を相互に確認します。労働者から休憩の実態を聞き、相互に認めた時間を記入して（記入は労働者にさせます）、労使双方の認印を押す等確認をします。

　イ　労働者が休憩を取れない事情を述べ、それを本人に簡単に手書きで記入させます[63]。

　ウ　以上を踏まえて、休憩時間ができるだけとれるように意見交換したり、休憩が取りやすいように社内での検討や取引先へのお願いをします。

② 以上のように労働者によってもたらされた多くの情報が記録に残されていると、後日労働者が知らなかった、事実でないとは弁解できなくなります。これは、労働者も認めざるを得ない、使用者に有利な（正確な）証拠を作成することを意味します。

③ これを「毎日」続けるのです。

　ア　問題のない時期に作成された書類は裁判官も信用してくれます。

　イ　特に労働者の確認のある証拠の証明力は大きいことは明らかです。

　ウ　一週間とか一か月分まとめて確認するというようないい加減なやり方では記憶に基づくものとはいえず信用力はありません。「毎日」行うことに意味があります。

④ 最初は確認に時間がかかるかもしれませんが、慣れると少ない時間でできるようになるはずですし、重要なことですから使用者側は熱意を持って取り組むことです。

(3) 上司の役割

① 時間管理も上司の仕事といわれますが、以上の試みには上司の努力が不

63　顧客からクレームがあったり、労働者自身が業務上不満や提案があった場合も本人に手書きして記入させます。以上の記入欄は特別の欄を作ってもよいし、空白部に書き込みでもよいでしょう。以上のとおり、同じ手間をかけるのであれば、単なる時間管理にとどまらず経営改善につながる業務全般についての情報収集に役立てるべきです。

可欠です。

② 　上司の役割は、部下の労働者の労務提供の事実の確認（観察）、評価、是正指導等の業務全般の指導・管理です。労働時間の管理はその中の一部です。時間管理ができていない、残業問題が発生した、というのは上司の管理ができていないことを意味します。

③ 　現実に残業問題が発生した場合に、対策として考えられているのは就業規則や人事制度の見直しという形式的なところだけであり、それを実際に運用する上司の動きについても徹底的に見直すということがなされていません。この点は上司・管理職の人材と育成力に問題がある中小企業については社会保険労務士による支援（助言・指導）が望まれます。

おかざきたかひこ（大阪・弁護士）

労働者責任

岡　﨑　隆　彦

1　総論

(1)　労働過程で労働者が過失により使用者に損害を与えた場合、労働者は使用者に対して債務不履行（民法415条）または不法行為（民法709条）に基づく損害賠償責任を負います。また、労働者が第三者に損害を与えた場合には、労働者は第三者に対して不法行為による損害賠償責任を負いますが、被害者は、使用者に対して使用者責任（民法715条1項）に基づいて損害賠償を請求することもできます。そして、使用者が被害者に賠償したときは、使用者は労働者に求償権を行使できます（同条3項）。

(2)　判例の考え方について

判例は使用者の損害賠償請求権および求償権を制限し、労働者の責任軽減を認めています。

① 　最高裁は、使用者の損害賠償請求または求償が損害の公平な分担という見地から信義則上相当と認められる限度に制限される旨を判示しています（茨城石炭商事事件判決・最一小判昭和51.7.8民集30巻7号689頁、労判275号12頁）

② 　労働者の責任軽減を導く実質的根拠は、①使用者が危険性のある労働あるいは損害を引き起こしやすい労働を労働者に任せておきながら、生じた損害をすべて労働者に転化することは不当であること、②労働者は労働の危険性・疲労・仕事の単調さなど、損害の原因となる圧力状態を従属労働のゆえに除去・回避しえないこと、③使用者は経営から生じる定型的危険について保険あるいは価格機構を通じて損失を分散できる立場にあること

が挙げられています。

③　責任軽減の程度について、判例の多くは、当該事例の諸般の事情を総合的に判断して決定すべきであるとしています。前掲最高裁判決は使用者の「事業の性格、規模、施設の状況、被用者の業務の内容、労働条件、勤務態度、加害行為の態様、加害行為の予防若しくは損失の分散についての使用者の配慮の程度その他諸般の事情」を考慮すべき事情としています。

2　民事責任追及の位置付け

(1)　前述したとおり、使用者が労働者の不当・不法な責任を追及する手段としては、懲戒処分や解雇という対内的処分、損害賠償請求という民事責任追及、刑事告訴の3つがあります。これを「3点セット」として、必ず選択肢として十分検討する必要があります。特に使用者としては、損害賠償請求を考える前に他によい選択肢がないかどうかについて、十分考えておくべきです。

(2)　以上の3つの手段は、それぞれ責任追及の方法として存在理由と成立根拠を異にする[64]ので、重ねて行うことも可能です。但し、権利濫用となる場合があることも論じられていますし、目的が不法として請求棄却となる場合もあります。

(3)　刑事告訴については、重大事件であって企業の信用や組織の規律維持のために不可欠の場合以外は、民事責任追及と比べて特に重視することもない、あるいは民事責任追及に有利に働くように活用するのでよいと一応考えられます。

(4)　その他の留意点

①　まず、判例の判断枠組みから通常の軽過失の場合は免責されるおそれがあるので責任の重い場合（重過失）について検討する必要があります。

②　また、故意の場合以外は損害額を全額は認められないことがほとんどであり、諸般の事情からも総合判断という不明確な判断枠組みで判断されるため予測可能性が小さいので、あまり期待し過ぎないことです。

③　また、保険契約しておかずに損害補填を労働者に求めることは使用者と

---

[64]　大隈鐵工所事件・名古屋地判昭62.7.27労判505号66頁は損害賠償請求と懲戒処分の関係について、このように述べて懲戒処分を賠償額の認定にあたり考慮するにとどめています。

して本来なすべきことをしていないと考えられますから、保険料をもったいないと思わずに保険契約をしておくべきです。

④　責任追及の前提としての事実確認と証拠判断

　ア　責任の根拠となる事実関係についてしっかりした証拠判断をしておく必要があります。証拠のない事実、証拠に乏しい事実については一応存在しないものと評価して検討しておくべきです。

　イ　不正事実がないのに使用者が訴訟を提起したり、労働者の訴訟提起に対して無理な反訴をすべきではありません。使用者の不当な訴訟進行に対して逆に損害賠償責任が認められた例もあります[65]。

　ウ　ここで無理な主張をしないため、使用者としても情けないことにならないように、訴訟に現れた負けパターン（①事実がないとされたもの（前記イ）、②事実的因果関係がないとされたもの[66]、③法的評価のなされていない訴え[67]、④裁判例を研究しておけば無理とわかるパターン[68]、⑤故意又は重過失を否定するもの[69]、⑥不当・不正な目的による請求の場合[70]等）の請求はやめるべきです。

　　　　　　　　　　　　　　おかざきたかひこ（大阪・弁護士）

---

[65]　「情報漏洩」等を理由に反訴請求したが「情報漏洩」がなかったとされた事例（イーハート事件・東京地判平25.4.24労判1084号84頁。被告会社の反訴請求を棄却）や「横領」の主張に対し「横領」などなかったとされ例（近畿機械工業事件・広島高判平25.12.24労判1089号17頁、請求棄却。逆に不法行為であるとして慰謝料50万円と弁護士費用200万円の請求を認めた）があります。

[66]　日本通信（懲戒解雇）事件・東京地判平24.11.30労判1069号36頁（不法行為と関係なく出費されたものについて請求棄却）

[67]　医療法人光優会事件・大阪高判平26.7.11労判1102号41頁（解雇処分後の労働者の離職を職務放棄と非難して損害賠償請求をしたが請求棄却。但し代理人弁護士がつかない本人訴訟である）。

[68]　シー・エー・ピー事件・東京地判平26.1.31労判1100号92頁（同意書面のない賃金の一方的減額を有効であると主張し、減額を無効とする前提で未払賃金があることを前提とする仮差押申立てを不法行為として損害賠償請求を行ったが棄却された。）

[69]　本文に述べたものの他に、エー・ディー・ディー事件・大阪高判平24.7.27労判1062号63頁［7−5−1］（売上減少、ノルマ未達等は報償責任・危険責任の観点から本来的に使用者が負担すべきリスクであるとして請求棄却。）

[70]　懲戒解雇の事件ですが、小川重事件・大阪地判平3.1.22労判584号69頁（退職金請求を拒む目的で懲戒解雇が無効であることを知り得べき状況のもとになされたもので不法行為を構成するとされた。）

労働判例に学ぶ

岡　﨑　隆　彦

1　学ぶ姿勢

「経験より歴史に学ぶ」という格言がありますが、これは個人の狭い経験よりも時代をさかのぼって広く教訓を得ることが重要であることを意味します。(本書戦国大名に学ぶ駒村先生のシリーズもご参照)

この点、法律の分野では訴訟で争われた事例についての裁判所の判断例である「判例」が改善に取り組む際の「指針」となります。特に労働分野では法律による定めが少なく、判例の重要性が大きいことから、「労働判例」を学ぶことが重要です。

戦後、判例の蓄積があり判例理論が確立され労使のルールとして定着している場合(論点)が多いですが、判例理論は解りにくく、本当に理解しようとすれば多くの判例を見る(理解する)しかありません。

2　判例を学ぶに際しての留意点

(1)　判例とは、最も広い意味ではあらゆる裁判(判決・決定)を指して用いられますが、その後の裁判所の判断において従われる可能性の高いルールに至っているものを「判例」と呼び、そのような状況に至っていない個々の裁判所の判断を「裁判例」と呼んで区別する立場が有力です[71]。

(2)　一般論ではなく具体的適用が問題です。事案は1つとして同じものはない

---

[71]　荒木尚志「最高裁重要労働判例」経営書院9頁の「発刊によせて」、菅野和夫・諏訪康雄「判例で学ぶ雇用関係の法理」2頁以下。

ので、事実が異なると結論も異なることがあります。1つの型を考えてその裁判例は自社の案件と同じ型だから裁判例と同じ結論になると安易に考えてはいけません。事実の分析と判断には弁護士の助言が必要です。

(3) 裁判官の個性はいろいろで同じ事実を前提としても証拠評価についての評価判断が異なるケースがあります（それは許容されています）から、自社に不利な判断となることも想定してリスクを考えて手厚く対応策を検討すべきです。

(4) 失敗から学ぶ～時系列分析としての因果関係論

① 全ての「結果」には「原因」があります（因果応報）。

ア 悪い「結果」が発生したのは、その結果を導く悪い「原因」があるからです。その悪い「原因」をなくせば悪い「結果」は発生しなかったはずです（別のより程度の低い悪い「結果」が発生したかもしれませんが）。[72]

イ 良い「原因」を日々作っている（行っている）企業ではよい「結果」になるはずです。良い「原因」を分析して自社でもできるようなところを真似すればよいのです。

② 以上の発想で事例を時系列の流れに沿って徹底的に分析していきます。1つの事例で10も20もできるだけ多くの改善策を挙げていくのです。一度でできない事でもできるところから手を付けていきます。考慮すべき要素は以下の点です。

ア 優先順位を考える→優先順位の高いところ（リスクが大きく、放置すれば大変なことになるところ）から先に着手する。

イ すぐに着手できるか、準備に時間がかかるか→すぐに着手できるところから改善していく。準備を進めて実行する。やるべきことは着実に。

ウ 金（コスト）が必要かどうか→金（コスト）が必要でないところ、少なくてすむところから改善していく。その金はコスト分析して費用対効果を考えて進める。

エ 全社的に取り組む必要があるかどうか→全体的に取り組まねばならな

---

[72] 労働者に責任のある行為により使用者に損害が発生した場合に、使用者が採ることのできる責任追及の方法としては、①刑事告訴、②民事の損害賠償請求、③懲戒処分があります。これらを3点セットとして、どれを選択するか、並行して進めるのか（その場合どれに重点を置くか）等が問題となります。

い場合は組織的に時間をかけて行う。一部組織から可能な場合は、緊急を要するところ、やりやすいところ等できるところから着手していく。

③　裁判例を研究して助言又は実践する場合には以上の視点から考える必要があります。

3　グレーゾーンの労務管理における研究の意義

(1)　「労働判例」に学ぶことは、組織体としての企業の経営のレベル向上に欠かせないことですが、「労働判例」の中には、裁判官の判断によって結論を異にする難しい問題もあり、企業の対応にも難しいものがあります。判断が困難な領域を「グレーゾーン」と考えれば、「グレーゾーン」に対していかに適切な労務管理を行うかが問題となります。

(2)　以上の観点から関心の大きなテーマを例に少し類型的に整理すると以下のようになります。

①　未だ裁判例がない分野において将来予測を行い予防的に備えること[73]

②　裁判例が出ているが、未だ数が少なく判断が分かれていて、今後裁判例も急増すると考えられるところについて[74]

③　裁判例は極めて多いものの、裁判官の判断が分かれる逆転判例や疑問視される裁判例も多く、典型的な「グレーゾーン」として労務管理が難しい問題[75]

おかざきたかひこ（大阪・弁護士）

---

[73] 例えば「無期転換」の事前準備（対策）（2018年4月1日から転換事例が発生したので出版やセミナーが増えました。

[74] 格差問題についての逆転裁判例としての長澤運輸事件とハマキョウレックス事件が有名で、その後も続々と裁判例が出ています。

[75] ①指導・叱責とパワハラ問題（A保険会社上司事件と前田道路事件が典型例です。）
　②うつとメンタルヘルスの問題
　　最も難しい問題と思われますが、（ⅰ）「うつ」と精神疾患についての判断（診断）の問題点、（ⅱ）安全配慮のあり方と裁判例、（ⅲ）相当因果関係の問題があります。

労務雑感

大　西　康　友

1　年金記録もれ

　平成30年7月初めに昔の知人から、60代の男性で年金の加入期間が25年未満で、年金を貰っていない、どうしたら良いのかという相談がありました。

　本人の持っている年金事務所で相談時の年金記録の内容を見ると厚生年金と国民年金の加入合計19年4か月で「10年年金」の申請は可能です。

　本人に委任状を貰って、○○年金事務所へ行きました。

　○○年金事務所の担当者は顔見知りだったせいが、とても親切な人でした。

　相談から、約10分すると結果「年金記録もれ」が見つかりました。○○工業（従業員5人の個人経営の建設業）で約6年の加入期間がありました。

　その○○工業での年金記録は、生年月日昭和28.1.1名前植田広司（ウエダヒロシ）となっていました。正しくは、昭和27.1.1で槙田広司（マキタコウジ）です（生年月日と名前は修正しています）。年金記録は生年月日と名前が違っていました。複雑な間違いだったので今まで、解らなかったのでしょうか。結果、年金加入期間が合計25年7か月で年金が貰えるようになりました。

　「宙に浮いた年金記録」5,000万件は、今現在も約2,000万件が不明のようです。既に亡くなっている人も多いと思います。死亡していても遺族が遺族年金として貰える場合もあります。

2　就業規則の話

　(1)　ユニオン（団体交渉）事件
　　　平成28年1月にある会社（顧問先）にユニオンが入りました。

能力不足の従業員を配置転換等により、様子を伺っていたが、改善努力が見られず、注意したところ、その翌日から、出社しなくなったというケースです。数日後、ユニオンから、「文書」が届きました。詳しい内容は守秘義務のため省略しますが、そのユニオンは、経営三権（業務命令権・人事権・施設管理権）まで要求事項に記載していました。私は、このことについて、論外であると強く反論するように指導しました。

　団体交渉についても同席しました。私は経験回数が少なく不安でしたが、幸いそのユニオンは上位クラスで、他のユニオンと比べると誠実でした。

　その会社は、就業規則を昨年7月に見直しました。賃金規程に固定残業手当を明記し、従業員全員に説明しました。結果的に見直しが効力を発揮しました。見直しがなければ、会社はその従業員に約250万円の支払いが生じたところ、見直しがあったので、半分以下の支払いで済みました。

　就業規則は目的ではなく、ツール（手段、道具）であり、就業規則に明記されていれば、その内容からの交渉が始まります。記載がないと会社は不利です。

　ユニオンが会社に介入する確率は低いと思いますが、団体交渉は労働組合法に定められていて、断ることができません（断れば不当労働行為となります）。万が一の対策が必要です。

(2)　服務規律

　就業規則の中に「服務規律」の条文があります。色々な会社の就業規則を見させて貰うことがありますが、法律の縛りがあまりないため、会社によって様々です。

　過去に特に印象に残っている条文は、「従業員同士の社内恋愛は禁止する。但し、会社の承認を得た場合は、この限りではない」というものです。10年以上前のことですが、何故か覚えています。

　その時その会社の役員に私はこの条文は効力はないと説明しました。するとその役員は、過去に社内での事件を長々と話されました。内容は、省略。

　芸能事務所のアイドルタレントは、規制があるようですが、同業者との懇親会でこの話をすると盛り上がりました。

おおにしやすとも（大阪・社会保険労務士）

わくわくする農業
～農業界の課題を克服し、新しい時代の 「わくわくする農業」を実現

井　狩　篤　士

1　農業と私

　私が生まれて間もなく、兼業農家であった父が脱サラし、専業農家になりました。今から41年前の当時は世間の景気も良かったそうですが、我が家は収入が激減し、私は貧しい幼少期を過ごしました。家の懐事情を心配して、小学校３年生頃から大学卒業後の本格的な就農までずっと家業を手伝って来ました。

　幼少期の農業経験の中では、父が教えてくれた事が全てであり、作業内容等に疑問を持たずに仕事をしていましたが、大きくなるにつれて次第に多くの疑問を抱くようになりました。一番の疑問は、父は日頃良く働いているのに、忙しいばかりで、全く経営が改善している様子が無いのは何故なのかということでした。何か経営や仕事についての考え方ややり方に問題があるのではないかと感じていました。

　そんなある日、父から支給される賃金がたった15万円／月で、更にそれが３年間ずっと上がらなかったことについての不満と、日頃感じていた売上や原価、利益等の基本的な経営状況に関する疑問をぶつけてみたところ、「そんなこと分からない。仕方ない。給与を上げて欲しいなら自分で考えろ！」と信じられない回答が返ってきました。ショックを受けると同時に当時の現状を初めて目の当たりにし、開いた口が塞がりませんでした。初めて、自分の力で経営改善し、もっともっと強い農家になろうということを強く決意した瞬間でした。

　現在当時を振り返って考えると、父の経営に感じた課題は、父個人の課題である部分も勿論ありましたが、多くは、農業界全体の課題が背景としてあったと感じます。父を含めた個人農家の課題やその背景としてある農業界の課題につい

て、またその課題克服に対する弊社の考え方や取り組み姿勢と方法について以下に伝えたいと思います。

2　農家や農業界の課題と課題克服に対する弊社の考え方や取り組み姿勢

(1)　＜課題①＞既成概念・固定概念が強く、無駄が多く改善が進まない。

①　農作業を含む仕事の無駄な工程・工数が多く、慣習や周りと同じやり方ならば良しとし、改善する発想がない事が問題です。

②　＜対策＞客観的に考えて生産性が低く重要度の低い仕事を減らす。

生産性が低いことに気づかずに何となくやっている仕事を見つけて減らし、重要度の高い仕事を増やしました。具体的には、収量や品質の向上に直接繋がる「播種」・「施肥」・「防除」・「収穫」の項目が最重要であり、美田化の為ならと、畔草を何度も刈り取る工程は、収量や品質等の収益には直接的には結び付き難いので、全体の作業スケジュールに基づいた適期に、必要な回数のみ行う等です。また、全ての業務を行う際の基本的な考え方として、今まで通りであることや周りと同じであることだけで物事を良しとする既成概念や固定概念を疑い、データや事実に基づいて客観的に考え、判断することを良しとし、その為に必要な情報を得ることやデータを蓄積して改善する事には、コストや時間の負担の許容範囲の中で努力を惜しまないようにしています。

(2)　＜課題②＞JA依存で自立できていない

①　規模の小さい兼業農家で、生産量や取扱量が少ない、仕入れや販売ノウハウ等が乏しいというケースでは、JAへ任せた方が良い場合もあります。ただし、一定以上の規模の生産者になると、全て任せることによって、生産者にとって都合の悪い状況に陥っているケースが多くみられます。生産者の多くは、JAとの取引が正当な状態なのか考えない為、資材の購買、検査料、買取価格、取引形態、更には金融や保険のサービスも含めた様々な面から見て、JAにとって都合がよく、生産者にとって都合の悪い取引条件となっていることが多い、つまりJAに寄生されているに近い状態となってしまっているということに気づいていません。そのような農家の間では、JAに全ての農産物を検査してもらい、購入してもらい、売ってもらい、おまけに金融や保険等生活の全ての面で無条件にJAに任せるのが今までの流れで一番無難で、皆がしている安心な方法だという認識がある

為、現在、流れは少し変わっては来ているものの、父の時代は勿論のこと、今でも個人農家の間ではJA以外の取引は非国民扱いに近いバッシングをされることが多いのです。そのような背景の中で、個人農家は、JA以外と取引する方法を考えたり、新規取引先を検討・開拓しようとしたりもしない為、他業界の経営では当たり前の、他社との相見積もりすることや販売額の決定権を持つこと等の当たり前の権利すら結果として放棄する状態となってしまっています。

② ＜対策＞他業界と同じように、一経営体として、主体的に取引や経営の選択を行う。

例として、①仕入れ先から相見積もりをとる、②販売価格をこちらから提示する、③条件の良い販路を開拓する為に営業活動を行う、④内製化によりコストを削減する。

弊社では、仕入先から相見積もりの取得、条件の良い販路を取得する為の営業活動、物流や加工等を内製化する等しますし、逆にJA等からの農産物を仕入れて販売する事もあります。農業も他業界の商売や経営と同じであるべきで、生産者が損をする業界の常識や状態に甘んじることなく、一経営体としてあるべき姿を意識して、主体的に取引や経営の判断を行うことを大切にしています。

(3) ＜課題③＞趣味の延長上の補助金付き大規模家庭菜園（兼業農家）が多い。

① 例として挙げると以下の問題があります。

ア 決算状況、生産数量、製造原価を把握していない。

イ 売上高や利益の目標設定をしていない。

ウ 主に家計を支える収入はサラリー所得の為、趣味としての農業で補助金をもらって生産にも販売にも採算度外視である。生産した農産物についても、原価以下で販売、若しくは親類縁者に無償で贈答してしまう。国内生産の米流通の25％は縁故米である。

エ 趣味としての農業では、高齢者が若い方へ農作業を譲らない側面があるのでやる気のある若者が育ちにくい。

オ 経営として農業を行っている経営体もあるが、趣味の個人農家と一括りに見られてしまう。

② ＜対策＞補助金を一つの支えにしながらも、補助金が無くても収益が出るような正常な経営を行なうこと。

当たり前のことではありますが、具体的に以下のことを行っています。

ア　売上高や利益等の目標を決めて、社内に明示し、年度ごとに、生産や販売等の部門ごとに目標を達成するための業務の計画を作成している。

イ　決算状況や生産数量や製造原価等を把握し、生産活動の進捗状況や、費用の発生状況を見える化した上で管理をし、計画に対しての異常事態に早期に気づき対応することができるようにしている。

ウ　今後広大な農地を管理し生産を行う為に、若者ならではの柔軟性とスピード感を活かして、早期に大量に人材育成する為に、雑用ばかりする無駄な下積み期間を設けず、次々と新しい作業を経験させている。

エ　様々な専門家や機関、経営者と連携して、自社の強みや課題を知り、正常な経営を行う一経営体として力を付けていくことを大切にしている。

(4)　＜課題④＞約束や契約が成立しない

①　契約栽培やその他の約束事について、そもそも行われない、行われても口約束で書面を交わさない、双方が契約を反故する等の約束や契約が成立しないケースが多い。契約通りの数量の農産物を生産しても一部しか購入してもらえない等の取引場面でもそうですが、アポ無し来客に半日対応する、会う約束をドタキャンされる、一方的で急な約束の変更等、他業界で一般に通用している日常の約束ごとや契約の社会通念・常識が通じず、独特の業界ルールの中で農業の日常が営まれています。他業界や普通の人間関係であれば、あり得ない約束事の反故が特段悪い事とされることもなく、日常的に起こっています。

②　＜対策＞約束や契約が反故にされるリスクを前提として、約束や契約の方法を選択する

ア　与信管理を行う。銀行や調査会社から必要な時に必要な情報を得ることができるように繋がっておき、新規取引等の場面では、取引先の安全性を確認してから取引を開始する。

イ　契約はできるだけ書面で交わし、必要に応じて違約の際の契約を結ぶ。

ウ　予期しない天候の影響を受けての不作等に備えて、余裕を持って生産を行う等、弊社が相手先に対する供給契約を守ることができるように対策を取る。

(5)　＜課題⑤＞施設・機械等の投資が大きく、回収サイクルが悪い為、経営を圧迫している

① 施設・機械の稼働時間が少ないにも関わらず、オーバースペックで高価格の大きな施設や大型の農機を新品で購入する傾向にあり、投資が大きい割に回収サイクルが悪く生産性が低くなってしまった結果として収益悪化に陥ってしまっているケースが多いです。高い機械でも沢山使えば利益になるが、その損益分岐点を考えずに何となく欲しいという理由で導入してしまっているのが課題です。

② ＜対策＞導入自体が利益に繋がるのか、よりよい手配方法は何か等、施設・機械を導入する前によく考える。

　共同利用や中古を検討したり、年間200時間以上使わないのであれば導入しない等の導入基準を設けて、購入前に利益に繋がるのかよく考えてから購入を決めています。

(6) ＜課題⑥＞販売定価を主体的に設定しにくい。

① 米卸や全農・縁故米等による製造原価を無視した相場価格が出来上がってしまい、それに振り回されてしまう。

② ＜対策＞実際の製造原価や販売数量、経営状況を基に主体的に販売定価を決定する。

　ア　製造原価や販売数量等から条件や相手先ごとに事前に販売定価を決定し、商談を行う際や、販売契約を締結する際には、こちらから取引先に価格を提示するようにしています。そこから、互いにWin-Winとなるように条件を調整します。

　イ　相場の下落や不測の事態にも互いに安定した価格や数量等の条件で取引を続け、助け合うことができるように、取引先とは、長期的に信頼関係を築くことができるように弊社自身が契約を守る等信用を得ることができるようにすることを心掛けています。

(7) ＜課題⑦＞様々な専門性が求められ、習得に時間がかかる上に、人材育成のマニュアル等は無い。またその人材力不足の補助としての自動運転・ドローン・IT・ICT等を導入するには、コストが高く、保守管理が大変である。

① 農作物の生産は、季節や作物ごとに農作業やそれに伴う業務が年間を通して移り変わる為、仕事の量や種類が多いので、年に一度きりの仕事が多く、経験し学ぶ機会が少ない為、習得するのに時間がかかり、スキルアップしていくことが難しいのです。

　そして、仕事の量や種類が多いことに加え、生産者ごとにやり方が様々

であることも原因となって、作業や教育の系統立ったマニュアルが存在しない為、必要であれば一から作る必要があります。

　また、生産者の生産活動を補助するドローンは、ICT同様に使いこなすのが大変で維持管理費などから見ても、まだまだ過渡期のシステム・機材です。導入コストが高く、更に使いこなすのが難しいと言う意味で、Windowsが普及する前後のPCの世界に似ています。

② ＜対策＞様々なツールや手法を複合的に活用し、個人の能力や作業の進捗状況を見える化し、その情報を基に、どの業務をいつ誰がどのように教育するのか計画を立てて人材育成を行う仕組みを試行錯誤しながら作っています。また、成熟していない新しい技術や知識にも、弊社及び農業の成長の為に可能な限り積極的にアクセスします。

　弊社では、種類の多い作業の中から重要度の高い仕事から優先順位を付けることが難しく、たとえ順番に教えたとしてもそれだけでは、研修生、指導者双方の人により教育のムラが出て効率よく教育することができないという課題を解決する為、下記の取り組みを行っています。

ア　個人の能力の管理や能力の向上を行う為に、業務内容ごとの個人の能力を評価する能力評価シートを作成し、その評価と今後育成する必要のある能力について、社長、部門長、指導担当者、作業メンバー、本人の間で共通認識し、組織的、計画的に育成に取り組んでいます。

イ　トヨタ自動車が開発したICTソフト「豊作計画」の利用による圃場や農作業の情報や進捗情報の管理を行っています。農作業の進捗状況が見える化されることによりどの時期に誰が誰に何を教えるかを判断する情報として活用することができるだけでなく、効率的に農作業を行うことによって、農作業に追われるのではなく、人材育成やその他の未来への種まきをする為の時間と心身のゆとりを捻出することにも繋げています。

ウ　農作業を教える以前の社員教育として、問題解決の手法としての小集団活動や生産効率を向上させる為の４Ｓ活動等のトヨタ式改善活動に取り組み、自律的に問題解決をできる社員や組織を育成しています。また、部門ごとに年間計画を立て、担当者ごとに詳細計画を立てる等も社員教育の一端を担っています。そのような素地があると、農作業一つ教えた際の吸収力だけで無く、それを他の作業等に応用する力や、天候や機械の故障等の突発的な不測の事態に対する柔軟な対応力もより成長しやす

くなっていると感じています。生産部員だから農作業だけ教えて、農作業だけができる人材を育成するのではなく、生産や販売、経営等、農業生産活動をする際に考えなくてはいけない様々なことについても考えることができる人材を育成することで、経営体が、そして農業自体が、強くなっていくと考えています。

エ　産業用ドローンなどは滋賀では一号機で導入しました。ICT同様、技術が成熟していないことによって高コストであったり課題が残ったりしている技術や道具でも、成熟するまで距離をとるのでは無く、積極的に情報収集したり、試作を体験して意見を伝えることで開発に参加したり、活用できるメリットが大きいものについては導入する等、積極的に学び、携わり、社内にも新しい情報を開示するようにしています。そのことが、社内にもよい刺激となり、変わりゆく業界を強く賢く柔軟に生き抜く為の広い視野を持った人材を育成する事にも繋がり、結果として弊社及び農業の未来に繋がることでもあると考えています。

(8)　＜課題⑧＞タスクが多く、予想が出来ない事態が発生しやすい。

①　大手が農業参入しても撤退されるケースが多い現実からも解りますが、農業はタスクが多く効率よくこなすのにも、適切に選び取り適切に行うにも、一朝一夕では身に付かない様々な専門的な技術が無いと継続が難しいのです。また、天気や病害虫等、ある程度のリスクは予想していても、想定外のトラブルが致命傷になる事が多いです。

②　＜対策＞タスクや予測できにくい事象の多い業界であるからこそ、コントロールができる部分と出来ない部分を明確にして、コントロールできる部分については、見える化された過去や現在のデータ等を活用して予防や対策等の取り組みを意図的に計画して行っています。

また、その計画を立てる為には、無数にあるタスクやリスクへの対策の中でどれに取り組むべきなのか優先順位を付けなければなりません。その為の判断材料として、各作物の収穫後にその期のその品目の生産についての振返りを行い、分かったことや課題、数量等のデータを蓄積することも勿論大切ですが、更に、会社のその時の経営状況等の現状や、経営理念、方針や年度ごと部門ごとの目標等の経営計画を社内に明示しておくことで、そこに立ち返ることで、最重要なタスクを判断したり、どのように取り組むかを判断する際の手助けになります。そのようなことを繰り返し

行って行くことが、現在、増大する農地の維持管理・生産や、それに伴い求められる人材の大量育成に対応し、将来、大規模農業経営体となった際にも、タスクの量や予測できるリスクに対して揺るがない強い経営体となる為の土台作りとしても最も重要な事と位置付けています。

(9)　＜課題⑨＞年配農家が若手を指導できない。若者・よそ者に厳しい。また困窮した時は人のせい（天気・機械・JA・農水省等）。

①　自民党時代からの政策で票田として農家保護を邁進してきた結果、高齢生産者が多く残り若者が極端に少ない産業になっています。世界的に見ても日本国内の生産者数は決して少なくは無く、ただ高齢者が多すぎるだけです。今後は雪だるま式に廃業する農家数の増大と農業法人の規模拡大が急速に進みますが、受け皿となる経営体が成長しておらず対応しきれない事態となることが危惧されます。

②　＜対策＞社員が若いという強みを生かし、若い人材で更に若い人材をスピード感を持って育成する。

　弊社は、20代から30代の若い世代が９割の若い経営体なので、その強みを生かし、積極的に人材を採用し、親世代の農業者から学んだことを伝えるだけでなく、若い感性で先の未来に必要な人材を考え、新しい技術も積極的に活用しながらスピードを上げて人材を育成し、年配農家だけでは追い付かない人材育成に取り組んでいきます。

　上記の様に、農業界の課題は多く、一つひとつの課題が重く、難易度が高いのですが、弊社では、できること、必要なことから模索しながら取り組み、改善を重ねています。

3　終わりに

　実に変わった業界ではありますが、逆に言えば伸び代も大きく、成長産業（仕事量の増加により大規模農家へ仕事の集中が行われるだけとも言えますが）とも言えます。異業種から参入される際の勝率は極めて低く、また個人が新規就農するにも討ち死にモデルとなりやすいからこそ、大規模農業経営体一つひとつが強い経営体となり、新規就農者を受け入れたり、参入企業と協同できる力を付けていくことが必要だと考えます。

　私が目標とする農業モデルは、施設や機械と人材をセットにした所謂フランチャイズ経営のような形態です。農地が固まって一定面積以上有れば、設備投資

299

の計算や人材育成が行い易く、効率が良いと考えます。そのような経営モデルが実現できれば、失敗が起こりにくく、社員の待遇向上と、離職者の減少にも繋がります。また、弊社の社員は平均年齢が若く社員も定着率が高いです。初年度から雑用は余りさせず重要な仕事をどんどん任せ、あれこれ指示も出し過ぎるのでは無く、一人ひとりに考えてやらせて学ばせます。雑用は手の空いた時間に全員で協力して行う様に努めてきました。然しながら、今まで通用してきた育成方法だけでは、今後は通用しなくなると思うので、時代に合わせて柔軟に変化させながら、人材育成を行って行きたいと思っています。そして、より多く、より質の高い農産物を生産するだけでなく、農業に携わる一人として、法人として、農業や食を通して国民の幸せに寄与するような将来の会社の姿や社員一人ひとりの姿を夢見ることができる経営体で有り続けることも目標として大切にしていきたい。

4　最後に

　農業界の課題解決と固定概念の払拭に必要なものは、①よそ者、②馬鹿者、③若者です。私は、いつまでも、その一人であり続けたい。

井狩篤士 プロフィール	昭和53年4月24日生まれ、42歳。生まれてすぐに、父が専業農家として独立。 滋賀県立大学環境科学部生物資源学科卒。ゼミでの専攻は「稲の根域調査」。平成13年大学卒業と同時に就農。平成20年株式会社イカリファーム設立、取締役就任。平成27年同社代表取締役就任
株式会社 イカリファーム 概要	所在地：〒523―0075滋賀県近江八幡市野村町3850（役員4名。正社員9名） 業務内容：農業生産・販売・農作業受託／社是「Exciting Agriculture」。／滋賀県と静岡県の学校給食用の強力小麦の供給や、地域を強力小麦の産地にする等の取り組みを行っている。 経営面積：米 87ha　麦 68ha　大豆 70ha／作業受託：（米・小麦・大豆の刈取、レーザーレベラー、等）　約85ha／乾燥調整受託：（米・小麦・大豆）約140ha　約1100 t／精米能力：1500kg/h

いかりあつし（滋賀・株式会社イカリファーム　代表取締役）

ワンストップサービス

吉 田 真奈美

1 「人を大切にする企業」づくりのお手伝いをしたい

　私は税理士のパートナーと共に労務会計合同事務所を開業して20年目を迎える社会保険労務士（社労士）です。

　10年間一般企業の総務関係の部門で勤務した後、夫の郷里へⅠターンしました。私にとっては知らない土地での開業でした。社労士の実務経験なく、お客様に信頼してもらうために地道に努力してきました。

　社労士は、制度自体の歴史が浅いこともあり、社会における一般的な認知度はまだ低いのですが、それだけでなく税理士と共に開業したことで、社労士という仕事があまりにもなおざりにされていることを痛感しました。

　企業の一大イベントである確定申告を手がける税理士と違って、「社労士の仕事は単なる事務処理でしょ？　そのような仕事は社内でこなせるから必要ない。」と言った具合で、開業当時は歯がゆい思いをしました。

　それでもなんとかパートナー税理士の顧問先からスポット業務をいただき、それに丁寧に対応していくうちに少しずつ認めてもらうようになっていきました。

　税理士と顧問契約をしても、社労士とはそうそう簡単に契約はしない。それはなぜでしょうか？顧問契約をしない理由の一つは、労務のずさんな部分を敢えてそのままにしておきたいと言う、企業側の思惑がある場合が多いと感じました。そしてもう一つの理由は、労務管理自体を軽んじていて労務顧問契約にお金をかけたくない企業が多かったからでしょう。

　しかし、このことを逆さに捉えると、労務管理の重要性を理解してもらえば、「労務管理は企業にとっては重要課題であり、専門家のアドバイスの元で適切に

行いたい。」ということにつながり、顧問契約に至ります。そして、「人を大切にする企業」づくりのお手伝いができます。この流れで顧問契約に至ると、社労士としては思う存分力を発揮できます。きっと企業側もハッピーなはずです。

　最近では、優秀な人材の確保や人材育成に力を入れている企業が多く、「人を大切にする」企業が増えてきました。実際そのような企業は企業経営の健全性が高く優秀な人が集まります。優秀な人材が欲しいならば企業がコンプライアンスや職場環境の改善への取り組みを積極的に行うことで実現できるのです。目的と手段、どちらが先でどちらが後かは問題ではないのです。「人を大切にする企業」が理想です。そのお手伝いをするのが私の仕事です。

2　「ワンストップサービスで見える化」

　私の事務所では、社労士・税理士の両方で顧問契約を交わしている顧問先に対してワンストップサービスが実現できています。それによるメリットは単に業務の利便性だけではありません。共通の顧問先のデータをお互い共有していることで「見える化」ができています。単に見えているのではなく、顧問先に寄り添うことをモットーに能動的に見て、迅速に最適なアドバイスを心がけています。

　ひとりの人間が社労士と税理士の二つの資格を持つのとは違い、社労士と税理士の2人がそれぞれの資格の立場で考えを主張し最も適した処理を行うことができます。より広く多角的に物事を判断することができます。

　そして1番のメリットはコンプライアンスの状況を社労士と税理士双方の視点で確認出来ることです。

　人の動きに連動して、ほとんどの場合にお金が動きます。会計を見れば人の動きが見えてきます。社労士ができることの一つが会計帳簿と賃金台帳を付き合わせて精査することです。賃金台帳に載っていない賃金とおぼしき支払事実を拾いあげて、正しい処理に導き、問題点を解決していくことができます。問題の原因には「雇用と請負の違いを曖昧にしていた。」「従業員への臨時の支払いを賃金に計上し忘れた。」などが挙げられます。このような単純なミスは意外に多くあります。これらは顧問先が故意に操作して処理している場合ももちろんあります。そのような場合は、顧問先に事情を聞いて納得してもらう説明をして処理します。顧問先と私の間には、隠し事なしです。

　これでは顧問先に嫌がられるのではと思いましたが、顧問先に寄り添う気持ちをしっかりもっていると強い信頼関係が築けます。

税理士に対して社労士が役に立つこともたくさんあります。

　例えば、雇用保険での一定の条件の雇用者数とその給与額により税法上の優遇措置を受ける場合、これは税理士にはなかなか難しい計算です。税理士にとっては多忙な決算時期に慣れない書類の作成は厄介です。更にこの作業は費用対効果も計算し終わるまで予想できません。多大な時間を費やしても優遇措置に当てはまらないことも多々あります。しかし、社労士なら簡単に処理できます。優遇措置は期間限定なので、対象時期や条件に合うかなどの情報は税理士が確認し、社労士と連携しながら処理を進めます。これは一例ですが、日々の些細な業務で情報の交換が大きく役目を果たしています。

3　電子化のすすめ

　e 文書法が2005年に施行され、「民間事業者等に対して法令で課せられている書面による保存等に代わり、電磁的記録による保存等を行うことを容認する。」とされました。簡単に言うと「法律で保存義務のある紙文書を原則としてすべて電子化保存してもよい。」ということです。

　私は開業当初より、電子化を積極的に進めてきました。ほとんどの申請書類を電子で申請し、クラウド上に保管しています。もちろんバックアップも怠りません。事務所のホストコンピューターに秩序正しく保存しています。

　2019年５月24日にデジタルファースト法が成立しました。これにより、順次行政手続の電子化が原則となっていきます。2020年４月から大企業の電子申請義務化が決定しています。この法律の成立を契機に2019年10月からは顧問先の承諾を得て顧問先へお返しする書類も可能な範囲は全てクラウド上に保存し、ほぼ完全電子化に踏み切りました。

　e 文書法には電子保存の４条件が示されていますが、大雑把に言うと次のようなものです。

・「見読性」明瞭な状態で表示し、書面を作成できること
・「検索性」必要に応じて検索できること（体系的に保存されている）
・「完全性」保存義務期間中に消去などされない防止策を講じていること
・「機密性」アクセス権のない者からのアクセスを抑止する措置を講じていること

　電子化のメリットは想像以上のものです。とは言え、本当の意味での電子化はそんなに単純ではありません。保存書類を活きたものにするためには一工夫必要

です。文書がこの先どのように活用されるのかを十分に理解した保存方法が求められます。さらに社労士である以上、先ずは顧問先にとっての利便性を第一に考え、クラウドの保存方法を整備しています。クラウド上の文書を顧問先と共有するので、更に「見える化」は進みます。クラウド上での電子保存を導入し、無駄を省いて信頼を得ることができます。

　企業内でも同じことです。企業内での「見える化」が、より一層経営の健全性に繋がることでしょう。

よしだまなみ（福井・社会保険労務士）

ワンストップサービス活用のすすめ

小 澤 香奈恵

1 士業とワンストップサービス

「ワンストップサービス」をご存知でしょうか。その名の通り、ひとつの場所で複数のサービスや手続きを行うことです。利便性をPRする行政窓口や民間企業で見かけた方もいらっしゃるかもしれません。

士業、つまり、弁護士・税理士・司法書士・社会保険労務士・行政書士など資格をベースに業を行う専門家ですが、士業の中にも、他士業が互いに手を組んで、多角的に顧客にアプローチする形もあります。手を組む方法として、他士業同士で「紹介」したり「提携」したりするケースと、複数の士業がひとつの同じ場所に集まり「常駐」し、共通の顧客に対しサービスを行う、いわゆるワンストップサービスにおおむね分類されるのではないでしょうか。

私は滋賀県草津市で、「税理士」「司法書士」「社会保険労務士」が「常駐」する総合事務所の中の社労士として活動しています。税理士と社労士はそれぞれ法人として複数の資格者が所属していて、顧客である企業は、経理会計・税務・労務・商業登記、事業承継、相続など多岐に渡る相談や手続きをワンストップサービスで受けることができます。

2 ある起業者のケース

例えば、脱サラをして事業を始めよう！と一念発起した方がいたとします。後輩を従業員として誘い、雇うからには法人がいいな、と、会社設立手続きを司法書士に頼みました。会社ができたところで次は経理を、と司法書士に聞いてみると、知り合いの税理士を紹介してくれました。

後日、税理士を訪れ事業計画を見せると、税理士は書類に目を通すなり顔を曇らせ言いました。「最初は個人事業でスタートして、時期をみて法人に変えたほうが節税にもなったし、ランニングコストも安くついたのになぁ…」と、節税と利益を追求する税理士の立場ならではのアドバイスでした。

　従業員に関する手続きは税理士が提携の社労士を紹介してくれました。税理士が「社労士は助成金の専門家だから、何かもらえる助成金があるかもしれませんよ」と教えてくれたので、大きな期待に胸膨らませ、社労士を尋ねると、「雇う前に前もって計画書を出しておかないともらえないのですよ。もっと早く相談にきてくれれば良かったんですが・・・残念ですね」と言われてしまいました。（※助成金の多くは事前の計画書提出・認可を要件としています。）

3　紹介・提携と常駐のちがい

　先のケースで、この起業者は残念ながら利益損失をしてしまったわけですが、どこがターニングポイントだったのでしょうか。登場人物の士業はそれぞれの立場で専門的知識を活用して手続き・助言を行っており、その職務を全うしています。資格の範囲外の業務を行うことは、それぞれの法律で禁じられていますから、アドバイスも限界があるでしょう。

　ポイントは、「事前に」かつ「多方面から同時に考えたか」ではないでしょうか。起業前に今後の事業展開で想定しうることをその道のプロ達に相談できていれば、いくらかの回避はできたかもしれません。「事前に」も大切ですが、「同時に」は見落としがちです。他士業双方の意見のすり合わせをできるだけ同時期に行わないと、それぞれのプロごとのアドバイスに翻弄され、経営者として総合的な判断がしにくいこともあります。

　常駐型ワンストップサービスの場合、最初の相談から複数の資格者が関わり、それぞれの専門知識をもって同時に相談事案を検証するので、物理的・金銭的な利益損失のリスクが減るうえ、忙しい経営者の貴重な時間の節約も兼ねることができます。（もっとも、紹介・提携型の場合でも、士業同士で事前に対策を考えてくれるケースもたくさんあります。）

4　私たちのワンストップサービスの例

　私たちの事務所では、『チームでうかがいます』というキャッチフレーズをホームページや名刺にうたっています。専門家がチームになって、あなたの会社

の悩みごとを聞きますよ、という意味の「うかがう」と、訪問しますよ、という意味の「うかがう」をかけています。

　設立登記をきっかけに創業からお付き合いする企業も多くあります。また、保育園や介護施設を運営する社会福祉法人も多く関与しています。最初は社労士へ労務相談を受け、その後会計顧問も兼ねることになり、複雑で独特な社会福祉法人会計基準に取り組んだことから、他の税理士と差別化することができました。社労士も「業界あるある」の似たような事例相談を受けるうちに経験を積み、社会福祉法人独特の組織体制や運営方法などにも多くの知識を得て、他の社会福祉法人へのさらなるアドバイスへ生かしています。

　私どもを選んで下さった理由を聞くと、「ひとつのところで何でもやってくれるのが嬉しい」というお言葉を多く頂戴します。どの企業も経営者は忙しく、限られた時間は本業に費やしたいのが本音です。ワンストップサービスにより経営者の負担を減らしてあげたい、という思いから、チーム内で情報をシェアすることを近年特に心がけています。いわゆる「鳥の目」でのサポートですね。資格者はどうしても「虫の目」になりがちです。私が社労士の立場では気付かない事を税理士から指摘されたり、その逆もあり、広い視野で見る大切さを痛感します。
　そして、経営者とのお付き合いや他士業からの刺激で、流れを読み取る「魚の目」を磨くこともこれからの時代に一番大切ではないかと思っています。

おざわかなえ（滋賀・社会保険労務士）

編者・執筆者一覧

編著者
　岡﨑　隆彦　　　弁護士

執筆者（掲載順）
　駒村　和久　　　社会保険労務士
　高橋　和子　　　社会保険労務士
　西村紳一郎　　　税理士法人吉永会計事務所
　山下美由紀　　　有限会社輝ケアセンター３９・一般社団法人輝３９　各代表
　川原　康司　　　社会保険労務士
　後藤　清　　　　社会福祉法人慈照会カルナハウス　施設長
　野田　千賀　　　社会福祉法人オアシス倶楽部　施設長
　宮﨑真里子　　　宮崎木材工業株式会社　代表取締役
　生田　雄　　　　社会福祉法人近江和順会　施設長
　山羽　剛平　　　やまびこ有限会社　代表取締役社長
　西川　伸男　　　社会保険労務士
　石橋　健一　　　公益財団法人交通遺児育英会　理事長
　木村　俊勝　　　社会保険労務士
　楠神　渉　　　　ＮＰＯ法人加楽　理事長
　尾崎美登里　　　社会福祉法人甲南会　特別養護老人ホーム
　　　　　　　　　せせらぎ苑　苑長
　長谷川昇平　　　株式会社シーネット　代表取締役社長
　古株　美穂　　　社会福祉法人ほのぼの会「ふれあい」　施設長
　古川　政明　　　社会保険労務士
　中林　弘明　　　株式会社シルバージャパン　代表取締役
　藤田　昭彦　　　社会保険労務士
　駒井　輝雄　　　株式会社カンパーニャ　代表取締役
　野村　桂子　　　社会保険労務士
　居樹　伸雄　　　日本賃金研究センター　特任研究員・元関西学院大学　教授
　田中　理司　　　社会保険労務士
　岡本　勝人　　　社会保険労務士

石脇　智広	石光商事株式会社　代表取締役社長	
北村　拓人	株式会社六匠　代表取締役	
川崎　　渉	株式会社渡辺精工社	
鈴木　則成	鈴木ヘルスケアサービス株式会社　代表取締役	
堤　　洋三	社会福祉法人六心会　理事長	
村井幸之進	社会福祉法人サルビア会「水茎の里」　施設長	
山本外志男	みなと梱包運送株式会社　代表取締役	
安倍　浩之	リリ・フィジオグループ　ＣＥＯ〔医療法人三愛会／株式会社ふらむはぁとリハビリねっと〕	
坂田　敏彰	社会保険労務士	
宮　　慎一	株式会社熊魚庵たん熊北店　代表取締役	
際田　剛志	株式会社大進　代表取締役社長	
大西　康友	社会保険労務士	
井狩　篤士	株式会社イカリファーム　代表取締役	
吉田真奈美	社会保険労務士	
小澤香奈恵	社会保険労務士	

労務管理よもやま辞典

2021 年 1 月 30 日　第 1 版　第 1 刷発行

定価はカバーに表
示してあります。

編著者　岡﨑　隆彦

発行者　平　　盛之

発行所　　　㈱産労総合研究所

出版部　経営書院

〒100－0014
東京都千代田区永田町 1―11―1　三宅坂ビル
電話03-5860-9799　振替00180-0-11361

印刷・製本　中和印刷株式会社

ISBN978-4-86326-304-8